閩臺歷代方志集成・福建省志輯・第51册
福建省地方志編纂委員會　整理

[乾隆] 福建續志（七）

（清）楊廷璋、定長 等修；
（清）沈廷芳、吴嗣富纂；（清）王傑補修
乾隆三十三年（一七六八年）刻本

社會科學文獻出版社

福建續志卷八十一

藝文六

記

新建雲霄石城記　明　周宣

雲霄在漳州郡最南境北去郡南由南詔入潮各三百里林箐深蔚瘴海外浮故多盜其地在唐爲郡城民淳物阜盜至先及焉正德嘉靖歲繼患侵掠時布政使陳公鍚副使范公求鑾用義民吳子濡等建議築城以扼要害知縣周君仲縣丞余君經續上其事於巡撫潘公希曾汪公鋐巡按劉公廷簠聶公豹咨

布政使錢公宏按察使周公用守巡謝公顯儲公洵咸允遠圖兵備僉事謝公汝儀知府陸公金乃躬莅相高下廣狹之宜而規畫之其程督則同知張公遠周君仲以授訓導彭濬典史錢文華而屬子濡專理之也城砌以石高丈有八尺馬道實以土廣如其崇之半環以丈八百二十有五西北附山東北阻溪以爲隍空衢之衝爲門門與樓四窩舍十有三凡縻金錢四千六百緡有奇出諸推督貴君直市淫祠之積子濡與其兄子元等以下若干人量貧富捐貲以足之輸力六百日巳丑夏始以及庚寅冬也役斯竣功

適僉事梁公世驃至董厥成焉雉堞屹起嵬然壯觀則控粵屏閩之地有金城湯池之固而狐寇潛行草澤中者睨覗雲霄負如天險之不可升矣仲等喜民有完堵乃具書令子濡謁記於予予惟易重設險而尤以傷財害民爲戒是舉也勞而能佚得使民之道焉費不及奢得用財之道焉因山溪以爲城得設險之道焉是皆可書已有城以爲固又得人和以守之是方之人吾見其去草動之虞而就絃誦之樂因守望之親而興禮讓之風矣雖然禦寇之有城猶捕獸之有機穽也無獸而爲機穽則機穽爲長物獸至而

圖之無及矣繼今莅茲土者無以是城爲長物哉初議之興也予道是入廣嘗力贊其決適成也予又再至故爲之記特詳焉

文信公祠記　明　豐熙

天地之位由三才參也三才之參由三綱立也三綱弗立人紀亂矣於是乎天地易位而人之類滅是故立三綱參三才位天地聖賢之所拳拳焉是故君臣之義也義其無所逃而捐軀弗恤成天地也文信公天祥精忠大節烜赫宇宙漳郡其駐師誅叛之地也方起贛三戛挫益勵收兵汀州遣參贊吳浚輩取

雩都諸縣元兵犯界厥守攜貳公移漳圖入衛他將捉兵歸而浚叛降元來說公公縛浚縊殺之嗚呼公之心期以固繫人心①斡迴世運挈寰中還之宋其浩然之氣光日月而轟雷霆泰華滇渤爭高深利鈍非所計厥後崎嶇嶺海兵敗身執抗節數年從容就義固所遇不同而扶植人紀對越天地爲萬世忠義者範其聖賢之徒哉 公童時見學宮祠歐陽修而下三忠喟曰歿不俎豆其間非夫也對策集英時稱古義若龜鑑忠肝如鐵石卒之取義成仁身雖死而心不死視負國全身家遺臭靡窮者何如哉凡所經歷卒

校注：①斡

爲表顯而漳固猶闕嘉靖巳丑龍溪處士蔡烈言於分巡僉事謝汝儀欣然意會白諸提督都御史周用巡按御史施山報可乃屬漳郡守陸公金相度得開元寺東得養正書院幾楹黝堊增飾燦然麗觀肖公集中小影像設其中取新墾田租三十七石供祀守率僚屬歲再躬祀著爲規嗚呼世變江河人而不天者久矣是祠之立俾觀感者於國思忠於家思孝敬聿崇綱常以共保雍熙之治而公於昭之靈庶有臨乎熙罪被於兹逢盛舉之成間嘗步城外木綿菴故址讀宮碑書賈似道事並觀之重有感焉

鍾巖記

明 吳守忠

自獅子巖西山行十數里涉澗而北行田間稍折而西最後渡小澗復山行五里許聞水聲瀧瀧是爲西溪自巖前流來者謂巖當不遠時時自輿中窺帷望之未數里忽西北石崖壁立數十百丈稍右一石山秀削端麗若幞頭狀問之則巖在焉與人踴躍异至溪側有道人來迎不識拜跪禮黎面碧眼似無烟火氣豈巖居日久使然耶溪中聚石比板以渡道人謂不可輿導至巖前亂流而西登崖則下巖矣巖際乳穗駢垂其最長者下垂離地僅尺許地中石依附上

聳圓秀如鼓稍前路漸折而南上道人編竹爲門過此則巖扉宏開狀若倚蓋左高而右下左額石紋攢蹙多旛幢纓絡之形稍入或作大士騎象形卽佛刹畫壁不足多也巖高可三丈橫倍之深又倍之上有石室甚温爰索火躡觀之中有石柱上下連屬柱上玲瓏刻畫如塔遥望東壁石影若壯士橫肩再觀之忽水滴巾幘因仰見巖頂石垂如小闍黎作拜狀旁睨右壁下石柱楹立柱各剔透如鼇足內空命作樂其間若隔壁聽道人盛稱上巖有蓮花石最奇梯之可見出巖前數步巖上石乳所結如觀音座者數處

又古木生巖石間斜出如蓋其根抱石盤曲數百年也至上巖門稍狹巖地如雲片石數步內昏黑得火乃行登梯見石窪處分三節內如蓮花心有無根水外二節駢蹙有文如蓮瓣受梯垂石上卷似蓮葉循此西有石倒懸不殊未舒菡萏自此四維上下皆石乳凝①締玲瓏穿虛或乘空下垂或從地突起火光所燭通透瑩徹隨折脆斷或抻出巖外得風化爲白石矣復有洞南一洞深不可測稍西愈深愈暗倍火鼓吹以入未數步星然有光近視之則巖頂石穴透天光也更登二十步外見三臥石直達穴口旁縮中隆

校注：①結

底平潤若鐘巖之得名其以此乎至是石益峻攀躡益難惟遙睇天光處草樹拂拂隔溪石崖多奇佢榛塞無路遂步沙灘坐隅石上置榼酒數行水光山色倒入盃中俄天風震撼四山皆響凜乎不可留也可謂邑中諸巖之第一遊也

瑞巖新洞記　明　戚繼光

出龍江城循山而北約三里許山環石峙怪狀百出山之麓有洞橋即前人所謂白蓮橋昔蓄水種白蓮近爲土人湮而田之滄海桑田信哉過橋有細泉自寺牆下流爲丈池荒蕪無取余葺爲流觴所過此仰

登數步爲禪關石級鱗鱗入關轉西出級而上爲禪堂入門方丈後爲大章巖閣俱頹然欲傾寺之西垣外有彌勒石像高數丈乃就地中石爲之鐫制頗佳余與劇時每集衆賓坐於肩乳手腕足膝之上分韻賦詩間以歌兒鱗次高下傳觴而飲寺自方丈後轉東爲穿雲洞昔名自在門穿洞而上爲皆醉亭取衆人皆醉之意即舊名山光水色亭也後有獨醒石爲皆醉亭解嘲耳亭下有大石刻瑞巖三十七洞天蓋總名一山巖洞之勝也由亭入石門中爲觀音洞有泥肖觀音古甚因以名洞折旋而上爲過來橋橋出

石隙爲危道道窮爲石隙僅二尺許躡石級出其上爲瑞巖舊名半巖亭東對巨浸海外羣山拱秀直南國之奇詭余以此一山冠冕故遂以瑞巖名下遵故途至觀音洞前轉而北登山皆有石砌可以肩輿周余所新飾也道之左有石如虎名之曰蹲虎石將下山巔有頑石頗巨舊題天風海濤旁一石甚奇峭舊名窈窕峰峰下爲石門石門者一石中分僅可獨步長約丈餘踰此爲蓬萊峰其石秀杪而豐下形壯而雅余故里山東蓬萊峰閣下此峰可因以望親壠故石①踰仙穴仰登仄徑又數十步爲還丹洞出洞出故

校注：①名

道下蓬萊峰左爲醉仙巖仍復故道由石門旋級而上數步許委折穿石下級路甚奇側俯躬以出爲小洞過小洞則兩石如壁前石如屏石隙之巔懸一大石名爲懸石竇出竇循側路高下宛轉爲醒心泉洞四圍皆石中可坐息石下一泉清凝瑩徹可濯可飲出洞俯躡至半躋轉入雙龍洞洞有二相聯俱峻石如圜仰觀空濶下見佃廬復入石隙則一洞開爽邃寂形如臥虎可容二十餘人稍加修葺眞避世者坐煉之區故名之曰歸雲洞內有天成圓石琢而平之僅容八人共弈名曰仙枰是日卽與諸客成一局局

龍劇飲私謂是洞盍盡一山之勝矣出雙龍洞相對爲石芙蓉峰其石巖崖可觀麓之西有蒼松數株旁一石肖屏名曰石屏由洞而西數十步有石如伏獅由伏獅而仰登石逕直上瑞巖大洞天洞六方皆空上有懸石下可坐百人步洞而下入深竇爲路者二外路由振衣臺下過頗朗爽內由大洞天而入非張燈不可行洞有懸石即大洞之底石也名爲冲虛洞幽深清絶此其最矣出洞而西上振衣臺石磴危懸登者甚恐或竟却步名之振衣取振衣千仞岡意也回由大洞鑽隙循級而爲飛來巖舊名桃花洞上有

大石濶可丈餘長可數丈懸出巖上下可覯三面實巖也非洞也故改之且以童山無取於桃花云巖之上平濶可容數十人坐臥巷一山極高處舉目四顧羣山開閤下臨緑野水繞諸郵可以望宸京名之曰望闕臺刻輞川詩雲裏帝城雙鳳闕雨中春樹萬人家一聯示不忘君也余雅志林壑故何疆事之隙芒屐選勝聊適逸懷遂指畫部曲沈秉懿猛士徐仲以次闢之而景以興契率意命名亦不偶然也别有石佛窟石仙巖舊有香山洞石刻又有所謂穿雲洞玉虚洞天台洞一鑑池滑苔橋桃花園仙人井通海井

仙山門義鹿塚伏虎石醉石一滴泉面壁巖皆仍舊名其景無足爲大觀重輕且多失其處外此尺寸之奇無慮百十餘所殆不暇更僕又舊志所載天峰亭休休廬八卦亭紫霄亭披雲軒宴坐軒團欒菴元元軒或今昔殊名或歲久荒沒葢勝雖天造而亦以人與人遠則土木頽廢俱不可考也故曰山不在高有仙則名嘉靖四十三年丙寅秋九月

鎭海衛鄉賢祠記　　明　張　岳

景泰天順間布衣陳公翠渠周公二先生同時産於鎭海皆以學行有聞於天下二公葢爲聖賢義理之

學者嘗聞布衣少食貧業作末藝一日過鄉校聞①

中庸戒懼謹獨若有會於心者遂棄其業從之既復

讀大學格物致知之訓知其與中庸相發明又知其

工夫眞切不越乎敬之一字故其學以默坐澄心反

躬踐履爲本於章句文義蓋有不數數然者翠濱自

業舉子時已不安於俗學之陋其學自六經四子天

文律歷字畫及方外之書無所不究而每以辯析精

微洞見本源爲歸宿之地蓋二先生之所自得及其

從入如此布衣未嘗仕也成化中徒步詣闕下獻所

爲正學正教等書直欲變一世學術人才以歸諸古

校注：①講

非止於徑約而不適用者翠渠廣德之政有循吏風晚年仕頗偃蹇即投紱以歸淡然有以自適也其所存可知矣鎮海故戎壘自二先生後人始知學至爲立博士弟子員以教養之而祠設未舉無以致其嚮往之意嘉靖乙酉一齋豐先生熙由翰苑謫戍是壘常舉二先生之學爲學者言之既又以祠事言於提學副使吳公仕牘具而吳去任越數歲兵備僉事謝公汝儀乃舉行之命指揮使徐侯麟度隙地爲屋三間並祠二先生顧戎司事力鮮薄廊廡儀觀多弗克稱一齋又斥其月饟得金若干以佐其費既成馳書

於岳倬記之岳之先世葢嘗講於翠渠者而師友之言論風旨亦嘗竊聞其大畧如此當二先生時士大夫以講學有聞者多矣爲說皆務高遠考其要歸能無憾於後學者葢鮮獨二先生之學粹然本於考亭無議也昔朱子有言曰子思以來教人之法惟有尊德性道問學兩事爲用力之要然學者性質趣識不能盡同大抵多因其所近者而入誠能兼取二先生之所用力而反之於身以審其先後之端如病者用藥陰陽寒熱期中病源而不至於偏勝則庶乎有合於聖人之行無愧於二先生而一齋拳拳倡勵之意

亦可以無負矣布衣名貞晟字剩夫泉人翠渠名瑛字梁石莆人初設壘時調二郡之人戍守之益守者子孫云

石竹山記

明　王世懋

石竹山高亞鼓山而奇不能當九鯉湖然傳有九仙靈蹟山巍然峙宏路驛旁循無患溪行可十里始至其麓山故多石而宜樹樹皆不植而蕃路仄徑紆仰視蒙茸中嶄巖骨露稍逼翠微旁漂一石云別一洞至此巨石齒錯稠木交加積雨之後雖蘚磴加滑點蒼滴翠彌助其幽左望積石平上如臺石或人立樹

多側生則所謂仙人坪也折而右觀音巖出焉巖上
石覆長廣數丈而下爲徑路甚狹柱而飾以榱桷中
設大士像由巖而左逶迤更上石壁圜環如削鐫書
其上多今人詩三石攢立中若有竅曰化龍竅石紋
如鶴晴明見之曰鶴影石最上一卵石若碑而立不
知何人草蓬壺二字度蓬壺爲紫雲洞洞廣不盈丈
深倍之上壓巨石若礱而砥左折得門兩石隘之劣
可容身傴僂而過稍得平壤九仙閣託焉由閣之左
復得一楹僧所奉大士羅漢閣也閣去地可二里餘
無患溪溪自西北來合小溪屹行山麓羣峰奔突四起

而中一小山樹籠其上昂首鋭尾宛似一魚擬刺相向則所謂仙鯉山也葢土人以九鯉仙故傳而神之然亦酷肖矣由大士閣更折而左爲僧居及香積其前可望龍江浩渺接天與九仙閣各具一勝覽云由香積而下向一石巖覯上有圓竇曰出米石復躡而登石壁屏立中闢可坐從石壁右而登數級得大石焉曰醉石云是九仙醉卧處去醉石數武而卓立巖上下臨不測一石曰摘星臺爐其上而石梁之以度[illegible]①太和之捨身臺稱茲山奇絶云立久之更上一[illegible]其中僧云是仙人冊籠其上道稍窮復逕至

校注：①危

九仙閣而下界忽黯不辨色空濛中但聞哀灘聲旣而烟霏曖開白練自吐明滅倏忽皆成瓌觀山多澗石灌木傳以靈蹟雅蹟鼓山而恨眼不見流泉僧云有灑耳泉從左下或十數武而汲今所飲是此水也又云山之下尚有虎跡巖仙井仙桃石其巓有狀元峰蠣房殼濟貧翁仙棊盤仙屐跡諸勝大都不能勝所見云

長泰縣常平倉記　明　唐堯欽

夫民生三代而下其命之制於天也豈不信哉余壯歲登朝祗役四方今老矣大都見郡邑之爲政者丁

簿書飾廚傳暇則葺樓亭興神祠蓋若此者多矣至於民生大命爲緩急救助計者拱手熟視不一出力問之云三代漢唐之法其宜於昔者今皆極弊不可復乾溢卒至民號呼以死則又諉曰天實爲之由今觀之天耶人耶其果不可復抑未有以復之者耶余謂行之而得其人處之而有其法藉令其出於秦皇漢武之制調停補葺不幸有急猶能有救而況常平義倉雖其議於漢唐諸臣實祖周人委積遺意朱子社倉倣而行之亦既有效孰謂其不可復哉泰故漳舊邑也常平倉自昔未有復者復之自今郡理龍公

始也侯盧公一日造余曰泰廣袤十不當旁邑之三泰賦額三足當旁邑之七民詩書耒耜賭且盜爾無所資仟一之利故泰所需於倉視旁邑尤亟昔者龍公至令而民曰爾賭爾盜爾石而助我自籍其亟更而業無擾我耕讀不者死閱而城曰是女墻低圮守禦何藉其亟築訓而兵曰是將定反側充差捕而百之人何兵之爲其亟增巳而思歲有饑穰何儲蓄之與有詢故老有城隍故址先議置而輟曰是足供吾事修而葢藏環而墻柵捐而鏹金買而穀石邑薦紳與民有力者佐之廒鑰東西充然盈牣顏其扁曰常

平盜公蒞泰不兩月而蠹民者衛民者食民者次第興除常平又其利之博者願一言以彰公之明伐唐子堯欽曰夫以泰之民之將永庥於公之澤也以公之異於世之爲政者也以欽不佞之獲附一言與公不朽也藉侯不命猶將勉況有侯之命在旣敘次其語則復再拜稽首而言曰天下事創始之難而潤澤之尤不易也夫漢唐之常平國家之預備其制一也談常平者曰宜當社不宜郡邑盍雖朱子亦爲是云余曰非也有司而賢乎將薄海利弊盡知之何有於封域之內如猶未也置珠桂之齒於荒野僻谷之處

弊始甚爾且夫自昔爲常平者敗也取二分之息以也與正賦俱徵國家預備雖其貴放賤糴者同而以贖鍰不以息錢者異則寛於民者又厚矣而行之卒不效何也余以爲邑有繁簡而鍰因之上官督促太密郡邑齧俸資以賠妥所得糴本焉其或有糴本矣緩民囂而急私橐不爲糴則倉雖存而穀無也弊一穀價與時貴賤役人倚市爲奸本賤也而貴估之未荒也而賤散之不者民饑於途粟朽於倉知其入不知其出則穀雖存而濟寡矣弊二常平專備賑饑取於民者還以予民也有如耤法行私名爲公糴實充

他用給散之際聽憑書吏得粟盡衙役與其近郭能自達者貧民不沾餘合之惠則簿書雖具而不平甚矣弊三昔者趙閱道在越州前民未饑先問民能自食有幾當廩於官有幾庫錢倉粟可發有幾富民可募出粟有幾余以為今郡邑宜倣此意先於保甲冊審識上戶中戶上貧中貧與夫忠實可用之人臨時委用給賑先窮鄉而後近郭先上貧而後中貧不以公廩供私用不以無事緩蓄積荒歲減價而糶頻年挨陳而支夫然後法行而無弊制盡而可久是惟公復倉為民之意後之人見其行之果有效而法之果

可復也將又有繼此而起者矣夘其議之者曰吾嘗復之云爾記之者曰吾嘗記之云爾則今日之常平猶之昔日之預備也國家預備之建徧天下豈獨少一常平而已乎其斯惟公與侯之責朱子行之建州復請於朝頒之天下當其日實惟劉汝愚父子左右其間亦嘗病世鮮其人而感嘆於所遭之不易今幸世有如公與侯慨然有志制命之道苟其生同斯世而不勉焉共成斯政儆民也其斯惟鄉人士君子之責公名文明永新人侯名洪遠東陽人倉建於萬歷辛卯四月又二年欽爲之記

來復堂記

明　岳和聲

復與剝聖人皆以爲天行也天行則聽其勢之所必至而我無所以行於其間者乎曰有之剝者漸而剝也復者頓而復也我察其漸之所往而頓以來之故曰出入無疾朋來無咎出者自復而夬也入者自剝而復也朋來者爲臨爲泰皆我朋也且迫而言之曰反復其道七日來復剝與復反者也而不煩攩摋撓損大有廢置也即剝之爲道而反之以其初以爲上降其上以爲初六爻皆剝之舊也而以一斡旋乎其間六與一爲七七日而復成何速疾也故泰臨皆爲

復朋而臨之趨遯有凶乃至八月其于七日何如聖人既喜其漸而可防又約而告之曰消不久也故剥者天地之過也復者天地之心也我深維天地之過而默求天地之心察其漸之往而必來而以人事而回天行者居然可知已而於是有督學使者公署之復先是閩學使者無專署有之自嘉靖十四年貫溪江公以達撤鎮守所而新之始讀其麗石之言曰幼白御史御史曰第無動中貴人旦夕來公聞而歎曰御史哉閹豎既裁如去湯火中興之政於斯爲烈乃御史任學使無署而虛署以待若曹天若利國必無

此事帥不幸有之非忠臣所忍冀也壯哉斯言讀之生氣乃越六十六年所爲萬歷庚子而閣豎復來敘而居之越一紀荼毒萬狀賴今天子明聖洞察矯鷙橫攖諸狀械去瀕海九郡國復去湯火反清冷而學使者之署翛然所不燼於挺而走險者十三夫由前事則學使之請①伸而御史之言紬由後事則御史之言驗而學使之道又紬今事則向言之驗者不幸而爲之祟而道之紬者今將一信而不復紬矣維時和聲以丁巳受事迄戊午拮据歲試竣文武兩棘計可需次飛負擔而同寅畢公師皐魏公因是徐公季良

校注：①伸

趣和聲鼎而新之以爲後人地和聲念旦夕且釋去
力不任已喟然嘆曰此午坡江先生所幾幾後人而
纂者侍御之言所不崇也輒具牘上督撫中丞王公
巡按御史崔公各報可趣舉之掃蠹除穢增楹設方
改寢闢館徒坊擇路去凶就吉上自神祇下逮闌棧
各有攸止及未訖事和聲遂入而居之以董厥成而
三君子暨新滋事洪公用章費公元楨熊公艮孺過
而落成之相與慼往慶來令博士弟子歌豈弟君子
遐不作人之章而博士弟子各驩然有喜色焉和聲
曰此天行也天下之爲劑者衆矣當其陽微陰熾柔

幾變剛聖人即不能與之爭而消極而息剝實操其
不利攸往者以居於必窮之勢我苐順而止之而其
道自復反其初以爲上反其上以爲初而復自成矣
復實操其利往者以居於可久之道故動而順行再
進而臨教思容保再進而泰裁成輔相皆我朋爲之
而其機則在於七日此所爲宜頓不宜漸者此署是
也署故爲清軍院清軍變爲鎮守鎮乃改而爲學署
學署變爲稅監稅監復改而爲學署其變也陰與陽
似分操貞勝之權其變而必改也陽實操其必勝陰
者以可久則彼之肆毒於九郡國者即掀九五之赫①

校注：①赫

灌必不能與困窮無告爭重輕而我之教思容保裁成輔相者爲利往之大第善完其明來兆然而尊主庇民無所不重無所不居重以御輕從此可千萬年一政而無變計何也彼爲天地之過而此爲天地之心也後之君子居斯堂者試從此見天地之心焉斯我所爲行於天行之間者矣院工始於戊午十一月初五日訖己未四月二十四日凡四越月十日①改創樓三楹顏曰元暢增置寢室四楹艮隅精舍四楹新其內堂而顏之曰來復紀實也增置大堂後軒一楹顏曰信斯增置吏廨五楹遷神祠於坤方闢賓館於

校注：①改創

巽隅創八閤師表坊於衢左此皆純仍鼎者西則學益堂三楹書舍四楹東則薌香館三楹書樓三楹方鑑亭一區有池匝之此以蠱而用鼎者外則文武官師弟子胥吏所憩與人隸人所棲凡十二楹此以革而用鼎者而有坊如幃向離塞兌橫柵之繞東南而入此則形家之用巽者凡用鏹五百八十四金初具申者三百金不足悉以學使鍰粲佐之不擾公私之費和聲凡居署四十八日落成之日以東粤蔡知別去是爲記

祠廬靈巖記

①明 ②葉向高

校注：①明　②葉向高

福廬故名郭廬以郭氏廬其下余謂吾省與郡邑皆名福里亦名福唐故改名曰福廬入福廬有兩路一自龍田一自貞塘自龍田入者抵山下有棹楔額以福廬貞境奇石夾道如蟾蜍如猨猊似爲山靈外護稍進爲三天門第一重稍狹①兩石如壁一石懸其中其二其三則石壁連亘十餘丈中容兩軌兩巨石橫其上亦十餘丈壁盡處爲級級盡爲梁得片石可數十丈即石壁之平處視虎邱千人坐不啻數倍又從級折而登有石亭有臺皆在天門上可以眺海曹能始言吾行天下見天門多矣未有如是之透迤而峻

校注：①狹

削者曰帝闕也天門之右亦名怪石中有如筆架者
當勝米家所藏其前爲亭曰霞石亭之右有洞稍窪
復出天門有石甚似人因而琢之爲石仙去石仙數
武有廟以祀山之神九將軍其自貞塘入者過恒就
亭亦會於此自石仙折而西有棹楔額以滄海靈區
內爲馳道夾植松杉秀色蒼然行者如在山陰道中
新構福廬禪寺甚宏壯寺後皆懸崖削而爲級可七
十餘委蛇而上有香象石望之酷肖有堂數楹俯瞰
香象遠眺大海咸以爲勝絕肖余像其中而附祀開
山諸君子左室寺左腋則余石隱山房後爲怡雲閣

閣之右爲芝英亭有石下削上哆宛然如芝亭之右爲石磴扶闌達於循陔堂堂之後爲松月亭其傍有碑勒余文以記何東山開創之勞石亭覆焉拾級而上爲榕臺山故童惟此處有古榕一株輪囷秀潤亭亭如蓋自循陔堂而左爲舊寺寺傍爲室余扁曰福地精廬前爲亭四周皆竹翠色欲①摘由精廬而上穿小石門爲麗矚亭亭後復穿石峽有洞甚宏敞可坐一二十人由洞而上懸巖曲折斷處則横片石以渡亦此山奇絶處也舊寺之後爲躡雲其石穹窿如弄如卷爲磴於其腹自下而升故名躡雲其上巨石數

校注：①滴

十丈鎮守施德政鐫秀出南斗四大字自此可陟山巔矣寺之右爲羣玉樓樓前有石如比邱膜拜名拜僧石前甃小池其右爲環流亭爲考在亭爲飲虹澗澗之上爲梁曰虎溪橋澗之中爲咽石弄蓋取泉聲咽危石語弄之兩傍石壁數十丈循壁而行其腰甚狹忽開朗爲洞澗水出焉山故乏水苦於遠汲是洞久湮有微泉復滲入泥沙僅餘涓滴余大加疏鑿去淤理壅遂澄泓奔注餘沫噴人傍石有小竇僅如錢泉從竇出甘洌殊常大旱不涸暑中坐洞中聽泉聲丁東相答如佩如環神魂俱爽取水煮茶清沁心骨水

循澗而下鑿石爲函如山客折竹引泉之製函長可百丈達於寺前滙而爲池因名曰劉石泉澗盡處復有磴數折出洞上有亭翼然亭之上爲雲關爲古仙巖其傑然昂首引喙如欲啄者爲鷹磜傍爲小有天下爲石室石室之廣可二丈餘深倍之可坐可觴當是仙人別館自環流亭折而西度一小橋下下爲鳴玉洞頗幽邃泉聲琤琤自飲虹澗來雨後有懸流如瀑布亦一奇也稍進則爲漱石居負古仙巖而面三天門於幽悽甚愜過此行松林中緑陰滿路約二里許至西山爲亭於半途遊者憩焉山之趾有巨石互相

倚如簇名聚星巖自巖而上仄徑懸巖可數十折種種悅心登者忘倦其巔有石亭題曰海雲飛處箕坐亭中南北海如在兩腋傍近諸峰羅列如几案間物顧以去寺稍遠遊屐罕至惟范穆其以星聚巖爲此山第一勝雖未必然而要亦獨成一區矣此皆福廬之面其背則自恒就亭而上有兩石相對如獅子遂名曰獅門再上數十武有石桌立可數仞承之以趺湊合無罅卽巧工不能琢造物之奇一至於此有亭面石曰石丈亭亭之左側循級而下爲小玲瓏轉而上爲大玲瓏巨石林立高者十餘丈嵌空如削故以

玲瓏名磴道迴環十餘折乃出玲瓏有石峽數重穿
其中可達躡雲再上第一峰爲米顛書東巖所摹刻
其傍巨石縱横如刻屏如削壁絶頂則有龜蛇二石
戢昂其首龜張其腹皆酷肖稍下有石峽高數十丈
纔如之如武夷一線天名曰漏天峽峽之下爲異香
洞初闢洞時有香噴鼻故以爲名洞之前蔽以竹樹
雜植羣卉紫翠交映出洞東行可抵榕臺西可達虎
溪橋而福廬之勝約略具矣自福廬至靈巖可二里
許行沙礫坡陀間微覺羊腸度一小橋澗水潺潺可
聽澗中皆盤石詰曲數十丈若鑿之可以流觴從密

樹中隱隱見巖寺巖廣數十丈深不及半可坐數百人寺居其下若爲巖所吞陳振狂謂巖形如獅此謂之口其後有龍湫流泉不竭則其尻也殆亦近之巖之下有松兩株蒼翠映人一結實一否人傳爲雌雄樹樹畔巨石如砥曰嘯臺循臺而下有小洞轉入石門額曰碧霞洞天入門爲禮斗壇留月臺壇下爲般若臺四周如室一石臥其上有窪有坳偃僂就之若大士之普陀傍有洞曰離垢寺亦新創頗宏敞下爲書院里中諸生構以講業此外洞壑尚多不能盡闢

劉忠烈公祠記

明　葉向高

忠烈祠者祀宋招撫使劉同祖與其妻林氏及林氏之兄處士同也景炎之季宋室播遷越在南海招撫以國子丞家居與處士念世爲宋臣圖所以報宋未幾事敗盛服坐堂上嚙指血題詩於壁而死語具忠義集及八閩志中招撫敗遂自經有司執林氏詰反狀林恚而叱曰吾夫吾兄以死報國何言反乎血詩尚存汝不知耶遂遇害時林劉子孫僅存如綫入明而其事已更百餘年稍以湮沒又更二百餘年而至隆萬之間劉之裔孫宗獻乃鳴其事於邑令南陵許公以聞於學使者永豐宋公開府桂林殷公博稽故

實甚核而章乃檄邑爲特祠以祀劉之子孫乃請邑令擇地於城東山亭堂之左而建祠焉樹棹楔於其前額曰忠烈祠祠成而父老人士之稍知故實者咸咨嗟瞻拜嘆忠義之在天地間更歷代而不可泯滅如此邑令春秋致祭俱如儀毋敢闕怠至後令乃弗躬祭而葺郡乘者至訛林氏於永福劉之諸生繼忠力白而正之而請邑人郭建初爲記其略建初博物君子其論次甚辨且謂不侵高汝宜爲之記不侵慨觀史傳忠臣義士不稱乏矣乃世獨艷稱文信國之忠揭而與蒼壤並垂今處士兄妹之慷慨捐軀人義

然何嶄信國乃信國以元宰處士以布衣林文姣①
流②斯愈難而奇矣不倭蓋過燕市而徘徊信國祠下
爲文以弔悲信國之忠乃招撫事著若日星沉淪三
百餘年而猶關甲乙之口天之報忠臣終不爽也余
甚傷忠義之晦而復爲之幸因紀其始末令爲劉裔
者勒之石以垂無窮且爲吾邑重

福州五賢祠記　明　馬思理

吾邑自朱文公過化而後以理道相觀摩數百年來
理學名宿相踵於世近氣稍歇俗不能無少變然元
氣終固則其風教所從來者久遠也麗邑東郊有祠

校注：①皎　②流

祀文公而配以直卿輩四先生四先生皆邑產即文公過化時所從遊稱入室者祠顏五賢附文公而榮邑產也祠之前楹顏曰崇正由此思之艱難險阻之中淄澠互淆文公獨能不失其正又得四先生審百家之同異定所歸依卒也羽翼正統章程百代則四先生之獲分文公末座而稱五賢豈待今日論定哉是祠創自正德壬申歷今兩甲子中幾修修久復圮武林鄭侯捐俸重新之其工視前加毖而意良厚凡我良士尊朱日久其於四先生之微言懿行又所稱童習而里談之者亦曾有明睿端莊造詣純篤獨得

師傳者乎則請以質之直卿先生有早歲聞道力行不倦無忝祖訓者乎則請以質之自修先生有夙秉異姿承家學之源流篤志斂道力闢佛老蟄習山而媲美河南者乎則請以質履之用之兩先生之四先生者其進修各别要以立志端方用功堅苦卓然不爲異說所惑生死所動而克底成德一也吾黨勉之流風未遠師範尚存但堅向往決不落莫況有賢侯振鐸其上此亦千載一快事也侯名尚友浙江錢塘人是祠修於余歸田之後故載筆而爲之記

重修羅源廟學記

明　翁正春

羅源於福爲巖邑崇山牙錯僅環百雉其民質直簡樸詩書禮樂之教易馴習而悅安自建學來科第蟬嫣人文宣朗歲久學宮廟宇颼霆飄颻題榮楶桷瓴甓碱墁之屬堅化爲腐絢淪於黝黮墜若灰滾浸乎不足以起瞻慕邑固單儉兼時詘難以舉贏有司旋度而旋寢巳亥歲吳侯以名進士來綰縣符存心撫字銳意士民一切政事大綱小紀悉次第舉矣迺於吉日謁聖講藝之暇睹學宮漫漶徘徊嚱唶而言曰興衰起替是非予責耶遂設慮畫規庀材鳩工舊者新之朽者植之頹者繕之支而拒者森之黜而黜者

堊之簡陋而制未備者補之度支當材受直當事不踰時矣如翬如軒如井如而講學行禮藏業樂羣之地一煥而精釆矣如是鳩士課文詳爲品隲膏札諸費不吝捐俸資之又爲恤困信鬱章沕闡幽要以振揚士氣匪獨行修德成也所以豫養閎材爲國家用者斌斌起矣逮竣事文學先生暨邑人士豎石於學宮之左謁記於余余惟興衰起替必屬大材乃飭學崇儒尤國家鉅典在興起之政所最先者余讀子衿之篇傷鄭國焉奈何鄉校議毀反出聽鄭國教子弟者之大夫興起之謂何龜蒙鳧繹之邦夙號秉禮旣

作伴宮猶有待於儔公何寥曠也今觀吳侯負才卓犖任事琦奇是舉也議不煩衆慮不勤民可以觀哲焉捐廩錯羡良益得宜可以觀廉焉興之於政平訟理之日酌之於力行節儉之餘急不遺時緩不廢事可以觀量焉總之說詩書敦禮樂學道以廣惠所行以教人可以觀愛焉君子曰侯之一舉也四善備矣夫雷霆不作風雨不興言鼓舞也川谷不濬草木不蓄言培植也士之去屯而亨去蹇而泰與渫而青雲亦上之人鼓舞而培植之矣斯石也詎成功是紀所謂應運乘時以膺聖作而續昌隆者行於諸士有厚

望云

出霍林上支提記

明 謝肇淛

霍林爲三十六洞天之冠名列仙籙上真所都而僻處海澨輪蹄罕至其或就梵修忘情邱壑又率取便支提而過遂使淸都勝蹟湮滅不稱幾於見秋毫而忘其睫矣萬歷己酉三月十日偕周山人爾卿從太姥歸銳意取道霍童輿人咸有難色而余先已問途於崔徵仲莫吾難也從金垂渡又折而登嶺路頗嶔崟歷水深至銅鏡凡渡水者四涉水者三日嶮巇矣抵霍童村憩焉矯首四十八峰回環簇向翠色欲

樆①崙鄉一一指問土人應答如響所恨鶴林宮爲陽侯漂蕩僅餘灰柱苔礎縱橫狐兔之穴耳旦日相與附蘿蔦循樵徑至仙墩觀石棋枰覓所謂霍林洞者迷不得道乃返輿者謀所適未決而支提寺旭比邱來迓衆喜甚遂爲鄉導登嶺至小支寺歷大小童峰山路雖峻而石級斬如綿亘二十餘丈皆計部長勉陳公捨錢所砌但多紆迴轉折突石偃木干胸觸趾輿人汗且喘十里許至紫芝峰竹籬精舍僧明啓所掬者啜茶少憩振衣峰頭東望海門悠然長嘯覺松風蓬蓬起肘腋間欲凌八極翔九垓不難也過是徑

校注：①滴

路稍夷緣石磴而下白石齒齒曲澗淵淵古木飄花
子規凄怨覺不類人境又十餘里逾霍童之背折而
西下萬山迴合衆壑環流紺殿巍然鐘聲杳靄知爲
支提寺矣明啓等率衆出迎入殿禮拜周環縱步瞻
聖母所賜金身蓮座大藏經及文皇帝仁孝皇后所
賜天官千尊琅瑚寶冊紺碧照耀皆非人世間物也
僧具齋十二樓中齋罷出山門折而南抵五龍潭三
里至金燈院爲眞受上人靜室先時眞受入①晉安講
蓮華經坐化於芝山寺而所闢芝林尚蓋茅未竟俯
仰之間邈若山河雖空門無情未必便能遣此又五

校注：①晉

里至南峰爲頗燦靜室規制稍狹亦自幽飭啜新茗
坐談久之雲氣四合雨脚飄絲亟促輿人逐及寺而
雨如注夜宿十二樓老僧指西南諸峰示余謂聖燈
不時現空中幸庶幾一遇之余笑曰吾自有白毫光
無煩佛照也晨興雨色不霽兀坐方丈吟小詩發門
諸比邱衆競出箋素書奚奴磨隃麋斗許罔不給遍
紙筆俱罄乃罷夜據繩床不寐四山猿嘯客思淒然
翌日停午稍霽遂別寺僧西過印池天燈臺里許度
龍潭兩叢薄蔽虧仰逗月光兼以積潦腐葉潰汙涔
涔輿人十步一仄已過舍利塔華嚴嶺十餘里低說

法臺又進爲袈裟巖峭壁萬仞上插雲表從未約度濶二里許爲辟支洞巨石倒覆結寮其中廣僅容膝僧樵雲居之近已他出僅一苦行沙彌茹草賦雲問其名曰道源莆人也與之語亦稍有見解山色且暝遂亟返及三里許越峻嶺跨崩湍仰視懸崖張口若箕深廣數十丈是爲那羅巖巖之中爲殿五楹爲樓十楹而香廚庵湢不與焉雖五丁之力不及此自非心悲眼元表神通何以知東南震旦有此洞天福地也夜與吞爵卿宿巖中簷溜巖瀑嘈嘈作風雨聲旦日取道嶼多嶺而下僧顯送至西鄉始別去薄暮抵徵

仲齋中具鷄黍道故因訊余二山之遊余謂太姥巖壑磵①河探歷無盡固已昭灼在人耳目而支提洞府仙都香界佛地列真受籙之區龍虎現金之所豈遜藍嶇而鴈行之惟是丹邱紫氣既已厄於陽侯而霊表勝名又復掩於蘭若遂令九十九峰湮沉於斜陽蔓草之區即生長此地者不能舉其策况獲悠遊入之杖履乎蓋山川亦有幸不幸焉要以羽化無想空門無諦彼其爲海爲桑爲刦爲灰自是天地尋常事非余所敢知也余知余遊足矣徵仲曰善

福州府治光儀堂記　明　喻政

校注：①硐

福州郡堂之後顏曰和衷由和衷堂稍後折而左[①]啓雙扉入有屋兩楹卽瑞海王公士琦守晉安時所扁爲閒閒軒者也榱椽亦自聳峻與和衷埒而規制不稱湫隘而狹長不可以居蓋守已幾更足跡罕至非復閒閒之舊矣予視事之兩月以暇至其故處見諸軍器火藥充牣其中夫福郡守爲治大都非漏下二十刻不得休息諸胥皆焚脂夜作無寧不虞之不戒置火藥不便於是徙而歸之本局略剔葺之勝日與諸僚列坐談說其中佐以酒行炙者便無從旋轉而壁以外乃爲空虛無用之所蓋以爲堂則橫不足以

校注：①左啓

爲室則縱有餘幾於模不模而範不範矣夫離之兩傷合之雙美文誠有之室亦宜然於是鳩工庀材徹①開隔更廚臺益斥旁隙地以拓之一月而告成事人訝以爲速此無他後者易爲功而因者便爲力也載偕諸君落之心目共豁若荆棘芟而茅塞闢者堂前池不盈丈用石甃砌之養朱魚數百頭時時出遊無濠上之間而有其致編竹護花薔薇素馨幽蘭蜀茶佐以盆荷有平泉之趣而無其癡諸君咸爽然快各賦詩見志於是鹺司江公賦羔羊分司郭公賦小宛之卒章海防閔公賦采芑海防文公賦崧高總捕吳

校注：①間

公賦伐木督糧古公賦風雨司理周公賦斯干夫恭羊訓廉也小宛之卒章小心也采芑壯猷也崧高良翰也伐木樂友也風雨喜賢也斯干美成也不佞重拜諸君子之貺起而賦皇華皇華使臣詩也何居乎魯傳有之賦詩斷章取節焉可也訪問於善爲咨咨親爲詢咨禮爲度咨事爲諏咨難爲謀皇皇者華獲五善矣不佞以匪材當劇任即不敢比於古諸侯然朝修其晉謁晝考其委積夕省其典型夜禁其防禦無使滔淫而後即安者曷敢有懈雖然猶有未樹也跛者不立跨者不行自見者不明自是者不彰非諸

君子念石猶生我而匡之鄉之戾之積也其何日之有不佞之作是堂也以後君子之光儀而冀以獲浴之五善也諸公曰然大成若缺其用不弊大盈若冲①其用不窮推是心也宰天下可予唯唯謝不敏退而書其語爲光儀堂記

共學書院記

明　董應舉

自懷安學省而共學書院興蓋中丞許公仍舊學爲之非出創立君子與焉厥後守之者怠虧蝕障塞失其大觀督學長水岳公至慮閩學之不續乃追公志加廓焉撤其障匡其偏正其位宏其制建賢祠於

校注：①沖

講堂後周以精舍肆集書生其中勤勤課核膳田且爲之志以示後其誘造來哲之心亦勤且備矣顧患有請於公古之爲道者何其易今何其難古何同今何異耶豈非所以學之心異耶蓋古人之學雖精微而用功則甚切近如所謂止至善者不過止於君臣父子兄弟夫婦朋友之倫達之天下國家而是而非有他善也所謂盡性配天者不過起知於夫婦之知起能於夫婦之能非有他謬巧也所謂性善堯舜者不過孩提愛敬夜氣清明孺子乍見行道乞人嘑蹴之心達之非有他瑰奇也由此言之天下之父子君

臣兄弟朋友夫婦孩提孺子行道乞人夜氣乍見嘑蹴而道無不在豈不甚易而甚同乎以爲爲學是謂下學不必外此求達而天道性命渾然在日用修爲之中而不自知矣此眞人人可學人人可共者今之爲道者不然高其言精其辯取子所罕言子貢所不可得聞者羣聚而强索之執燭揣籥畢世不休何其難也而且家宮牆人斧柯入主而出奴藉口學之不講不知德不修義不徙不善不改之尤爲可憂藉口衛道苦心不知道學之不可以戈矛尋狠攻鬬奪遞相爲勝噫乎甚矣故古之異異異端今之異異吾黨

古之同同吾黨今之同同異端古下學而上達今上學而下達古之學以孩提孺子愚夫婦平旦行乞至於聖賢今之學反以聖賢爲面而失孩提行乞愚夫婦之初心古之學未行之耻言之今之學不耻不行而耻不言此其所以異也夫昔者閩學之興蓋以行勝矣今欲續之當與民行欲與閩行當成就其孩提孺子夜氣嘷蹴愚夫愚婦之初心不當更爲他說嬲之使不得反也噫人能存孩提乍見夜氣嘷蹴愚夫愚婦之初心而迫于彝倫聖賢載路矣何憂學之不續公以爲何如

戚公祠記

明 王一言

夫建非常之功者必有宏大之本垂不朽之名者根於充養之實古之君子出而爲文武之憲退而爲孝友之敦其道一而已矣我國家承平日久乃今斜氣入咸之九三正當儲戎器以戒不虞之時東南頻歲多事南塘戚公啣命仗鉞自浙入閩以八月七日兵抵福寧橫嶼橫嶼之賊窠據者二年公以至之二日一鼓盡殲之即念九日兵抵福清福清之賊窠徙興泉之間者三年公以至之四日一鼓而殲其半其西南以他兵弗備而竄其半方圖追蕩之計可剋期定

矣倭患自元世祖不能服恃其刀刀出沒不測獸聚鳥徙鋒不可當蹂躪我疆土攻掠我城邑神人之憤極矣公千里赴敵不一月連破二大巢何其神哉虎狼之雄兩地僵尸皆數十里而奔崩竄伏聞聲而隳落者數百里繫累之家生奪于鋒鏑之下得全歸者以數千計播遷流離之民持攜相率而復其本業者以數萬計頃刻回生恩同覆載功德可稱量哉公且惻惻不自居曰聖天子之福督撫司道之功將士之勇其所養何如哉夫操守定而紀律嚴韜略嫻而智勇備此一將之事也余讀公先行鑿鑿乎肝膈之眞

忠愛之誠藹然可掬觀公之兵少長有禮勞而不怨勝而不驕肅而不擾思愛其上而不二此豈可以尋常才智之將例論哉孫武子十三篇首言道而所謂道曰智信仁勇嚴武子雖不能盡之其道稱自正采薇之詩以道使人而不怨杕杜以已之心爲民之心而民忠上即公所言所行實得此意故其功名學術體用相須無歉古人可謂賢將矣哉公所行士民思慕爲公立祠余惟我朝人物如王文成雖不可以將才例之其在贛州家祠而戶祝之公善學文成者祠之祝之固宜

題鄧公德政祠記

明　黃道周

天下之所以平者民平也民所以平者政平也政所以平者心平也長民者平心以平政而天下平矣寧唯邑太史公之傳循吏曰身修者官未曾亂也奉職循理亦可爲治此平之說也以理還之天以法還之君即以便予之民循莫大焉以今觀清令鄧公何其符節之合也無所謂昂首仔肩經綸割宰之雄也無所謂碧雞炙轂文繡雕鏤之采也無所謂探鉤射覆問羊得馬之巧而亦無所謂甑塵屋漏縣犢辭魚之若也然而清也慎也勤也文章之飾吏治也茂以加

矣善射者平善奕者實公之人與政惟平而已矣平之則實矣實則無紙上之召杜亦無苔中之阿大夫孫樵曰予居長安中聞給事中考斁則曰某人爲某縣得上下考某人由上上下考得其官問其故則曰某人能督賦先期而畢某人能督役省度支費某人當道能得往來達官爲好言某人能擿若干盜令廉公治狀署上上考猶未足以報循良處此不既難矣流寇披猖竭天下物力議雇募議加派議裁減議搜括織輸不啻束溼勢絲清故瘠土無有殷振浩穰聲地所出無物可利械四方者況歲洊饑民生視昔加瘁功

令覩昔加嚴公不敢以催科謝拙又不忍以徵於無粒賦於無衣公求膜①心血幾枯毋痌心於救荒無奇策之語多方蠲賑發公庾不足躬勸富人平糶以甦之始僅銷不逞之亂萌亦殆岌岌矣至庭有競民從容爲指白枉直罪小者勸大者懲悉立遣之金矢亡入故無論不浚民之身家民亦惜其性命盜自衰止一時交口賢之公亦自視平平無奇耳不聞孟堅之稱何武乎所居無赫赫聲而見思正在此正所謂奉職循理之治也余所爲以平評公也史於海內山川名物風俗淳澆吏治臧否皆得采風摭藻以備顧問

校注：①瘼

垂簡編余家漳海境聯汀清飫聞公治行清二三孝
廉夙有文字交逾習公余同官楊伯祥氏爲公同社
同年友恒述公龍驚其文金玉其品故其爲宰以平
心爲實政有如此者昔歐陽公文進四事大要在得
良吏以撫敝民今天下亟患不平矣公持其平以需
大用可乎吾師時胥公之問取人有曰無取捷捷者
給利不可盡用無取健健者欲兼人不可爲法無取
口銳口銳者多誕而寡信後必不驗余是以歸大用
於公之平也公其懋哉峴山片石千古不磨清城南
有公祠焉何必減南陽信臣也是宜記

福建續志卷八十二

藝文七

記

安溪考亭書院記　國朝李光地

昔朱子舉進士筮仕同安簿同安西北壤接安溪故朱子嘗往來安溪道中喜其山水幽奇以爲絕似建陽佳處有詩在集中可檢也光地於乙未年冬告休抵里拜邑父母曾侯寓其新落文昌祠中因請侯曰俗祀文昌蓋古者司中司命之遺雖然星辰河嶽必以人配五百年來朱子人師也今

天子崇重之優風聞天下斅學者知所嚮往地之歸也取道西江凡玉山鵞湖朱子信宿講論焉者其守土類能修舉吾邑爲朱子奉檄往來品題名勝之區法得立祀非其人不興也其有待於吾侯乎侯曰玆吾素志也舊有祠在庠東湫陋傾圮侯乃捐貲買地於文昌祠後架後堂以棲神而以中楹崇祀朱子攷古衣冠用上公冕服祔食則復齋北溪兩先生皆南郡產也又拓其前爲敬業堂躬與諸生課業講藝盖志乎續朱子之墜緒而非特復守升香循春秋之故事而已祠成邑之人士感侯興起倡明之意相與請

余記其事以示來者余維侯之泒自東魯宗聖而南宋南豐先生亦其別族也文行之承遠有端緒則其爲政而知所先後也固宜考朱子平生爲學精察力行謹守曾氏家法其文章則一以南豐爲彀率然則侯於朱子之道所謂歸而求之有餘師矣明道先生爲顏亭銘曰千載之上顏維孔樂百世之下顏居孔作蓋有取乎淵源世講相與表章之義余於侯之茲舉亦云侯諱之傳字惕若號石巖

重脩泉州府學記

國朝 李光地

泉在前代文章科名爲天下蔚學者譚說至今豔之

然其世升降俗淳澆士術人心之變則有犁然波逝其中而莫之覺省者蓋自成宏間虛齋蔡先生醇品邃學洛閩是承親炙之士則有陳林張史諸君子皆所謂守章句踐規矩不謬於古人明經篤行之意泉之最盛時也其後傳李許相繼魁天下爲時文師科第遂歷列郡然而華繁實披學文一變及其季也則有猖狂以壞士習恠詭以軋文體者餘風荏苒而吾郡寖衰矣夫泉僻處濱海爲九州風氣裔末然虛齋以經解錦泉晉江以制舉業李贄以横議天下皆靡然宗之則豈非世道學術之高下占諸吾泉而可知

與蔡陳諸先生勵行清修有進退大節其時風尚淳
樸聞之長老士大夫有美田宅者衣冠不齒也其後
則役於名利者多又檄則破行檢作毒害鄉閭苦之
而至今為梗此又鄉俗人心淳澆之判然其所以然
者亦源乎世道學術而已矣嗚呼學校者四術所從
出故曰學術也其廢其興昔人重之詩曰於論鼓鐘
於樂辟雍蓋言學校之盛待文王而後興也又曰佻
兮達兮在城闕兮蓋言學校之廢為賢人君子所憂
閔也今　天子恭承道運以六藝漸摩四海必世而
再矣罔正壽考則應在作人固宜其介行風流而蒸

蒸者衆地之歸也兩浙江右聚學之區玉山鉛山儒先講肄之所賢守令類能修舉視聽一新吾郡劉侯侃來自齊詹有召南素絲之操顧瞻郡學頹敝憮然傷之此亦風詩城闕之志欲望學者以嗣音也請諸僉事黃君朝鳳而委學職陳君任賢以敦其事落成有期吾友舉人陳君萬策爲之請記於余夫學校之設遠矣古之知道能文者學記備矣重言累陳無以爲也蓋周禮在魯則問舊章諸子賦詩不逾鄭志泉故先儒舊遊理學名壤雖晦明有時然得賢牧守師儒作而興之廨宇既修必將延召名宿招誘有志之

士課其道藝成其德業所以贊　聖天子而育材廣化者非僻陋荒遐素未耀乎人文者比也故爲道前代學術源流所以關鄉國汙隆者使溯其始而維其初庶幾望古剴今其則不遠矣

左所屯糧改抵記

國朝黎士宏

余家世籍汀州衛之左所左所之有屯糧始明文皇時贛屬信豐縣周三叛亂檄汀軍捕勦亂平即以所籍之田賞軍額賦一百三十八兩八錢歲收解事隸汀州清軍總捕同知纔軍户不能兼家就屯各還里以其田召佃收其租入歸而納官軍固武人不識文

義當初召佃時與佃私爲質約或破一鏡或偶指佃器具事件爲信至徵租各佃取驗信物偶年久信物失佃户即不與一錢信豐去汀千里又軍户多不能自行倩他軍代收代收者多巧黠或指歲荒無徵或作稱至中途爲盜賊截刼以去各屯户益苦且屯户之納糧於官有羨有耗有加增佃堅守故約絲毫不爲補益官司徵屯之法歲僉總甲一小甲十小甲催各户總甲催小甲屯户例以歲十月赴佃徵租官徵銀則以春二月月三比屯户困窮每比血肉狼籍塡牢户荷校負鎖者纍纍接於道故一爲總小甲輕者

鬻田產甚則鬻子女妻孥鬻墳墓屯户即逃絕死亡
屯額終不得減因而累同族累三黨訟獄繁興捐生
與被刑死者一歲中必四五人凡軍户婚配率先問
若家有無屯有屯則男長娶無所女長亦嫁無所也
間五六年例遣指揮官一員詣縣清屯率循故事無
所更張嘉靖中有指揮楊公名漢者起家孝廉襲祖
職毅然請往各佃苦其精嚴爭爲巫蠱害公公竟死
自是後去者益悠悠不任事有明三百年屯丁之害
遂相與爲終始崇正十三年庚辰林公一柱爲虔撫
都御史公莆田人自汀入贑而汀故撫屬屯户遮道

訴公內稱汀郡有額解贛州行糧銀二百餘兩請得以左所額徵屯糧徑從贛屬信豐起徵坐抵前數之①十一穛困軍一省運解事在可行林公下其詞於府府檄縣查詳余時爲諸生同朱君朝相張君治勳康君處一及左所餘丁李汝道陳子茂如贛又白贛如信豐邑令朱公璘如亦莆田人惻然許爲詳抵佃户徐祖善率羣佃羣起而鬨謂定額已數百年何物小生敢求吏劑出死力爭持勢洶洶且不測朱公依違其詞迄無成局至甲申春節催上件左所軍餘苦邀余再往時先大夫在病余力辭之先大夫姑謂余曰

校注：①半

若果能了此蘇三百年害端全百餘户性命爲而求禱名山不是過也見其無辭余勉承命以行謁贛郡守守執前説不易無已上一詞於院擬再得查核不謂林公曾從里中見余歲試牘謬有過差之賞總通姓名傳語召見余乃得細陳所以公謂事關通所而生一人遠來將無私乎余對以來年正輪總甲之役痛切膚不得不懇也公歡然接對未又叙及文章之事立談盡一刻乃退隨遣官促贛府回詳贛府以次日轉報文云汀衛左所屯糧額銀軍户收之各佃不無刁難汀餉解之贛城道又遼遠應於信豐縣徑徵

抵解汀州府協餉事誠兩便院符隨下行贛行汀遂得清除如額此甲申二月中事三月余捧檄還猶記先大夫正坐東廂余展拜牀下先大夫喜見顏色曰此行良不負也彈指閒歷今遂巳四十有三載因歎當時立法不善田在他州而糧徵本衛官徵尚催呼不應以二三餘丁索取千里之外欲不抗顏逋負豈得乎至於屯丁無告日見其鬻妻子田宅立就死地曾不一加存恤少事變通雖得林公蘇其後累而三百年中所爲流離凋喪死於桁楊圜扉者固巳不可復起矣明事之晚章故因仍害不得袪利不得興卒

至社屋鼎遷淪胥而不可救豈獨一左所屯事爲然哉因幾舊章得陳稿漫記屯事本末且以志林公雅庇與先大夫之德言也

邱趙二公報德祠記

國朝　黎士宏

程子有云凡一命之士苟存心愛物於人必有所濟況等而上爲督撫爲藩臬爲郡縣大吏受一方土宇之寄舉手措足動關民命近取一時榮名遠則垂千秋俎豆之享輕重瞭然而或乃蹙蹙爲不遑旦夕之計亦可謂之失策矣我汀邑山多土瘠田中下厥賦上中民鮮蓋藏又拙於謀生歲稍不登凶饑立見一

二有司意或不在百姓而至用二用三國之爲國其尚可問乎前明萬歷五年郡屬邑連城有浮糧千百欲均而泒之長汀七邑當事巳允其請檄旦夕下邑紳故思恩太守趙公鉞率邑人起而爭之曰地有分疆賦有定額無故而爲隣國之壑雖死不任受邑大令邱公諱名貴削牘詳請至一至三謂令可去決不能代外邑無名之徵使他日謂邑之浮糧害民自邱某始當事偉其詞直事遂得寢然邱公亦竟以此拂當事意解官邑民感邱趙兩公恩於西郊羅漢嶺之側建祠祀兩公歷今巳百餘年漸就傾圮他僧且攘

爲事佛之所趙氏子孫明經文學等乃重事廓清春秋時祭頓復舊觀嗟夫使其時趙先生不奮起力爭祁使君復迎合當事依違含忍無窮之累不遂至今日哉於是見當時賢仁有司不惜一官爲萬民請命邑紳耆舊即致政家居擁護桑梓之厚遇大利害矯首①厲角身觸嫌怨而見義必爲又見官斯土者與邑之士大夫志同道合相與有成不以傳舍視官故相遊謬而賢士大夫任勞首事曾無有一狂悍小夫敢旁撓中阻故相妬害其事者且相去百餘年之久姓字漸湮沒不復爲人記憶而趙氏子孫能光復舊物

校注：①厲

使祖宗功德千載如新天道報復之大又何其不爽如斯也于忝公後進特直叙其事於碑版其於今昔升降之事蓋亦因之無窮矣至祀事租入儀禮之詳趙氏自有專記

師泉井記　　國朝施琅

今上御極之二十一載壬戌孟冬于以奉命統率舟師徂征臺灣貔虎之校犀甲之士簡閱而從者三萬有餘衆駐集平海之澳俟長風破巨浪以靖掃鼓竄爰際天時暘亢泉流殫竭軍中取汲之道遥遥難致而平澳故遷徙之壤介在海陬昔之井廛盡成湮

慶始得一井於天妃宫廟之前距海不盈數十武清①漪漫瀾厥味醎苦原夫未達廣源其流亦復易罄詢諸土人咸稱是井曩僅可供百家之需至隆冬澤竭水涸用盆不贍乞若茲是三軍之士所藉以朝饔夕飧者果奚恃歟予乃殫抒誠悃祈籲神聽拜禱之餘不崇朝而泉流斯擴味轉甘和綆汲挹取之聲晝夜靡間歕涌滋溉略不顯其虧盈之迹凡三萬之衆咸賚飲沃而無呼癸之慮焉自非靈光幽贊佐佑戎師殲殄妖氛翼衛王室未有宏闡嘉祥湛澤汪濊若斯之渥也因鐫石紀異名曰師泉昭神貺也在易地中

校注：①漬

有水曰師師之行於天下猶水之行於地中既著容民畜衆之義必恊行險而順之德是知師以衆正乃克副

大君討貳撫順懷柔萬邦之命而揚旌海外發軔涯涘神異初彰闓惠覃布誕惟

聖天子赫濯之威以致百靈效順山海徵奇亶其然乎昔貳師劍刺大宛之山而流水溢出耿恭拜禱疏勒之井而飛泉奔涌詎能拯軍士於渴乏著萬里之膚功乃今井養不窮三軍獲福予之不敏其曷以答茲鴻嘉之賜哉是用勒之貞珉以志不朽云

望玉山記

國朝　程夢林

玉山之名莫知於何始不接人境遠障諸羅邑治去治莫知幾何里或曰山之麓有温泉或曰山北與永沙連內山錯山南之水達於八掌溪然自有諸羅以來未聞有躡屐登之者山之見恆於冬日數刻而止予自秋七月至邑越半歲矣問玉山輒指大武巒山後燗雲以對且曰是不可以有意遇之臘月既望館人奔告玉山見矣時旁午風靜無塵四宇清徹日與山射晶瑩耀目如雪如冰如飛瀑如鋪練如截肪顧昔之命名者何耶玉韞於石生而素質美在其中而

光輝發越於外臺北少石獨萃茲山山海之精醞釀而象玉不欲使人狎而玩之宜於韜光而自匿也山莊嚴瑰偉三峯並列大可盡護邑後諸山而高出乎其半中峯尤聳旁二峯若翼乎其左右二峯之凹微間以青注目瞪視依然純白俄而片雲飛墜中峯之頂下垂及腰橫斜入右於是峰之三頓失其二游絲徐引諸左自下而上直與天接雲薄於紙三峰勾股摩盪隱隱如紗籠香篆中微風忽起影散雲流翳歸鳥有皎潔光鮮軒豁呈露蓋瞬息間而變幻不一開闔者再焉過午則盡封不見以予所見聞天下名山

多矣嵩少衡華天台雁蕩武彝之勝微奇涉怪極變
峩竆幽渺然人跡可到泰山觸石匡盧山帶皆緣雨
生雲黎母五峰晝見朝隱不過疊翠排空幻形朝暮
如此地之內山斂鍔乎雲端壯觀乎海外而已豈君
玆山之醇精凝結磨涅不加聦玄璞之琱琢謝草木
之榮華江上之青無能方其色相西山之白莫敢比
其堅貞阻絕乎人力舟車縹緲乎重溟千瀨同豹隱
之遠害擇霧以居類龍德之正中非時不見大賢君
子欲從之而未由羽客緇流徒企瞻而生羨是寰海
內外獨玆山之玉立乎天表類有道知幾之士超異

乎等倫不予人以易窺可望而不可即也

臺邑明倫堂記　　國朝陳　璸

予以壬午春調任臺邑至之翼日恭謁

文廟禮成學博黃君世傑率諸生引予入　啓聖祠

前聽講閒所謂明倫堂者蕭曠然一平地也噫斯何

地也而可久曠乎哉自有人類即有人心有人心即

有人理有人理即若天造地設而有明倫堂苟斯堂

之不立則士子講經無地必至人倫不明人理泯而

人心昧將不得爲人類矣噫宰斯邑者何人風敎攸

責而可令斯地久曠乎哉予用是殫力以拮据畢慮

以經營越明歲癸未之夏①而斯堂得成堂凡三間高②廣如式門樓前拱甬道圍③牆井列成之日用進諸生於堂而告以斯堂取義明倫之旨爲落成慶乃環覽文廟又已歸地傾圮方在④遴材鳩工平基定向爲創建　文廟之舉適行取部　命下而予因是不得盡心竭力於其間雖然人之欲善誰不如我　文廟之成固有待也獨斯堂之役費無於官役不病民向之曠然者今幸巍然其在望矣義不可無一言以紀予謂五經與五倫相表裏者也倫於何明君臣之宜直宜諷宜進宜止不宜自辱也父子之宜養宜愉宜

校注：①夏　②高　③圍　④方在

幾諫不宜責善也兄弟之宜怡宜恭不宜相猶也夫婦之宜雍宜肅不宜交謫也朋友之宜切宜偲不宜以數而取疏也明此者其①□由經學乎潔淨精微取諸易疏通致遠取諸書溫②厚和平取諸詩恭儉莊敬取諸禮比事屬詞取諸春③以聖經賢傳千條萬緒皆所以啓鑰性靈開蒙原本爲綱紀人倫之具而絃誦其小也願諸生孰經請④□斯堂顧名思義期於忠若孝親信友夫義婦聽兄友弟恭爲端人爲正士毋或徒習文藝恣睢佻達以致敗名喪檢爲斯堂羞庶幾不負予所以首先建立斯堂之意抑是役也最久

校注：①必　②厚　③秋　④業登

捐晝督率就工則黃學博之功固不可以没也

新建朱文公祠記

國朝陳瓊

予建朱文公祠既成或問曰海外祀文公有説乎曰有昔昌黎守潮未朞月而去潮人立廟以祀東坡先生爲之記云公之神在天下者如水之在地中無所往而不在也而潮人獨信之深思之至焄蒿悽愴若或見之譬如鑿井得泉而曰水專在是豈理也哉若文公之神周流海外亦何莫不然按文公宦轍嘗主泉之同安簿亦嘗爲漳州守臺去漳泉一水之隔耳非遊歷之區遂謂公神不到何憒也矧自孔孟而後

正學失傳斯道不絕如綫得文公剖晰發明於經史及百氏之書始曠然如日中天凡學者口之所誦心之所維當無有不寤寐依之羹牆見之者何有於世相遠地相去之拘拘乎予自少即知誦習文公之書雖一言一字亦沉潛玩味終日不忍釋手迄今白首茫未涉其涯涘然信之深思之至殆不啻所謂蒸蒿悽愴君或見之者也文公之言曰大抵吾輩於貨色兩關打不透更無話可說也又曰分別義利二字乃儒者第一義又曰敬以直內義以方外八箇字一生用之不窮蓋嘗妄以己意釋之惟不好貨斯可立品

惟不好色斯可立命義利分際甚微凡無所爲而爲者皆義也凡有所爲而爲者皆利也義固未嘗不利利正不容假義敬在心主一無適則內直義在事因時制宜則外方無纖毫邪曲之謂直無彼此可遷就之謂方人生德業卽此數言畧包括無遺矣他言之譬切胥此類讀其書者亦惟是信之深思之至切已精察實力躬行勿稍游移墜落流俗邊去自能希賢希聖與文公有神明之契矣予所期望於海外學者如此而謂斯祠之建無說乎祠正堂三楹兩旁列齋舍六間門樓一座起工於壬辰冬月至癸巳仲春落

成不動公帑不役民夫一切需費悉出予任內養廉餘羨猶慮祠內香火及肄業諸生修脯油燈乏資議將予撥歸郡學鯤港莊田二十八甲一分租粟供給歲以為常經行臺灣府轉行該學永遠遵照並記以示來者

榕村記

國朝　李光地

枝谿以為澮曲折灌數百頃復入於谿水勢依山自成隆窪有榕生其上舊為風摧橫臥澗中折而復迴翹然兩橋可以通涉扶疎遠望亭亭然三也村廣輪二百步澗之南有方沼二沼上為亭傍亭為臺皆就

楙陰下臨潭澗蒼巖遠岫濯影清漪水族微鱗游泳可矚樹陰深處樧虧隱隆周以垣戶皆吾甥孫氏之所經始其北月池引入澗流有長廊疏牕可以凭俯蓋余所營也余又即塔之遠陰砌爲石臺與孫相望炎乃西曦如擁翠幃又郄而西北爲小山山之高可四仞許下竹行源輸之山腹降流出於石罅結茅室使僧居之自吾軒而至者環徑軟邱忘爲十畝焉移四序花木雜蒔村中薜荔藤梢漬蝕牆苑登高之所聽眺栽秧穫稻誼呶笑呼之讙月麗村光墟烟野燒雲電摎流長風高枝幽壑靈瀨之狀余旣與孫氏子

樂此而二三親串知厚相要角文其中意在光時職思用世扶樹缺微嗣音風雅使榕村之名及後諸子之志也

逢源亭記

國朝　陸可求

署東舊有別業其傾廢不治久矣壬寅冬予初下車方急理試事未遑顧焉癸卯春試事少暇因鳩工重葺理其荒穢可步可坐圃之南有亭亭之四面曲水繞焉名曰方鑑予謂水形曲而狹四繞成渠若方環然不類方鑑也思有以易其名者且池之水時溢時乾蓋無源也思濬而通之甲辰春夏抱痾秋披試汀

邵冬有秦溪之役乙巳春將有事於延建而車未發乘暇命圃丁濬之有泉湧出渟泫澄澈涓涓不絕於是地脈通而無時溢時乾之患因憮然曰予今有以易其名矣子輿氏曰取之[illegible]逢其源考亭氏曰問渠那得清如許爲有源頭活水來非此之謂乎爰顏以逢源嗚呼君子之於道也貴得其源源深則流不竭祭川之所以必先河也予於是而悟尋源之學亟亟矣

蔡溪巘記

國朝陳玉書

巘舊屬興化縣志載九座僧智廣嘗憩此居人見萊

福建續志　卷八十二　藝文七　十六

自溪流出因名菜溪至宋爲聘君陳易隱處蔡中郎
樞嘗從聘君遊改名蔡溪今郡邑志俱名蔡溪而里
人仍稱菜溪因舊也巖在獅子峰之下背依雙闕石
門高數丈階石門而上有巽堂有艮軒巖之東北有
石壁高百餘仞方如屏峭如削其上灌木疊鱗巖石
間出土人呼爲層城壁之肩有飛瀑數十丈從懸巖
直下乍大乍細乍鳴乍靜風吹之沫散如霧霏霏過
數百武日射之則光彩閃爍似飲澗長虹乃若當春
大水一亩傾瀉又恍若從天而降攬之鯉湖珠簾似
爲過之瀑盡處爲龍潭旁有龕祀龍神歲旱祈雨必

於此潭之下水流數曲至飛來石出一從左石頂瀉下一從右石洞穿過皆激石而流聲輙如雷所謂飛來石者石高廣各數仞上銳如峰明萬歷甲寅歲從山崩下水橫衝巖折是也旁石之下平處舊勒眠雲石三字稍前又有石可坐十數人下瞰巖前瀑布遠觀天外青峰余時移茶竈於此賞心經日焉緣巖而東不數武有夢賞臺刻石上林木蓊翳石壁嶙峋不可陟而前也巖之前水奔瀉處瀦爲潭從旁觀之似鯉湖小珠簾是爲幻遊洞自洞而南巔道屈曲處爲藏真塢循巘而行修竹茂林風日不到至巘半有亭

覆路中額曰半嶺亭山之東有石鐘一西有石鼓一皆可於亭中望之再下至溪有巨石挺立松篁環繞目爲護界石而溪流隨層放而出觀至此止矣余謂來遊者觀自此始焉蓋由南溪而來至護界石而半嶺亭而藏真塢而幻遊洞嶺道峻險數折而至巘之三門又階而至巘之前門四峰皆在天半瑰奇突兀不可名狀入巘中少坐啜茶已不知置身之在霄漢也於是履危石循幽徑以遍覽飛來龍淵石壁諸名勝飫於山復饜於水而好事者方將作數十日觀留①運難去然後嘆名山水之傳於古今良不虛矣雖然

校注：①連難

時異事更山川固自不改棟宇有時興廢考舊志聘君隱處左有獅子普陀二巖右有羅漢洞德雲軒澄心堂今皆湮没莫辨吾又烏知後之變遷也哉要之達人明理至人知天聘君當宋神宗時一見王安石不辭而歸遂隱於此至今祀之彼安石者亦何爲也耶是爲記康熙三十五年

遊鼓山記　林佶

予於鼓山三至矣皆秋冬時山容斂而澗水枯於明媚之象無觀也又時年少於山水有登涉之興未嘗有膠結之情所得緣分終淺薄耳十餘年來更嘗世

故獻逐塵囂益思於崖深磵阻之鄉逃形匿影以全其天牽於家累不能遽自遠引旦晚且束裝北行然欲營菟裘何嘗一飯不在泉石間也歲之辛卯五月霪雨彌旬山浮谷漲樂安成君景召遊閩將歸弭櫂於江不得發時主予年友鳳谿家鳳谿以爲與待晴於城市不如觀漲於山中登莫如石鼓宜矣亟招予輿出東郊時平疇秀苗縟綠如氈東峰諸巘雨後泉瀉遠望如雪初消岧崱頂峰則在烟靄中乍捲乍舒如隔幔窺遊人之屐迤邐二十餘里至下監院松陰積翠蒼蒨鬱盤而樹杪百重泉奔流而下夾澗皆懸

瀑引人入勝及寺作供趨靈源洞望午潮方上洪江
無際若身在瀛島中喝水巖向苦無涓流者茲則奔
鯨怒龍騰躍吼激與兩崖峭壁鬬健爭奇眞希有之
觀向固屢遊而不底幾遇焉者也瀹泉徙倚徘徊日
昃歸寮而頂峰復爲雲埋知夜必雨漏半果簷溜澌
瀝有聲與山上松濤相爲響答擁被與鳳谿談身世
事萬感交集鳳谿有悼亡戚久不忘予慰解之然身
之迷塗且無暇自遣也晨起頂禮梵王飯於恒濤和
上方丈遽別歸和上欲留不可自省既不能與山爲
緣即半日清閑福非易受願遲十年後歸依折脚鐺

邊作粥飯僧也因取道舍利窟時雲海初湧自遠而
近自下而高頃刻身在微茫中大地山河萬象消滅
不意冥觀中竟有此渾融氣象於是肩輿直下夾道
泉聲相送至山門與景召坐而言別雲霞捲而赫曦
張境界又一變矣是行也以遊山則非其時以送別
則非其地以匆匆行役之身而假一日之遊適亦非
其志然景因雨後得奇侶因志合得勝至乘興而來
興盡而返雖信宿匆忽然所得於山者固已不侔於
前矣少陵云寺憶曾遊處橋憐再渡時人生百年如
逆行客惟山林歲月庶幾息機者受之他時收拾殘

骨棲身空界杖履徃來不在東林即在北寺試與鳳谿盟不知誰先著歸鞭也

熙頤居記

武彝僊窟也環山而居黃冠不勝數獨趙顧鸞陽道人乙酉北行泝武彝訪之不值悵然去今秋重至冲祐宮循麓左轉入一曲山中過止止菴度僊桃澗望長松一株修竹中籬扉深掩扣之一童子應門即道人居也入其室茅屋數椽潔淨無長物亦無他花樹有泉一泓如盎地不數弓東望幔亭西倚鐵板嶂氣象特崢嶸道人蓬鬆出肅客覩予而嘻蓋二十五年

前曾見之於白巖師座中予幾忘之後知有蟾陽而不知即爲道人也道人產吳去其家千餘里越江度嶺獨居是山無寸田自墾不藝茶爲生一瓢一笠蕭閑自得於泉石之外吾又烏能測道人之爲誰何也聞道人少嘗爲諸生家固巨族近有爲閩守者物色招之不往予舟至邑中欲挾之偕亦不來則其躡道人也固宜因隸書熙頤居三字以貽之且爲之記欲世知武彝山中自有此人然雅知非道人意也辛卯七夕記

重修胡文定公祠記

國朝　沈①有

校注：①涵

涵少治春秋讀文定先生傳始知聖人之微言大義實賴先生發明之讀其書輒想見其爲人居恒竊自念欲得一過先生里居瞻其廟貌以志景仰而越水閩山相去二千餘里曾無因而至焉後以是經得第叨列侍從之班去閩愈遠欲一至而愈無因矣前歲

奉

命視學兹省竊喜是行也可早酬夙志迨由僊霞入閩始知先生祠在崇安非驛路所經例不敢往歲科二試兩至建郡尤一意拜堂下而報政日迫每試一郡期不過閱月試畢即按他郡崇安去郡城數百里

又不得彝遊旁適而先生之祠如陋雲霄萬里之外可望而不可即矣考邑志祠在舊學傍創自元代涵近列疏恭請　御書額匾以表揚先生之盛德大業既得所請而邑令王君以爲祠久傾壞不治且就盡涵慨然曰是予川猍之思也夫夫春秋一書明王道正人倫治世之善經也第微言大義往往寓褒譏於一字中學者莫得窺其奧自夫子沒而左丘氏公穀氏之徒各爲之傳亙相牴牾當西漢立學已聚訟紛如至膏①盲廢疾之說起而後學一無所指歸矣宋熙豐間王安石當國廢春秋不列於學校三綱淪而九

校注：①肓

法數①是何異於車之偏轅而奔馬之脫銜棄勒而走豢猛獸之決去其防而使之跳梁於外也欲其車之不覆馬之不蹶而猛獸之不噬人也烏可得哉無惑乎國是日非卒有南遷之禍而宋遂以不競獨先生於時得濂溪之傳潛心是經著於傳而發明之而聖人褒譏之旨始曉然於天下後世其在經筵復援引大義侃侃論奏忠君愛國之心毅然見於言表先儒稱爲歲寒松栢挺然獨秀洵不誣也今先生書久已刊布學官爲制科標準涵仔窮居講貫以至立朝佩習四十餘年謬司學校之銜方隕越是懼其於先生

校注：①數

祠宇敢不重加葺理以酬夙志今秋王君以事來會城因量捐俸爲倡俾董厥務舊祠止存像祀一堂王重葺而新之其他自坊表亭堂左右廊廡以及門闌牆垣階砌之屬舊無一存皆王君獨力重建也工始於冬初逾月而王君繪圖郵告成功且請記之涵雖未獲登堂瞻拜而喜先生之祠煥然改觀得厠名其間藉有榮寵且嘉王君之能以儒術飾吏治克成予志而建之人士咸有所觀感興起也遂書而勒之石

重修逢源亭記

國朝　楊鍾岳

官署傳舍也而學使者三年一易歷試諸郡征車再

出席煖不遑其齋居休息爲時幾何試事既竣又上疏請代旦夕言歸視相傳之舍任其漏濕頹壞苟焉以安勢所必然也雖然天下之物與我相屬我惟苟且因循任其一切廢棄而莫之治固非所以善後寧無對前之一二君子曾費經營者而抱愧耶歲巳未余甫任榕城見外屏之坊就圮延賓之舘爲墟及門前之飄搖難堪者不辭捐貲次第重搆焉堂以東有亭翼然臨池上始名方鑑山陽陸君易而顔之曰逢源亭然僅蔽四楹累歲不修屋瓦銷落形勢傾欹壬戌春爰命工人爲之塗塈而匡正之爲之户牖以屏

蔽之吏架一粱闢一門以與新構之舘相接意試事告竣齋居幾何而營繕之勞勞不已誠念三年疲憊稍得一日之暇不敢以傳舍視之或告無咎於經營君子且冀後之來者留心補葺以續斯亭於不朽也若安居以爲藏修深資以爲游息開軒臨流恍然有逢源自得之樂余有志焉而未之逮也久事風塵迄可少休萬自托於考槃在澗碩人之寬意耳遂屬筆而重爲之記

重修榕城公署記

國朝李鍾峨

凡省郡大吏以迄州縣之署皆有常值歲時增修而

於其官新莅之初尤崇飾①觀美往往然也惟學政一官祇以領課諸生他無所職於是堂廡寢舍之所几席器具之屬率皆因就簡陋非其自備鮮有應也而居是官者亦自以爲歲科兩試不越三年其間巡歷周流席未暇暖計得以憩息廨中者曾無期月之期則亦直比諸蘧廬而已丁酉之秋予奉　命視學閩中入署見其堂舍就圮蕪穢不治愕然久之蓋以深念前之人造創之甚艱而後之人補葺之匆力也五月之初福州歲試既竣出按外郡署中無他事計可以容工匠之襍沓廼捐俸充材命一愿僕董其事越

校注：①飾

九閱月試畢而旋則輪奐聿新耳目改觀矣大畧由宅門而內宸警堂三楹耳房二楹則畧經修整加丹黝而增藻繪者也由堂而內內署數楹則葺門屏而新牆垣者也繇堂而東思過堂三楹則僅存數椽而因址重新者也由思過堂而前爲翼經堂三楹則稍稍潤澤者也由翼經堂而前爲逢源亭亭在方沼中沼通泉原旱乾勿竭因以得名風雨剝落不可久存且亭寬池窄乏疏豁之趣今則四旁各拓尺許池面較寬而廊檻橋欄位置亦妥周遮移植花木東栽修竹數十竿西留龍眼一樹前留芭蕉數十本翠影花

枝扶疎增勝池中又種魚百頭藕角數十雖不敢誇示後來亦自謂不愧前賢也由思過堂而後書房四楹塵泥滲漉草蒲滿室中今闢六障四壁上下皆增以板攤書數架命兒姪輩肄業其中此亦踵故制而畧更新者也惟堂西之友清軒老屋三楹居然完好此則舊貫之獨仍者也至於扁聯之屬前人所留概無剔垢而重光之不敢襲矣以爲巳有亦不敢棄置以揜前徽昔歐陽公題王太師畫像云畫巳百年完之又可得百年余修此署不敢望百年亦庶幾可及數十年倘後之君子有同余志者不以蘧廬視之是亦

可以崇飾美觀焉又寧必區區常倫之應哉

萬歲亭記　　滿保

臣嘗讀豳風七月之四章曰言私其豵獻豜于公言馳逐郊原林藪間獲小豕自私而以其大者獻之于公云爾匪獨求親媚于上也尊卑上下之分宜如此也至其八章則曰躋彼公堂稱彼兕觥萬壽無彊釋者曰公堂豳公之堂也兕觥爵也言置春酒于爵奉羔羊升堂田夫野老皆得舉觥勸飲以致無疆之頌祝云爾由此觀之上以誠愛下下以忠利上君臣之間如一體然蓋民所深願望於上者惟此欲至萬年

之忱于平日尚爾其於儲祥誕降之辰當更如何夫
民情今猶古也我
皇上御極五十二年凡勤恤民隱謀所以袵席之者
靡不至而如天好生恭儉純一之德又足以孚信於
天下而淪浹於民心其漸被遠其涵濡久故天下之
沐浴愛戴者直且摯今適際　萬壽六旬昌期以博
厚高明符於悠久以盛德大業躋於日新薄海內外
忭舞謳吟梟趨雀躍而閩省之士夫兵民耆老皆奔
走悚踴思有以仰酬萬一且以為蹈舞嵩呼之所者
莫若建立　萬壽碑亭既有成謀乃相與請於將軍

臣祖良璧總督臣范時崇巡撫臣覺羅滿保副都統
臣王應虎提督臣施世驃楊琳各衙門而凡九府之
授牒文武官長者咨報日至惟臣等亦竊謂此出自
民心未可盡違第恐費物力非
皇上愛民至意奈何而億口同聲皇皇然走且告曰
吾閩僻處南陬負山瀕海固瘠土也
天子弗遐遺我雨暘旱澇時廑　睿慮其於民也蠲
租賦免逋欠未已也爲轉漕以賑之平糶以舒之又
積常平以備之其於兵也既厚其芻糧又均其戍役
所以體恤者備至凡

聖天子至仁厚澤被及於天下甚大加意吾閩者更渥以爲吾儕小人得蔽風雨饜稻粱者伊誰之賜而不知報且　天子天下之大父母也今一家中有大父母壽爲子若孫者不能操一豚蹄一壺漿以爲獻則心不安而見非於鄉鄰族黨今閩去
京師六千里不獲望見　天顔或藉此稍慰瞻雲就日之思南山松栢之頌若又不得請是使吾閩人民之心不得自伸而無以將其忠君親上之忱也今將自爲之雖以此獲戾弗惜因共卜地於城東南九仙山之巔鳩工庀材子來趨事不日而成隸在福地者

咸齋肅畢至登三重堦觀亭翼然　萬壽無疆碑屹
然山立光華上燭羣耆歡欣葷戲歌詠徘徊四顧凡
福之江山皆若環拱於堦戺之前而烟火之交於衢
原田之繡於野者咸一覽畢收洵乎江山得亭而加
勝若天造地設而預待之者臣不敢壅民情因遂以
其事　上聞雖不獲奉　俞吉而碑亭告成既久鱗
集蹲舞者益衆臣不禁躍然興曰
聖主惜民力雖一亭之費不忍作無益以害有益其
儉德謙冲也如此衆庶之中心愛結積於平日發於
一時力出於子來之助費成於絲粟之餽不轉盻功

成其情摯而勤事也又如此所謂上以誠愛下下以忠利上無以異於家人父子奉觴上壽之慇懃臣於讀豳風時遇之今於入閩之人情親覩之臣等何幸而獲與斯盛事耶爰拜手稽首而恭爲之記

龍山書院記

國朝李紱

古者教人必於學家塾黨庠術序皆學也漢初校士無官士之明經爲專家學者各教於其鄉而從遊之彦齎素裹糧奔走千里外風何古也後世倣而行之石鼓嶽麓白鹿睢陽迭興踵起書院之設斯爲盛矣汀舊有書院在龍山之麓創之者觀察瀧江鄧公成

其志者太守濟陽鄒公修葺而整新之者太守簡荖
王公然稍湫隘不能容多士不數十年而壞棟腐桷
廢瓦頹垣過之者有周道鞠草之傷焉吾鄉芝田曾
公以其世業守鄞江下車之明年修學宮纂郡志築
演武塲堤置掩骼塚懲愍戢奸禁火葬閑喪溺女陋
習諸稗悉薙百廢俱舉其時之托其宇下者咸熙熙
如春矣猶思教化行而風俗美必自士始乃興書院
捐清俸爲郡大夫士倡郡大夫士咸鼓舞於公之教
其子弟也樂輸恐後於是鳩工庀材地之隘者擴之
隤垓者亭之屋之題榮榱桷之傾者支之敗者易之

礒甓之突者夷之翻者正之柱壁之黝黕者丹漆而黝堊之外爲大門爲正學津梁亭稍進爲佳香堂又進爲星聚軒軒之上爲文昌閣折而西偏爲松風逕爲凝道堂其他鱗次錯落爲士子習靜所者五十餘楹重門衙衙層廡翼翼雄視偉觀穆然靚深一洗昔之闇陋而開文明之新矣又以其餘貲三千金置腴產給膏火請於上司刊籍勒石永爲書院費雖有他故不得覬覦動移凡一切規制工程七閱月告竣乃招集生徒有學行者四十人延永福舉人黃君惠爲之師其條教一依朱子白鹿洞彬彬郁郁雅雅魚魚

斯文有起色矣越明年春學使者按部至汀雋者俱掇高等補博士弟子員至十有八人公喜教化之行之有其兆也緘書屬予一言予忝在世好喜公之能以文翁庚桑楚之所以治蜀治畏壘者治汀而絕遠於後世俗吏之所爲不辭而爲之記且竊有進焉者士僘於俗學久矣束髮受書即留心於科舉之習雕琢聲帨務悅世眼其聰明疆敏自俊異者亦不過漁獵剽竊以肆其汪洸博辨而於天地陰陽之運道德性命之精以及諸子百家天文地志兵機律歷之詳且備汲汲乎莫得其涯涘又何以本之心身而措之

家國天下之大乎今汀士于于然挾册而來樂羣有地敬業有資於以詠歌先王游泳聖域甚適也然必思求古聖賢之所以安身立命者何在而無誘於勢利不安於小成將處爲名儒出爲名臣粹然爲體用兼備①之學是則公設教之意也乎

諸羅縣學記

國朝　蔡世遠

諸羅縣學原在善化里之西茅茨數椽康熙四十三年甲申鳳山令宋君永清署篆諸羅因縣署移歸諸羅山始就羅山議建丙戌郡丞孫君元衡攝縣事建大成殿櫺星門戊子宋君復來署篆建啓聖祠乙未

校注：①備

遭颶風屋瓦門牆皆圮今令君貴陽周侯憮然曰是吾責也是歲十月興工修庀破壞大成殿啓聖祠則易故而新之又建東西兩廡以祀先賢東有名宦祠西有鄉賢祠啓聖祠之東建明倫堂西建文昌祠廼西爲學舍以便肄業櫺星門之外周以牆榜曰禮門義路牆之外爲泮池皆前所未有也靡白金千五百有奇侯獨肩之不擾民丙申六月告成世遠時應中丞雷陽陳君之招主鼇峰書院吾友陳君夢林客遊臺灣周侯介陳君以書來求記且曰諸羅僻居海外諸生觀化事新願有以教之也世遠寡陋何知爰即

鼇峰諸友相與砥礪者而告之曰君子之學主於誠而已矣誠者五常之本百行之原純粹至善者也人之不誠者無志者也人之無志者由不能盡其誠者也誠以立其志則舜可法而文王可師其原必自不欺始程子曰無妄之謂誠不欺其次也其功由主敬以馴致之程子曰未至於誠則敬然後誠也敬也者主一無適以涵養其本然之謂由是而謹幾以審於將發慎動以持於已發則合動靜無一之不誠也雖然由明以求誠之方惟讀書爲最要朱子曰讀書之法當循序而有常致一而不懈從容於句讀文義之

問而體驗乎操存踐履之實學者率此以讀天下之書則義理浸灌致用宏裕雖然非必有出位之謀也盡倫而已矣孔子曰愛親者不敢惡於人敬親者不敢慢於人吾父子兄弟肫然藹然盡吾愛敬之忱也克伐怨欲之心何自而生哉始於家邦終於四海皆是物也庸近之士不能返其本思其終但以爲讀書得科名而吾名成矣榮閭里利身家而吾事畢矣其幸者得一第其不幸者則老死於布褐而已矣其天資厚而習染輕者居是官也猶可以寡過其天資薄而習染重者則貪沒焉而已矣夫此身父母之身也

天地之身也民物所胞與之身也以父母之身天地之身民物所胞與之身顧可不返其本思其終以貽父母羞以自外於天地以爲民物所詬病哉諸羅僻處海外

聖天子治化之所覃敷三十餘年於此矣巨公名人相繼爲監司守令其間風俗日上今若萃一邑之秀於明倫堂相與講經書之要旨體宋儒之微言告之以立誠之方讀書之要倫理之修經正理明則善人多爲國爲民胥於是乎賴非徒科名之盛也陳君爲我言周侯清修幹固百廢具興引人於善惟恐不及

吾知所以長育人材化民成俗者必有道矣

合祀陳黃二先生祠記

國朝　蔡世遠

唐陽亢宗爲國子司業告諸生曰學者所以學爲忠與孝也西山眞氏喜誦斯言以示學者蓋以忠孝之理蘊之於心則爲所性所命之精發之於用則爲事父事君憂國理政仁民育物之實古之大忠大孝者恩怨不得而譽毀時世不得而磨滅俎豆千秋崇隆如山嶽炳曜如日星不可揜①也當明文皇篡位詔至漳教授陳先生名思賢升明倫堂鳴鼓集諸生曰此堂明倫今日君臣之義安在諸生從之者陳子應家

校注：①揜

曾子廷瑞林子旺伍子性原鄒子君默吕子賢徵凝設位爲舊君哭臨如禮當事執送京師咸以身殉迨明運既終石齋黄先生抱剛直不回之氣丙戌三月五日死於金陵及門蔡子春溶賴子繼謹趙子士超毛子玉潔繼至抱其頭哭曰師乎魂其少須吾卽來矣四子同時就義嗟乎君臣之義師弟之情無所逃於天地之間吾漳鬱積清奇代多偉人一則抗節於明初一則殉身於明季其精英靈爽雖謂之萬世不死可也嘉靖間學使邵公疏請祀陳先生於泮水之前以六生配有司春秋致祭後因傾頹寄主於名宦

祠中石齋先生則經制撫學使疏請祀之鄉賢而四子尚闕夫陳先生直斥文皇之篡明之有天下者皆文皇子孫也然邵公疏請之肅廟允而祀之黃先生忠於勝國然制撫學臣共疏請之我聖祖仁皇帝允而祀之此以見秉彝之好萬世維公而襃節錄忠尤興朝之盛事其關於風教倫常豈細故哉漳人議欲特祠奉祀而限於土石之役僉曰郡城芝山朱子祠後堂以黃勉齋陳北溪王東湖陳剩夫配前堂開儆軒豁敬於堂之東奉祀陳先生以六生配堂之西奉祀黃先生以四子配夫文公平生講

明踐履大端不外於忠孝觀其居家立朝公誠懇①蓋剛大之氣塞於兩間二先生及其徒生於數百載之下在三之誼守之不渝前後相輝映如此可以升文公之堂而無媿矣適際督學按部所屬紳士咸集斂金爲選主入祠之費並置春秋祭田以永其祀是日也衣冠而拜祭者近千人亦可以頑廉懦立矣

清茗書院記

國朝蔡世遠

皇帝御極之四十有二年例應分遣廷臣視學四方上特重其選召翰詹詞臣試者再復飭大臣保舉非聞望素優學行兼至者不得與是選而吾師吳興沈

校注：①摯

公適膺閩中之命閩之學臣不統於督撫自公始歲科既竣三山人士搆祠於烏石山之陽扁曰清茗書院公鄉有茗溪故也於是博士弟子員再拜稽首而誌之石曰今之稱學使者莫不曰惟公與明矣今公兩試所取文武士凡二千九百九十一人纖毫不雜以私可不謂公矣乎公所巡歷郡無留良之歎可不謂明矣乎公亦可以上報

聖主而下對諸士矣雖然謂此不足為公異也方今

天子聖明文治振興諸學使爭自祓濯以佐太平誰有厚自封殖目迷五色以為國家羞況公一代偉人

了此宜無難者所難者公之清之慎之寬厚而忠懃
淪浹我閩耳公之始入仙霞關也向天與神告曰自
茲以往某有敢負此心者不復過此關爾時聞公言
未即信也及試一二郡衆乃大服即除補起復諸事
例亦飭胥吏都不用一錢吏胥至互相語曰公身自
如是我復何言也往時學使者巡歷所至供億頗煩
公省其費十之七曰吾寬一分則民間寬一分物力
也帷帳服物下至纖悉器具試畢一一還歸本州郡
不私毫末也試之日晨向天九叩曰願天牖其衷使
得佳士也所親僕從及吏胥足跡不得到場中巡察

封識甚嚴也公又嘗言吾於才多處苦遺珠才少處
又苦濫額美惡只於毫釐辨之蓋其難也諸生補弟
子員在三十年以前者不置下考其他下考亦減從
前之半體
聖天子優老恤才之意終任未嘗苟徇有司䟽草青
衿一人正試外課詩賦雜文以敦古學新進文武生
毎月有課病學者鮮熟傳註特頒條教示以限年讀
書之法與諸生語懇至如家人父子且曰士貴立品
汝輩苟無品即獵取科第擁高官厚祿吾不忍見也
至武選一途世久目為具文且或視為利藪公曰吾

爲朝廷愼選舉爲國家儲將才何可輕也試策論後躬自校射射中者即行面試文理優而與卷字跡符者然後取之防代筆且倩射也嗚呼以公之公與明如此以公之清之愼之寬厚而忠恕之並以成其公與明如此小子等敢一言以斷之曰誠而已矣昔溫公稱劉忠定一生惟誠字縱橫妙用無處不通趙清獻日所爲夜必焚香告天無他誠故也誠則純乎天理而萬善隨之今夫學使之官苟誠有不足則重於文而輕於武勉始而懈終愼大而忽小身家誤之苟可以爲之念誤之左右壅蔽誤之彼其初豈不嘐嘐

然自命哉理不勝私故也公至性過人學有原本心與天理相往復天理盡則人情畢周若農夫自謀其田梓人執其斧斤準繩以度物故能兼此數善如此今歲科兩試已畢公所自盟於天與神者可以告無憾矣閩中之士無論遇不遇言及公至有感泣者卽至山村里巷野老行商兒童走卒莫不欷歔感歎謂數百年來未有也是豈浙水閩山所流衍鬱積磅礴陶鑄而成者歟抑由我

皇上求治育才知人善任故公應會而生歟公異日

①[illegible]必能規樹大業傳之無窮小子等幸得厠公門

校注：①立朝

下亦宜不自菲薄痛加刻勵倘異日或身立名成俾人指而數之曰此某公所得士也庶無負公一片誠心而稍以報公於萬一也夫公諱涵號心齋浙西歸安人丙辰進士公之曾伯祖謚襄敏諱薇炌於明神宗時督學吾閩閩人亦立碑頌德云

月湖書院記

國朝　蔡世遠

國家定鼎六十餘年令漳浦者以十數未有立生祠者有之自四明陳公始公爲介眉先生錫嘏令子本其家學由翰林出宰漳浦邑故繁劇難治公廉以居身儉以養德法立令行邑人抵掌慶曰六十年來無

此矣邑賦役故偏累小民黠者往往相緣爲奸公既至究徵收法均保甲以二百家爲保保家第其口多寡而籍之以供役五年一編丁即按而增損之令民各爲親供計其實産自封投櫃雖至親無所波及其始也奸猾皆以不便病公公毅然行之至於今公私利賴課不懸籍吏不呼門是則公之良法美意大有造於吾邑者也邑忝號名區自高東溪倡學於前陳剩夫黄石齋繼起於後彬彬雅爲閩中最公益加鼓勵以文行交修勗多士月訂兩期講五經性理綱目諸書兩期課古今文詩賦崇正學闢邪教十餘年間紙行

立名通經博古之士比肩接踵嗚呼公作興之功不可忘也康熙戊子二月總督浙閩梁公巡撫張公以南靖地雜山間溪谷萑苻時竊發廉公才守上於朝調公南靖邑人相率列狀請留不可則歸取田器塞縣署門桔槔耰鋤山積公毋出則號於道曰公毋去公感百姓之厚也揭示通衢曰吾在邑十三年無善政以及爾民今又煩苦我父老子弟心甚弗忍雖然此　上命也吾不行將獲譴吾雖在靖心猶在浦也衆皆感泣會有金藩司公子介粤東者道過浦詣公至門問故衆跪伏曰吾儕以留賢父母不得故如此

公子曰吾爲百姓屈從角門入耳次日公子出北關數百人焚香遮送於道曰公子行幸爲百姓徧告當事還我使君六月十一日聞及公將行窮鄉僻壤扶老幼至者及萬人共翼公輿環跪泣曰公毋去公乃入太學李生家紿衆曰吾爲若等暫居此若等請得命留矣衆大喜比昏稍解以數十人臥李門虔公之出必由東門也更以百人守東門夜過半公假城守二騎間道由北門去臥李門者覺疾走東門問守者守者曰無之馳至北門公已出矣更相率追送十里①泣別而歸時六月十三日也嗚呼士君子束髮受

校注：①方

書肆其譏評以古廉能自命一行作吏或迫於上司之供億或苦於酬應之繁多夙昔清操消歸何有親朋相規動云見誚雖有小善寧足贖耶公治漳浦十三年凡百艱辛皆備嘗之勁節淩霜久而不變其政事又彰彰如是公可謂眞讀書人不負家學者矣公爲政嚴明奸胥豪猾動繩以法持之急至有造語以謗公者卒之萬喙同聲無賢愚一出於謳禱余於是歎公道之在人心而廉吏之果可爲也公去後邑人斂金得二百有奇搆祠城北門名曰月湖書院月湖者所以表公之清且明又公鄉有月湖故也公諱汝

咸字莘學號心齋浙之鄞縣人辛未進士

建溪水石記　國朝　蔡世遠

由三山徃上游泝溪而上舟行日不能四五十里逆流也夾溪萬山森翠多怪石磈礧磊砢羅列峭上似枯樹橫倚似猛獸騰躍參錯水中似矢激絃似神龜負甲似巨魚露齒大抵多黑色少白多骨少肉多迴轉蓄縮多巉巗少坦夷嗚呼使此石生於通都大邑之中得其百之一皆足以爲名勝好事者將勒之詩歌編之圖記以垂不朽今生於荒山窮谷之中數者俱無一焉適足以苦舟人物固有生非其地用非其

時者也惜哉余有感焉因於舟中筆之爲記

福建續志卷八十二終

藝文八

記

二梅亭記

國朝　許均

種芋山人有梅癖然居近闤闠無種植之所也因割所居後屋三楹爲讀書處中虛其地寬半畝復以半爲池畱餘地以種植先是屋西角有梅一株山人時巡檐索笑種非良志弗慊也一日莊犀水以綠蕚一本遺之綠蕚品特貴花較晚瘦幽致寥寥數枝以少爲貴適嚴冬山人擁裘坐樹下如肅大賓晨起向枝

頭簡默復短視膚礙枝有瘢弗覺灌溉以時如慈母之護赤子方蓓蕾如豆子大山人作歌以催之清茗一壺山人跪拜如儀犀水傍立唱禮讀長歌竟花爲放數枝以助幽興後復得二種一紅梅置東角一燈影移與綠萼並半皆臨池霜月之下交影横斜低昂相向疑兩異人拱揖空山流水中而二童子亭亭侍也於是山人借以名亭而側其二如附庸附諸侯不得列朝會之數復易其宇曰古梅花時余與林子蒼巖黄子莘田輙過訪亭前有石几覆以氍列金石古文其上以秘本害[illegible]爲勝負浮大白落英滿杯咽之

使淸氣沁心脾有時相對忘言手一編倚樹立竟日
夕不去幾忘主人之爲梅與梅之爲主人也客有謂
予曰山人長者也而言多欺治舉子業而稱山人市
居而言種芋二梅而顏爾而命曰古山人欺我哉余
曰山人之志各有寓也山人束身如處子懼聲名太
甚故以山人自晦少嗜芋因以種芋爲名昔柳子厚
記愚溪舉山水而愚之人不以爲非今山人貌甚古
行有古風愛梅而不侔於俗則二梅雖非古山人古
之卽古矣方今嶺徼荒寺老梅不啻數百本落落穆
穆不得山人嘯傲於其間梅又安得古哉然則二梅

之古乃真古不宜以山人為欺也客唯唯而退莘田
曰是宜記之以質於古梅也

重建西湖宛在堂記　　國朝　傅王露

嘗讀蒹葭之章既曰伊人又曰從之則固實有其人
矣而或託之一方或託之道阻若可望而不可即者
然竊歎詩人之吉抑何詞隱而義顯婉約而多風耶
詩序既不可從集傳斷以為懷賢之詩無可疑者而
或疑伊人究不知所指毛氏鄭氏皆以為思知周禮
之賢人夫周禮地官所掌孰有切於瀦防稼地之政
者思其人而明指其所在之方曰水中央以寄其溯

游瀨湖洄之思其義亦大可見矣湖之名西者所在多有獨閩之西湖濬自晉太康間其來最古余於乾隆辛酉丁卯兩遊三山思一見而不得蓋湮廢久矣況瀨湖之亭臺池館其藏沒於荒煙蔓草者可勝道哉己巳春來講鼇峰甫至國門而水光山色輝映目睫始識所謂福州西湖者暇則泛舟湖中見孤山之陽惟開化寺存焉閱萬歷府志知其地舊有宛在堂後改爲湖心亭最後復爲蒹葭亭傳明正德間丁戊山人傅木虛爲其友高宗呂建以招隱者而石倉曹氏名勝則云後不果建攷山人行已外編有堂成寄豐

學士詩其非不果建明矣况舊志載湖心蒹葭二亭皆因斯堂而易其名者特堂無宛在之伊人厥後因仍改作遂失其初并疑爲不果迨堂廢而湖亦廢蓋旣無所思之人疇復思其所思之人歟吾友浿州明府莘田黃君淵雅重氣節詩筆直追正始遺風慨斯堂之不存集其里之同志者醵金就開化寺之南拓地鼎建而仍其名以祀太康以來名公卿之有事於西湖者竝其鄉先生如閩中十子之數爰及山人石倉諸君以永其思蘇州通守李君霖邨好古磊落人也力肩斯舉閱月而堂成一時冠蓋翕集觴咏以落

之而屬予文以紀歲月余惟葭蒼露白之間不必思伊人之所在也而即爲思其人之所在雖山人所思之人或非即詩人所思之人今即詩人所思之人並及山人之所思且及夫思所思之人均無以易夫宛在之義者則斯堂之所係其有合於風人之旨豈其微哉余居錢塘湖上曩因奉修浙志之役編劄湖志於孤山路特詳三賢堂之建紀白蘇二公之治績以繫邦人之思配食水仙王誠有如坡詩所云一盞寒泉照秋菊者由今觀之修竹祠堂又非獨吳人好事已也余將歸泛西泠延緣於柏堂竹閣間對秋菊而

思蒹葭不能無道阻且長之嘆茀不識丁戊山頭尚有作吾家招隱之詩以思夫思所思之人否爰書之石

重修福州府學記

國朝　郝玉麟

閩海濱鄒魯也自唐常袞以舊相觀察是邦文教振興人始知學至宋大儒輩出遠紹洙泗近接濂洛不但科名之盛已也所屬諸邑莫不有學而福學爲諸郡冠予奉簡命蒞閩見閩俗樸厚閩士通經好古蓋①昔人愷悌之澤其來有自下車以來歲檄郡邑長吏凡境內賢祠以時修葺無非仰體

校注：①昔

聖天子崇儒重道化民成俗至意況郡庠育才之地學者藏脩息游在焉又每月朔讀法父老百姓觀聽之所萃於斯也顧不重歟乾隆二年八月颶風大作棟宇摧損方飭有司擇日繕治而閩候二令以閩邑貢生何長浩願出私財兼親董理合詞以請予以其勇於爲義加獎諭焉何生遂偕其子閩縣雍士際逑候庠弟子員攀桂踴躍趨事經始於丁巳季冬至巳未孟春訖工凡用瓦甓若干土石材木竹葦若干丹漆黝堊若干核而不浮計費白金九千一百有奇大成之殿明倫之堂崇聖齋廬尊經名賢兩博士之署

以至庖湢庫廐外繚周垣靡不完固輪奐爲役鉅矣爲工多矣合一郡之力以分任之猶難而何生毅然捐重貲而不怯憊心力而不辭何生其勇也且於二年春脩候邑學雍正十三年修南平縣庠後先告竣行善不倦豈非出於心之肫誠而爲之者與夫事有裨於政治之大蒞茲土者與生長茲土者皆所心摹而手畫者也何生能稱其意以出是皆國家休養生息之久漸仁摩義之深故使家有餘財而貲力不私富而好禮歡忻鼓舞於名教中莫知其然而然也予既幸際文治之隆又遘何生之好義以是可爲擁貲

自封而不能爲所當爲者勸也於是乎書

重脩候官縣學記　　郝玉麟

候邑建學昉自有宋慶歷四年代有興脩我朝重道尊師黨庠術序之規逾於往昔候學地處省會邑人士羣萃講肄陶淑於官牆者百年於茲矣歲久朽敝殿堂齋廡日就圮壞予奉總制是邦思夫建國親民莫善於學幸際右文之世英賢輩出鄉校爲隆矧閩號海濱鄒魯而候學爲行省觀瞻則興脩之事不宜後於他郡縣爰與前大中丞襄平盧公方伯今晉中丞山左王公檄郡縣而脩葺之維時邑之沈令倡導

其間郎有貢生何長浩自請獨肩茲役無費官帑鳩
治經營殫竭心力頹者補之陋者飾之始事於乾隆
二年之孟夏至季冬而告竣凡費緡錢若干迹其更
新之象視昔有加乎惟教化隆則人知敬學何生其
敬學者與抑文教之覃敷所以漸被而暨訖者蕩蕩
乎有與天無極者與今何生之脩餼學已同前此脩
南平縣學及福州府學合詞入告奉　恩綸而官其
長子際逑矣乎尤願此邦之士從茲讀書砥行相與
副
聖天子重道尊師之至意則予與諸大夫所慶幸於

無窮者又不僅在更新之一舉也因誌之以示勸焉

重脩閩越王廟碑記　國朝王士任

古者祠廟之設以其能禦大災捍大患有德於民民不忍忘血食弗替有其舉之莫敢廢也我　朝崇德報功凡以死事勤勞王國者屢飭有司脩整廟宇以妥神靈甚盛典也閩省漢閩越王無諸越王勾踐之後裔也姓騶氏秦并天下廢爲君長後從漢擊楚復立爲越王王閩中都冶其豐功偉烈載在史乘不可勝計此南郊釣龍臺廟貌所由始也顧日久年湮風雨鳥鼠不無毀壞邑歲貢生羅琛者覩廟宇之傾頹

嗟血食之將墜慨然任之不惜千金於是鳩工庀材丹雘有加易朽敝而更新之不數月厥功告成靈爽赫奕依然如昨洵稱一時義舉省會紳士等以爲不勒諸石無以垂諸永久咸以碑誌屬余余承乏閩藩仰體我
皇上崇祀典禮且念先德之不可忘而羅氏脩建之功不可泯也爰從諸紳士之請樂書其事壽之貞珉以告來者

重脩福州城隍廟記　國朝　雅爾哈善

余之觀察八閩也歷有三載乾隆戊辰春以禱雨逕

城隍廟見其垣宇傾頹丹青剝落爲躊躇者久之既而雨澤降旱暵平余竊頌神之靈明加惠黎庶於無窮也因與太守王君聚閩侯二令商所以更新者何生長浩好義士也聞之而慨然獨任是年秋于移節江蘇迨次年孟春王君寓書於余曰廟落成矣何生①攜千餘緡鳩工庀材閱半載翬飛鳥革金碧輝煌觀瞻可式而靈爽可憑更於隙地增置精舍三楹爲承祭持敬所意極周至何生三葺頖宮累脩橋道美不勝獎茲又獨肩此舉願請一言以記其事余於此深喜廟貌之重新嘉何生之尚義重太守之請而爲之

校注：①攜

記俾後之來者知經始之由觀成之日且以爲慕義者勸焉

重脩龍巖州學宮記

國朝　周學健

龍巖之有學非創也乃今若創始焉昔者縣而今也州名號殊而規模異也巖向稱僻壤隸於漳邇以生齒日繁人文日盛督撫疏請設州奉　詔俞允當是時知州州事者爲桐城張君名廷球余師相國桐城公之從弟也念州新造興學最急乃大集紳士於明倫堂謂曰學之不修久矣明宮齋廬上雨旁風遺像剝落禮制缺焉若因循如故非所以肅觀瞻示景仰也

紳士曰然張君則捐俸爲倡州人踴躍爭相勸輸今
廩任上杭訓導吳烜等董①其役鳩工庀材傾敧者撤
之漫漶者易之施以丹雘錯以金碧先是廟門外無
餘址狹隘弗稱乃擴其基改建櫺星門移鑿泮池於
其外繚以垣疏西城外龍川之水入焉俾永不涸又
設文昌閣於殿之左以爲拱衛凡一年告竣而巖之
學聿然改觀焉按舊志宋皇祐時始建縣學淳熙間
邑丞李永曾祕相繼增修而朱子爲之記由來久矣
余獨味朱子之言謂地介兩越俗固窮陋惜其爲士
者雖負聰明樸茂之資而莫開之以聖人之學因致

校注：①董

幸夫長民者之能以興學化民爲已任而卒勉之以脩身窮理之要以冀夫巖士之庶幾即其所風教之未開可知也顧自朱子治郡後輯家禮以導民又特榜諭於巖邑巖人遵焉繼以陳北溪倡道漳南士多折節此則將振者機歟惜乎元明以來因陋就簡下雖有更化之機上不聞光華之耀是以淩夷不振千載無聲舉天地休和之氣醞釀蓄積以至於今而乃大異於曩所云是朱子之所冀者遲之又久而後驗之嗚呼何其盛也何其難也恭遇我

皇上御極之初即　詔諭天下尊崇正學表章六經

聖人之道待　聖人而益明矣而龍巖之州之設學之脩乃適逢其際可不謂幸歟工甫竣而余以歲試來瞻拜徘徊森乎禮器之陳於廡而鏘乎金石之發於壁也旣喜嘉賢刺史之能興學化民超越李曾遠甚更願多士之脩身窮理由升堂而入室以符於朱子之所謂庶幾者敬爲之記而併繫以詩詩曰蜿蜿龍巖維石嶃嶃嶃漸仁摩義乃啓其緘縣易爲州亦孔之休興學是亟泮宮是脩孰爲倡導刺史之職孰爲經營士民之力倡之導之曰余教之經之營之不日成之煥乎殿宇翼乎堂廡東廂西房左圖右書入廟而

趨[1]循牆而走禮義之林道德之藪生逢　明盛願言
勉旃高山仰止於千萬年

福州江南橋記　　國朝　潘思榘

出福州城而南其市曰南臺有橋跨大江之上曰萬壽橋度萬壽橋而南有橋相接曰江南橋王應山閩都記所載又名小橋民間謂之中洲橋者也當時之異名或以其亘江之南或以其小於萬壽或以其夾洲而中居今則羣呼爲倉前橋矣倉前云者前直大有倉而市人因以名之非故也南臺爲福之賈區魚鹽百貨之湊萬室若櫛人烟浩穰赤馬餘皇估艑商

校注：①趨

船魚鹽之艇交維於其下而別部司馬之治榷吏之廨舌人象胥蕃客之館在焉日往來二橋者大波汪然綰轂其口肩摩趾錯利涉益賴顧萬壽詳載諸志而茲橋之興建脩復無攷王氏閩雜舊聞亦僅列其名而已將毋踵萬壽而成者與抑築之者别自有人與豈嘗記者蕪下而不耀於後與此稽掌故者恒以爲憾也乾隆辛未秋七月大雨戊申迄庚辰劍津挾諸溪東注潮壅江溢茲橋圮於水官爲僦舟而渡行者病焉余命守尹亟謀修復里人何君際逑昆弟以其父曾有志於前也願任其役用信先志與作於是年

冬十月壬午至今年冬十一月辛未來告成橋舊釃水爲九道梁空而行石五而木四以是屢壞今盡易以石其長四百四十尺趾廣三十八尺上縮於趾之二糜白金一萬一千五百有奇皆際遂昆弟出私錢爲之費不仰於官力不煩於民旣固而堅視舊加壯臥虹卒然屹爲民利際遂之父長浩好行其德凡有濟於鄉閭者前後所輸累數千緡義行著聞已蒙

天子下詔旌其門閭今際遂昆弟復能紹述先志大築茲橋利及萬人可謂孝矣昔安固張進之世富足散財救贍鄉里全濟甚多范叔孫周窮濟急鄉曲貴

其行義莫有呼其名山隩嚴世期性好施有司奏榜門曰義行嚴氏之門彼其人皆閭左布衣名不出州里而生被國家烏楔之榮沒見采於史筆姓氏煊赫聲施到今者由於慕仁義急公家恤氣類捐千金而不惜厲爵行以加人也況何氏昆弟已列名於朝父子世濟其美者乎是役也余復疏言其事際逑昆弟行將亦拜　恩綸兩世蒙旌焉是茲橋之成當與析里任城若泉之萬安並光來葉也越翼日壬申余偕諸僚吏往視南臺之人礱石請識歲月因爲之記其曰江南橋者從其始而書之且使後有考也際逑浙

江湖州府同知

長泰縣清理雙圳陂記　潘思榘

彰之屬縣長泰之東北鄉有儲水之陂曰雙圳者宋理宗嘉熙元年丁酉邑人陳着之所築也自丁酉迄今蓋積歲五百二十有二矣世遠制隳旁近奸民有盜墾爲田者其裔孫草訟於令爲之履勘清理具圖譜列顛末來請記以文譜載着在理宗時以彰信人和二里之田歲苦旱與妻顏氏謀易巳田以興水利寶慶二年得請於朝嘉定元年陂成按史嘉定元年爲寧宗改元之初是年戊辰也寶慶二年爲理宗卽

位之二年是年丙戌也自戊辰至丙戌相去十九年豈有得請於後而告竣於先者蓋理宗四改元爲嘉熙歲在丁酉其訛熙爲定無疑而譜失之郡縣志復失之甚矣文獻之難徵也譜載水來於珪山之麓隨所注屈折規堰寘牐爲陂塘三十六爲圳三百有奇上闕彰信之烏石潭下匯入和之歐馬溪以入於龍津大溪縣所由達郡之河也設陂長時啓閉共溉二里之田萬餘頃按縣所勘圖其創陂之始自烏石潭別派至上苑社陂曰雙圳自雙圳而下至古倉社陂曰開禧遂分而東西流東陂爲陳坑爲陳塘爲田仔

爲洋爲長背爲蓮塘爲陳洋爲大夫坊西陂爲上源爲竹木爲後溪爲湯湖爲洋溪爲山重爲羅鼓爲新塘計陂十有六而合流於歐馬溪今土人目曰十五戶陂者山重崩而廢其一也譜志皆曰雙圳陂者從其施工之始而名之也凡雙圳以下之水彰信受之陳洋以下之水人和受之羅鼓新塘之水二里均受之由陂而釃圳由圳而沃田所被二十餘里旱得以蓄而澇得以泄皆耆功也故廟食以報焉今東陂尚如故而西陂之山重既廢下流湮塞羅鼓新塘俱涸者廟亦圮且譜志皆載陂塘三十六可勘者見存諸

陂耳餘卽陳氏子孫不能指其處微今日之清理久益不可攷矣夫奸民之盜爲用者徒覬目前之利田增陂隘而水無所儲偶遇旱潦則二里之田胥病是益一巳而損及萬家農之蟊賊也今理出盜墾卽責以挑復且倡營者廟立石垂久可謂能舉其職嗣今有壅而修濬者縣爲請獎盜墾者陳氏子孫暨陂長者得訟於縣荷校以儆後之令茲邑者視此然東陂治矣而西陂之羅鼓新塘猶塞則雙圳陂之水利未全復而二里之農尚有向隅今豈無慕義如耆者是在爲吏者有以勸率之自渠苟陂成自人力此余所

望於賢令長也令涂姓坤名江西靖安人以鳳山丞權知此縣余既爲記併使鑱淸理弓畝之數於碑陰以詒後云

嵩山書院記

國朝喀爾吉善

國家治化覃敷洋溢中外山陬海澨咸沐薫陶閩性學衍新傳者所在多有閩中號海濱鄒魯夙紹名賢之業濯磨　盛治洒然丕變非僅絃誦之盛甲於一方也會城之東舊有鼇峰書院中州張淸恪公開府時所建倡明理學其有德於閩甚厚而其南有道山書院乾隆十八年余駐節茲邦與觀察新都吳君堃

業蹤諸家子弟秀而文者肄業其中既三年①觀察墳徐君改建於嵩山之麓視舊制加拓焉大搆[illegible]之方羣萃樂育端厥所嚮宜乎耳目濡染不見異而遷而陶冶而成之具也然郡人士生理學之鄉際久道之化所以淑其心身而養其德器者必將正誼明道而不徒工肇悅之文以僅收旦夕之效書云惟學遜志務時敏厥修乃來傳曰美成在久余知其觀摩感奮將相與以有成而有踰美前徽之盛也是役也售李氏八官舊產廓而新之前爲講堂中祀先賢六子後爲文昌閣左右凡六十楹齋廬庖湢靡不畢脩

校注：①觀察錢

而費則自衆商義舉糜白金四千四百有奇又輸貲以廣生息師膏火胥取給焉諸商欲垂永久因爲詳其本末俾勒諸石

重脩貢院記

國朝　陳宏謀

閩省貢院在越王山之麓自有明成化中移建於此國朝以來歷加擴治通志可考也地處山隈山水匯積連遇颶風大雨多所傾圮號舍低淺士子持筆硯入不能轉側卒遇風雨上漏下濕濡體塗足艱難萬狀甚至有攖疾不能終場者至公①堂棟材薄不稱觀瞻亦將有頹廢之患貢院之修治②擴充誠有不能

校注：①堂棟材薄　②擴

已者矣商之藩臬監司諸君咸以爲宜正擬入 告
請修而通省紳士謂都人士蓄此志久矣此吾儕進
身之始亦後來子弟觀光之地宜自經理不敢重耗
國帑維時少京兆陳君治滋少銀臺林君枝春等率
都人士呈請捐修一時爭先踴躍輸將不數月而十
郡二州計數至二萬六千八百兩有奇爰委福州守
徐君景熹撫標叅戎竇君寧董其事其專司營治者
爲經歷董天柱巡檢王成德實工實料必躬必親經
始於乾隆十八年二月卽於是年七月告成至公堂
概易良材而重新之其餘各堂所俱加增修葺治號

舍俱重爲改建既高且深足蔽風雨而下通溝洫使
水有所洩直達於城河不虞阻塞爲害圍牆則增高
培厚以防弊竇適屆秋闈士子攜筐而入俱欣欣有
喜色不似向來之跼蹐而不寧矣統計所需一萬六
千兩有奇餘貲建造城西浮橋以濟行旅尚餘六千
兩則爲權子毋永爲將來修理貢院之需可以善厥
後矣閩中紳士樂事勸功好善篤而趨義勇實爲十
五省之冠其急公之誠不敢壅於上　聞謹以達之
天聽因敘其緣起以勒諸石而襄事茲役諸君暨貢
院堂所號舍坊表數目一一具載碑陰樂輸之紳士

姓名數目另碑志之俾後有所考自今以始規制嚴
肅氣象光昌二載賓興偉奇特達之士連茹彙進仰
副
聖天子旁求俊乂之盛心 國家於以收得人之效
又不獨里閈之光也使者有厚望焉

南關斗南書院奎光閣記 國朝 林枝春

文昌神設像立祠久矣其在學宮體制尤備而賢祠
里社閒亦往往建閣崇祀配以朱衣綠衣人其前立
魁星像故閣名文昌或以魁星名又以奎光名春秋
朔望牲醪香帛之奉虔不敢替蓋其謹也余考史記

天官書斗魁戴匡六星曰文昌天之六府也其第六星曰司祿晉志在第四主賞功進宋書亦云孝經援神契曰文者精所聚昌者揚天紀士人以科第致身虔潔禱祠意在斯乎意在斯乎然則居文昌而主文運戴斗魁而號魁星皆灼然不可誣者或曰非也星有神王之神爲蜀梓潼人魁枕參首梓潼上直參故應焉或曰是張宿之精也神張姓詩所謂張仲孝友者也夫王良傅說星得人以名安在其無據乎顧以魁爲奎者何意者音相近而譌歟說者曰不然奎與壁並稱壁主圖書奎爲武庫今學宫文武並登故額

閣曰奎光又曰奎壬文明朱乾德中五星聚奎厥後賢才輩①出理學昌明蓋其應遠矣余嘗攷諸書魁近內階②而奎也張也參也占驗不一意各有據與抑圖讖家言與文人學士所宗各不相謀歟要之有精則有象有氣則有神天文燦於上則人文成於下皆理所必然無足異也且夫敬其事必尊其訓文昌陰隲之名義取洪範祥殃之說者本文言神之威命靈爽尤足以警發愚蒙而鼓舞賢哲則崇其像設壯其觀瞻皆取諸內心而竭情盡慎者所有事也又何疑焉會城出南關不一里舊有斗南書院爲鄉士人肄業

校注：①輩　②階

處雍正甲寅夏五余與同學論文會信宿焉書舍數楹頗稱幽勝乾隆戊辰重修余曾捐資襄事顧規模猶昔也今春翁子章禮黃子廷琮翁子國章郭子上棟林子在雅蔡子發榮等復鳩錢文六萬有奇拓地增屋既新前堂以奉朱子始建閣祀文昌及魁像而以奎光名經始於夏竣事於秋於是臨碧沼俯青郊大江東流旗鼓雙峰對峙皆歸闌檻中物識者謂斗南秀氣殆有所鍾焉夫丹桂名籍朱衣暗點昔賢所傳事必不謬士人以科名進身榮落通塞神實司之是輔　國家登明選公之治者也夫有顯道厥類維

彰而豈有倖哉命不可倖祿不可干則夫勵宿心敦素業容可一二事苟且爲哉嗚呼勿謂不聞神將伺人挾策決科之士其知所審也憶余戊申秋紀事篇末有星象司命文章點頭之語曾揭於豫章考署神座用示諸生登斯閣也巍然在上振衣再拜俯仰四矚氣象維新人文其日盛乎異時從事於此者連茹彙征吾於其協神心也而以覘士行焉天官占驗之書諸家異同之說固可存而不論矣諸子曰善宜爲之記以勸學者因記之

重脩西湖褒忠祠記　　國朝楊廷璋

出迎仙門折而北一水抱城十許里衆山環之是爲西湖臨湖爲荷亭亘湖有隄隄置橋以通來往湖有二嶼一爲開化寺一爲謝坪中有湖心亭固已脩整煥然天光雲影稍具湖山之概而惟褒忠未脩祠祀忠貞范公暨文武之死難者康熙甲寅乙卯閒耿賊倡逆以應滇粤維時范公實總督七閩劉秉政者賊心腹也誘公詣耿諭以順逆公慷慨而行賊素重公欲脅公降公不屈正色叱之賊恚公駡賊聲愈厲遂幽公別室三年而遇害

天子赫然震怒命王大臣率師討之賊平録殉節功

勅建公祠城南道山以公舅承謙及幕僚之從死者配焉西湖之有褒忠祠則奉乾隆初年 特旨也曩予巡撫浙江知西湖有勾留處蓋公由浙撫移節二山留題者也今即以爲公祠

聖主載巡賜詩勒石雲漢昭回巳成武林之勝境矣己卯夏五予奉 命總督閩浙甫下車即訪公就義顛末拜於道山巳而過西湖憩荷亭見所謂褒忠祠者頽垣敗瓦委於荆榛而棲神之所亦復偪仄荒凉膩赭狠籍予惻然動念旋與官斯土者謀所以鼎新之而深慮其可與樂成難與圖始也翼日鹾使錢塘

徐公來謁爲予言向修荷亭開化寺之商人周時權者毅然請以葺治爲已任予深嘉而亟予之遂庀工飭材屬役赴功凡豫章楩柟土石甎甓塗墍繩削版鍤麻枲胥出於十指計算之餘百夫競趨邪許踴躍先拓其基較舊制加廣深如其廣之數而更倍之構堂三楹扃以重門夾以廊廡衛以列戟周以繚垣輪奐榱題有嚴有翼堂之後建亭以供奉　御書亭之東爲文昌樓西闢箭道以備四時講射修祀事者亦得藉是以稍憩息焉今年六月予自浙旋閩入祠瞻禮耳目一新肅然起敬隨從亭後洞其門步飛虹橋

入閘化寺坐宛在堂左眺右望塵慮俱豁復至荷亭一覽覺湖光山色瀲灧空濛可以分明聖湖一席予遂題爲小西湖東坡云生平到處有西湖予今日者何多讓哉予與范公同旗梓里繫念而由浙中丞以①制於閩先後又同官維公生丁厄運荒天漫野介②而馳何暇爲形勝輿匽一洗眉目獨以盡節而歿數十年後廟食茲土誠可感已予乃際　太平盛世周原膴膴烽燧無虞建牙秉節山水增輝則視公驕有天幸也其忍覩公之祠蕪穢不治爲西湖留此缺陷歟今而後其君子車輿僱儺而至其小人徒御扉

校注：①總　②馬

屨以從以及梯航重譯而朝貢於　京師者無不取道湖上蔭息徘徊予顧與之除舊布新沐浴　聖朝之教化則謁褒忠祠當有勃然而興起者而佛光所被利濟羣生底於永久豈徒恃金碧焜燿爲都人士遊觀而已耶是役也經始於乾隆二十四年九月二十六日卒事於二十五年九月初七日糜金錢四千二百兩有奇其橋向以木爲之今易之以石步雲飛虹皆予所命名也乾隆二十五年九月十九日予偕同官置酒飲於荷亭落成爲之記

重修水部門天后宮記　福建將軍新柱滿洲

古者山澤之神望而祀之既祭則以牲幣貍沈之山林川谷丘陵能出雲爲風雨者皆曰神不必有人以主之也其後能捍大災禦大患則祀之而神於是乎有主之之人蓋功烈在民者必食其實報功烈彌大食報彌遠理固然也天后之神煇赫寰宇以產於閩閩中靈異尤著自宋迄今代有顯應惟我　聖朝廓清海甸異時澎湖之克鹿耳之捷皆神陰相迄於成功

聖祖

世宗襃錫寵晉爵宗號於神鄉湄洲　勅建祠廟春

秋致祭列諸祀典所以致其崇極者蔑以加矣福州會城水部門舊有天后宮建自勝國康熙乙巳燬於火里人重建癸未復火僅存山門鐘鼓梳粧等樓以久亦復傾圮乾隆十六年閩人盧達成周爵觀林赳順陳茂典等感被神貺亟翔脩之正藍旗防禦顧廷機董其事庀材鳩工自門廡殿寢以至左右廂廊樓館庖湢僧舍公私之所靡不畢舉縻銀三千餘兩經始於十六年七月十二日訖事於十九年七月二十四日工既竣請余為記余惟神之為靈敷佑蠁留不測必指一地謂其所憑依專在於是則誕矣翃夫土

木之工不能有興無廢要在後之人崇德報功時其修葺俾之永永勿壞耳不然物彰叢祠山臺野邑湮滅於蒼烟白露荆棘之中者何可勝數而是宫卒以屢廢而復興詎非功烈在人者大而食報故遠耶余奉 命來閩兩膺鬮寄兼理權政每歲再閱練兵洋嶼番船往來關口莫不荷神之庥順時利涉於是既喜故祠之作新益感靈爽之式憑且以見
聖天子懷柔之廣大而所以致崇極於神者誠非偶然也爰爲之記兼爲歌詩以妥侑焉辭曰 神之降兮湄洲騰朱光兮燭九州神之昇兮重九乘玉虬兮

蜿蟉金支翠旄揭來兮雲濤殲長鯨兮水窟㦏　皇
威兮滇渤滇漲兮風波神力兮降魔鏁支祁兮墉岡
象繫颶毋兮搤靈鼉舟阽危兮蹟浪燈升降兮檣上
估客先號兮後笑榜人理楫兮高唱閩之人兮頌神
之功誕照靈惠兮新厥故宮俎豆陳兮牲醴潔闐鳴
鼓兮摶竽瑟神來兮天臨靈風颯兮𣞤森神返兮海
鏡渺澄碧兮徹映我將我享兮降福祥四海永清兮
樂未央

南臺霞浦天后宮記

國朝　定長

蓋聞秩祀之舉所以崇德報功也記曰有功烈於民

及能禦災捍患則祀之昔先王於郊禘社稷日月山
川與夫人之合於祭法者載在祀之冊典禮之隆
不綦重哉至若神仙之事近乎渺茫然尚書稱咸秩
無文是惇崇將禮之餘庶祀本所不廢矧勳績實有
可考爲兆衆羣奉者耶閩之延平士民鼎建 天后
神祠於南臺之霞浦既成合詞籲余文記其事謹按
志乘神林氏唐九牧諱蘊九世女孫歷傳至諱保吉
爲後周統軍兵馬使歸隱於莆之湄洲嶼神之六世
祖也考諱愿宋都巡檢母王氏神爲第六女生時有
紫色祥光異香盈室有道者識爲神人長能乘雲渡

海預知休咎會於機上神遊拯親於溺溯其根本則
大孝昭垂天壤年二十有八得道昇化實宋雍熙四
年二月十九日也厥後神靈頻著感應如宣和間遣
使高麗遇震風神降使舟安流以濟又嘗降於白湖
掘泉飲疫者輒愈莆民艱食米艘屢阻朔風神返風
即至元時海運得神祐如涉內河明時累顯靈蹟凡
助正殄邪救濟困乏之事不勝枚舉故歷贈封號云
國朝康熙十九年加封護國庇民妙靈昭應宏仁普
濟天妃二十二年我師克澎湖有神兵導引及屯天
妃澳靖海侯施公琅謁廟見神衣半體俱濕澳有泉

僅供數百口時甲士萬餘方患渴忽湧醴泉汲之不竭施公表上其事　敕建祠於湄州勒文紀績更封天后六十年臺灣姦民竊發神現鹿耳門水長數尺舟師並進七日而臺灣悉復凡冊封海外諸屬國俱多默佑奉　旨春秋致祭雍正四年十一年兩荷
御書神昭海表錫福安瀾二額併令江海直省葺祠虔祀乾隆二年加封福佑羣生二十二年加封誠感咸孚於乎神之默相我　國家勞勣實鉅仰沐　恩耀亭馨香於奕禩倍極優渥矣至海船佑船彙多利賴祀之固其宜也南臺向有　賜額之廟今延平士

民曾祠於其地兼作鄉人寓館祠凡四層正殿寢室
花榭歌臺備極瑰麗其殿後則依山壘石立祠以祀
楊羅李朱四賢爲諸生絃誦所也其用心亦勤矣夫
余奉
聖天子命來撫是邦睹茲清晏江海無波行旅利涉
理宜報答庥貺爰稽故籍載考往事具有合乎典禮
廼爲作記俾刊諸樂石并歌以侑焉其辭曰神之徠
兮衣朱衣翠羽明璫兮蔽赤幛駕蒼龍兮白雲與飛
靈風拂兮揚青旗神之遊兮歸墟之府思故鄉兮陟
湄洲之嶼元秘銅符兮授自天姥孝邁曹娥兮生挾

乃炙神燈神雅兮渥遍海寓況助威稜兮効忠
聖王　寶綸疊錫兮受祥蒙祐神所駐兮恍在霞浦
此邦之人兮構神之宮鳥飛翬革兮厥製崇隆冀安
棲兮玉座碚龍母氏憑依兮仁宇長同繄茲祀事兮
祈保無窮碧蕭芬兮桂醑酌神絃動兮衆樂作徽詩
合舞兮或歌或咢來假來享兮神光漠漠千秋萬載
兮秖恍惟恪願福我民兮永綏康樂

泉州府志序　　國朝定長

志也者所以彰教化占土風核古今之異同綜山川
之險易非直掇幽芳拾遺事侈文采之美觀已也伊

古山海名經漢世以爲出自伯益周禮司徒掌邦國地圖保章氏以星土辨九州之封域而誦訓實掌邦志志之權輿尚矣漢武帝令天下計書先上太史郡國之志亦在焉厥後朱貢條記風土班孟堅因之作地里志及晉摯虞又作畿服經常璩作華陽國志其他如汝南先賢洛陽耆舊諸編紛綸並作後世畫疆爲志準此而興是所謂采風之遺而備正史所未及者也七閩昔天南邊徼地周官以隸職方戰國屬無諸守之秦併百越遂爲閩中郡漢初廢尋立冶縣屬於會稽東漢時稍以繁息然地介偏陬聲名漸被之

所不及故詩書罕得稱焉泉之爲郡也在閩會①垣西南四百餘里襟帶三吳袤延二廣控臨島海包絡山川亦南陬一都會也嘉名肇錫昉自隋開皇九年然當時地兼福州諸境今之泉郡則勝國時所建領縣凡七迨　本朝疆宇日闢乃析永春爲州以德化隸之蓋其地僻處南服而旣當山海之會爲一望郡自唐宋以來歐陽四門以風雅濬其邪蘇忠簡留忠宣以功烈偉於當世蒞斯土者又得廣平紫陽西山諸大儒牖掖而甄陶之淬磨以理學被都人士俗易風移其異於古之所云者蓋亦遠矣況我　國朝休養

校注：①垣

教化百餘年間宇內清平民物康阜環山阻海之區食德服疇絃歌遍野名賢碩輔好修之儒相望於世苟非載筆書之何以彰盛美而傳於後雖然郡國之所藉以傳者志也泉郡之志在勝國有三而嘉靖舊志不存存者率簡略訛謬少可徵信今太守懷公建議修之延黃明府任董其成黃進士惠林文學擎天佐其纂輯於是旁求曲摭門分類別訂訛謬而補遺闕蓋燦然視前志增大半焉書成請序於余余維風俗之盛衰與政化相終始泉郡於古既稱僻遠東漢時稍稍安阜矣而文教未洽也唐宋則進乎文矣而

邑居之盛水陸之華賢才之奮興其得雍雍然俯仰
名區發思古之幽情揚太平之淑問者誠未有如
今日之隆也余喜新志之既成而因爲道聖朝風俗
之美原本教化雖海澨山陬無不蒸然日新遠軼前
代豈非千載一時哉夫宣　上德紀民風是亦使者
之任也是爲叙

蔡文勤公祠記　　國朝　沈廷芳

祠祀蔡文勤公自乾隆甲申二日春祭始也公少爲
諸生即以民物爲己任儀封張清恪公來撫七閩設
鰲峰書院延公爲師公隨侍焉後從清恪公遊招

入使院共訂先儒遺書博觀羣籍洞徹爲學眞源既
入翰林歸主鼇峰凡所講論悉本白鹿洞規自心身
以至治平之道一以程朱爲訓而必本於誠更立五
賢暨閩儒二十三子祠崇奉正學多士感悅其學以
端數十年來猶聞風興起也尋以李文貞公薦　召
脩周易折中性理精義時稱其采擇精當雍正間薦
列卿貳入侍今
天子講讀凡進講經書性理必齋肅詳明務引於道
上敬禮之毎字而不名朝士咸引周書謂惟其人蓋
公以深茂之學純正之詣上承考亭西山不特爲當

代之儒而已海內士以是宗仰之方佐春官公寢疾
以族人事牽連吏議鐫級
世宗憲皇帝特原之俾奉故職及卒復爲震悼　特予
祭葬白鏹以歸其喪今
上嗣位晉贈尚書謚曰文勤官其一子且稱其經學
閎深嗚呼觀　兩朝聖主之於公恩禮若此則公之
忠忱篤棐所以上契　宸衷者可知矣是不可爲人
臣勸哉公汲引後進孜孜忘倦士有學行必禮下之
其在鼇峰造就尤多雷副憲鋐鄭徵君文炳林通政
枝春皆其高第弟子也廷芳以年家子曾謁邸第辱

公奬勵甚殷乾隆癸未黍居講席企公教思愾乎如聆謦欬諸生謂公已祀學宮而於書院宜祠將投牒焉余告於開府乃可其請即二十三子祠北葺舍三楹神依先哲而爲後進楷模亦公志也於是諏吉告虔謹奉栗主以妥公靈時公弟子嵩山山長吳編脩嗣富實贊厥成偕余率諸生百人拜於堂下樂奏禮馨罔不優肅愉快禮成作記以栞於石公諱世遠字聞之世居漳浦縣梁山之麓學者稱梁邨先生

南靖新建天后宮碑記　國朝李浚原

閩地負山面海往來舟船多出外洋驚濤駭浪之中

悉賴　天后神靈呵護自宋迄今位號日隆威靈益著濱海之人處處廟祀蓋數百年如此矣靖漳南下邑也瀕海爲家地勢低下每值淋雨河水漲溢陸者爲川寧者爲飢耕者不粒食廬者而巢居邑人病之雍正年間前令成都彭公於西南一帶築沙壩數里以障溪流乾隆十九年鍾遠何公又從而脩之靖之民得藉以安然勢如建瓴畚沙爲堤旣易崩決水之性因壅蔽而湍激更烈偶然失備全城魚鼈則靖雖不同於海而時防水患與萬里梯航朝夕舟處者無以異其尊崇　天后之廟祀也宜何如報者昔建行

宮於南教塲神弗顧享兩次被水衝壞嗣奉神位於陰陽館湫隘囂塵僅蔽風雨予自己卯仲春涖任茲土卽欲恢宏基址而葺治得地甚難夙興夜寐思所以改築之者未嘗或息是歲閏六月八日雨水滙集溪流驟漲予與同事諸君子露處肓風淫雨中督率堵禦自辰至酉幸而獲全愈思興建正在商議間未及施行明年復漲月日時刻與往歲相符合吁此豈江潮之有信乎何先後竟出一轍也方河水之復漲也予與諸君子督率益勤堵禦益力而三山堂張倉社兩處竟遭衝決時登南門城樓一望浩浩靡涯茫

無畔岸私心竊計陸而川者凡幾舟而航者凡幾耕者不粒食廬者而巢居當不知凡幾身膺長民之任民遭沉溺之慘搔首籲天搶救無術雖引咎自責其於我民奚裨哉爰從城樓上喚集小艇拯救給賞長跪默禱投香水中倏忽之間折而東注不崇朝而水已全涸巡勘城闉人民房屋衝折者止近堤十餘家餘皆無恙小民因爲予備道七旬餘之林婦十二齡之李童瀕死更生狀甚怪異予心識之塽築崩缺舊處固以基石數日之後廬舍依然桑麻如故嗚呼向非有神昉默相於其間靖之地桑而海者屢矣尚能

耕耶粒耶盧耶居耶航耶寧耶川耶陸耶予於是知后之垂庥於海者多而福祐於靖者不少也闔邑紳士感神之靈爽呈請改建新宮予曰吾夙志也卜地於縣治東北隅前漳南道公館舊址嫌其隘購民居小屋十餘間而推拓之建行宮三棟棟各三楹士民工賈咸樂輸將共費朱提二千二百有奇於二十五年臘月五日乙亥經始二十六年中和六日落成予喜神靈之默祐我民廟貌維新而又喜紳士踴躍勸功不日告成因勒始末及董事樂捐者名姓於石以①著厥美而繫以詩俾我民咏歌以祀焉其辭曰悠悠

校注：①著厥

南土兮漳之濱雙流瀰漫兮浩蕩無垠轉危爲安兮我　后之神馮夷聽命兮保護斯民保護斯民兮何以報構楹畫棟兮脩明禋朝靄龍涎兮夕薦新春秋匪懈兮福祉駢臻歐山蒼蒼兮雙水瀰瀰千秋萬歲兮若依慈親我民報德兮逾於海津自今以始兮祀事永遵

福建續志卷八十三終

藝文九

記

嵩山書院德教記

國朝林枝春

將致久道化成之效必篤生碩輔斡回元造者宏敷教興胥一世以陶鎔而治化所洽渾庇一方皆有濯磨不變之美蓋體用兼資出所學以淑世宜有廣造無疆之盛德至深而意至遠也閩中自唐觀察常公興文建學人士蔚起宋時蔡忠惠眞西山二公俱能振興文教大造閩疆　國朝中州張清恪公開府茲

邦首建鼇峰書院倡明理學閩士風丕振數十年烝烝日上歲丁卯官保尚書喀公開督於茲春生秋肅人飲仁風垂念業鹺之家宜有以樂育而觀摩之也爰暨大中丞桂林陳公觀察新都吳公創立道山書院選諸裔子弟之秀者肄業其中延名儒爲之師歲時督課諸士感德意而樂陶成彬彬乎盛矣越三年觀察錢塘徐公益恢舊制選勝嵩山之麓購厦屋而新之維時公與大中丞鍾公並嘉盛舉所以講學造士之規甚盛諸士感奮淬厲得耀光明宜夫軒鼚鼓舞樂相與以有成者皆邦家之光非徒一方之慶也

諸商人感公盛德請記於余因爲述其意俾壽諸貞
珉以垂於無窮

移建閩淸廟學記　　國朝徐景熹

閩淸爲縣始於唐貞元旣立旋省後百有餘年五代梁乾化初復置又百餘年當宋眞宗景德之四年賢令史遜始建學其地居縣治東南有禮殿講堂談經之樓規制畧備嗣後屢有修建明永樂中移明倫堂於殿北成化中創尊經閣於殿南我　朝尊隆儒術凡溥海內外郡縣衞所之學屢　詔繕治故閩淸雖小邑其廟學亦完整乾隆庚午秋霖雨水溢學地素

庳水患叢之殿閣堂廡寢以圮壞於是令令童君士紳大集邑之紳耆疇咨興創僉言曰廟學在前代亦嘗毀於水當時有建議遷之他所者終以役巨不果因仍綴葺以迄於今然地卑則水易集相厥形勢明倫堂之地較廟爲差高若益培廣建廟於其上而徙學於廟之故址雖有巨浸勿能害矣君亟然之請於大府命吏驗視謂當如其議迺庀材鳩工治地高於舊三尺中爲大成殿旁翼兩廡外爲欞星門崇聖祠築墻七百尺而圍之高一丈厚殺高之六左爲明倫堂廊房齋舍名宦賢祠博士之廬悉一新之經始於

辛未四月以壬申之仲夏落成吏作　至聖上諱賢緯
牌諏日奉安既竣事爰礱石請余記之余惟唐宋齋
之言曰學之制與政損益學舉則道舉政汙則道汙
天下郡國之立學始於漢武盛於隋唐而極於有宋
當是時守令之勤於其官者莫不以是爲先務所以
成德達材進其方士之愿秀使之濡劘道眞被服先
聖而士人登進之途亦於是焉出則又勸之以祿利
而幸之向方因以風勵末俗立教化之大端此學校
與政相爲損益之故也考郡縣廟學之制廟以崇祀
先聖學以教養士子二者於前代常不能兼立其無

廟者春秋釋奠皆即學而行事則學重自唐迄宋初天下學校廟多而學少則廟重慶歷中大興學校制猶以州縣之士滿二百乃得立學故其時守令之埶於其官者或傍廟爲學或建書院敦延師儒以教其方土之士其職皆不命於朝理宗景定始令天下縣置主學蓋自儒官設而學之制浸備矣於是廟與學並重而廟爲尤重何者學以教養士而廟者固所以崇禮先師報本始而示人以景行之極則也是以聖朝百年以來凡日月所出入莫不郡縣則莫不有廟學其所以跨唐軼宋而躋盛美於虞周四代之隆

者在是歟乃或者謂記所云釋奠釋菜於先聖先師者皆在於學又曰國有學遂有序黨有庠家有塾亦不言廟故王安石曰奠先聖先師於學而無廟古也未見廟之爲尊於學此泥古而不達近世典制之論夫古之所謂先聖先師者不一其人而今則固吾夫子也夫子之道衣被千萬世凡名爲士者以得奠幣於

至聖栗主之前爲幸我

世宗憲皇帝躬臨太學　特諭大小諸司凡公牒祝辭並稱詣學不得言幸其尊何等若學以教養士於古無論即唐宋以來莫不皆然然而爲師者或倚席不

講士亦無有絃歌於齋舍者則所以爲教者異矣昔之士廩於學有定員今隷名學官者不限額雖欲徧養其道莫由則所以爲養者異矣若夫春秋釋奠不於廟而反於學又必無之理也學之不可與廟等彰彰如是閩清之廟學圮而令能力率其邑人以與遷是達政之經者多矣徙廟於高處而以學爲輔是得尊廟之實義者矣是不可以無記也乃爲之書董君德清人以進士起家令於此七年民安使之是役也凡籍金錢千五百緡皆出其縣之好禮者故並刻其姓氏於碑陰以諗後之人

重建浮橋記

國朝 官獻瑤

定衡傅公宰平邑八年德澤涵洽庶績咸舉邑城南九龍江水環繞舊有文昌橋濟渡風饕雨嚙驚濤擁木石卅闕脩而輒壞爰籌爲可久計劉西山龍麟松與水相宜僱匠造舟堅緻自邑東岸橫亘櫸洲釃水爲二十道舟浮其上爲橋十八架皆兩其舟爲舟三十有六聯以鐵鎖翼以扶欄昔有分泒舟子守橋之累於是置恒產以給橋夫工食并歲脩爲經久計費白金七百有奇先自捐貲其半民樂共助秋經理而孟冬成人感公之德名曰巨濟橋濟巨川用舟楫祝

其對揚殿陛臣濟蒼生亦如是橋也橋東楙木牌曰文昌巨濟合舊名紀新德西楙木牌曰櫸渡長虹符仙讖兆狀元相與頌曰九龍珠現水滙菁漳傳公澤洽造舟爲梁長虹櫸渡文運發祥巨川永濟民不能忘請余記於石俾踵其美者爲楷公名國勳字宸贊號思齋湖南壬子鄉薦丁巳明通進士淸泉人佐其事者少尹趙明山浙江山陰人

重建平海衛學記　國朝朱珪

自古暢政化察休祥於是乎靈臺辟雝並建大雅之詩曲道臺池鐘鼓矇瞍奏公之樂而經營不日成於

凡民所自致何哉與行者人情之同然故歡趨之而
慕義者亟也余嘗釋褐橋門入侍　講幄每遇
天子臨雍大典得廁諸從臣後竊見　國家崇重儒
學之盛宮室器服之嚴及持節轉漕閩海繼陳時臬
春秋肅祀頻宫又喜其黌序脩明無譏城闕而今年
維夏重脩平海衛學適成吾聞平海一衛其廢久矣
當勝國初海氛方熾江夏侯率師南征因度莆陽東
九十里建城設衛以資扞牧號曰平海正統時在衛
多隹子弟有司請就衛立學而莆陽才畯往往弦誦
其中迄於　本朝　皐猷允塞島海邃絶之地悉隸

版圖寓內銷兵灌燧無雞鳴擊柝之警乃罷衛令民悉徙內地而故學遠越界外亦旣廢燬知郡事李君英別營城西射圃地置新學卽今洞橋遺址也未幾平海博士諸弟子省入莆陽新學亦蕪圮而後十有餘年沿海上望宿莽多異氣發視則先師木主在焉衆驚其奇以爲天將復興是學而　聖人神靈所式憑不宜委之榛灌因相與葺城西新學迎主殿中又於東築正誼堂西構書院學者便之歲久孝廉鄭君文炳等踵事葺除復於堂東北隅作祠祀宋賢五子然獨念家貧不獲大剏新之爲憾數①籌蓄歲牗以待

校注：①籌

更舉又三十餘年冀子士仁謀旣父志亦未果行嗣
亟屬其子濤芳遠芳廉芳三人癸未之歲白露時降
濤芳等度材計庸請於有司諏吉鳩衆工越甲申五
月觀成積工一萬有奇材石縣埊需金三千有奇由
是巾葺大成殿左五子祠正誼堂右洞橋書院前建
櫺星戟門又前濬泮池繚以周垣樹之坊表其他齋
廡湢庖稱是學乃人備遠芳來榕城請余記事於碑
余維教化之盛衰視學校之興廢古者辟雝泮璧而
外黨有庠遂有序鄉有塾今平海衛廢而其學獨存
庶幾黨遂置學之遺意且鄭氏三世爲名諸生脩清

閭里顧不惜千金之費經營之舉不待敎令不假羣力作述相繼以觀厥成將所謂歡趨之而知慕義者非歟此大雅之所樂稱也異日者多士蔚興羣砥礪以鳴太平之極盛余於是學深厚望焉是爲記

東山書院租額記　國朝　楊景素

昔范文正公舍田五百畝而弗有以爲姑蘇學宮至今鐫石立祠無不頌公嘖嘖此地猶范文正公有也使當時自私而傳諸子孫由宋至今不知其凡幾易姓恐非范氏之有矣故李九我先生謂范公之不有正范公之克有也余恒誦斯言亦欲告當世之有力

者使不私其有乃長據所有耳歲乙亥余奉　簡命①巡視汀漳龍龍之屬邑有菁城者山高秀水淸冽人文蔚焉邑令曹鑰謀所以養育而栽培之乃偕學博薛宸翰柯玠倡捐淸俸建書院於邑之東山門堂莊麗學舍周廣聘名士掄俊秀日省而月試之亦可謂盡心者矣猶慮書院之膏火未有也詢知舊書院有租八十六斗船橋租三十斗又昔有蔣君宗海者施佛寺租四百七十四斗寺久廢他僧混管有明間宗海同譜吏部蔣公蘭居告官淸回因謀紳衿撥廢寺租合舊院橋租盡充書院膏伙事聞於余余深嘉之

校注：①命

所謂不私其有所以長有者非乎既有當於余必不可不共成之余捐俸百金置租四十斗以益焉惜規模甫定未及充擴而曹令逝矣且夫善作不如善成善始不如善終前人之所以重有賴於後人也新署令衛克琦有志育才課學講業猶黽勉不倦復捐俸脩路砌石開自東山寺南繞塔而行平坦爽塏直達縣城可以遠攬溪山近瞰村邑不特賢關義路之光亦爲遊覽者增一勝境也余又聞而嘉之以爲是皆志范公之所志而不有其財不有其力謀所長有以成前功而垂惠於邑人者也余既喜其事之有成又

恐其久而廢也飭將租額坐址勒諸貞珉又據縣詳垂久章程書院田租官不收掌役不與聞僉舉誠實董事輪年收租專供延師脩脯斯議可久并書諸石

脩理福寧西山三壩記

國朝　李拔

西山三壩在郡城西五里爲長溪河源由城南東流入海每患淤塞漲溢爲害前霞邑令議請歲加疏濬以寶資二寺租爲費久而復塞歲捐百餘緡棄諸水濱霞令苦之以告郡守李峨峰峨峰聞而譏之曰凡事不清本源而事其末流即未有能濟者也况治水乎今長溪以壅故議去其積如病噎然攻之劫之非

不暫快而旋通旋塞卒致傾危者無他治其末而忘其本故功雖勤而鮮效也古人不云乎揚湯止沸不如釜底抽薪吾將從其源而治之子且稍安毋自苦霞令曰唯唯乃偕僚屬溯溪而上見夫高岸深谷亂石歷歷流水潺潺吏曰此三壩古蹟也廢壞久矣於是李子徘徊四顧辴然而笑曰嗟乎吾今而乃得治水之道矣蓋西山一帶峰巒四合每當雲行雨集諸水盡會於三壩山高流湧勢如建瓴衝激沙石隨流而下長溪幾何其不淤且潰也古人築爲三壩使水勢瀠洄不致直注爲害此釜底抽薪之義也今不爲

猶薪之計而爲止沸之謀無異病者方惡食而復强之欲以巳其疾也不亦難乎是故瀦長溪不如脩三壩而欲脩三壩不必另籌經費但酌分寺租以脩堤埝可省挑費之①牛數年之後不勞而自治矣不寧惟是堤埝既高即於壩之兩旁開渠引水以資灌溉既可以殺水之勢又可以收水之用計無善於此者古之人不予欺也因以其狀上制撫二軍咸報可爰趣霞邑魏令鳩工從事未閱月而功成水歸其壑農餉其利乃悉如予言夫事者難成而易敗也詩有之靡不有初鮮克有終當三壩初脩豈料其廢壞至此而

校注：①半

卒不可必以此見善成之難不勝其長慮而却顧也所望後之君子繼長增高毋俾斯壞霞之人長享利賴於無窮必有尸而祝之者始信予言之不誣也已

乾隆庚辰夏日記

重脩木蘭陂記　國朝王文昭

莆邑古稱蒲口溪海相通禾苗不長惟蒲生焉爰以蒲名邑後去水爲莆喜其無水患也宋時永春德化仙遊三百六十澗之水滙之不爲莆利而實爲莆害惠濟侯李長者相度形勢疊石成陂其間石柱陡門溝洫涵洞埧塘堤港咸經畫盡善陂成①立水中如剛

校注：①立水中

如①皋廣三十五丈深二丈五尺有奇上束諸溪下障海潮田可灌而地不滷莆之南北兩洋數萬頃田賴焉是木蘭陂之建其利不亦溥哉閱數百年陂石爲巨浪衝擊時脩時圮動費金銀若干俱出之南北兩洋得田畝者按畝勻捐太守勘石以記永著爲令辛未九月大中丞潛公思渠卿體

聖天子愛養元元重水利而務農桑之意親歷木蘭舊址并又祠禮侯鳩工度材飭脩陂之圮者而侯之裔孫明經李泌欣然起曰按畝捐脩舊典也兹感大憲垂念功勳加以獎譽祖宗孫子感沐榮光敢不破格

校注：①如皋

捐脩以承先志惟是工程甚鉅可一不可再耳余嘉其急公而善承先志詳請大吏告優叙列憲從之創工於是年十月𡻕事於次年正月明經又請捐貲築南北陂石橋并北陂橋内甃大石塩砌以禦巨浪其自陂口至迎欄橋二百餘丈溝道壅積之沙鳩工挑而濬之計共費白鏹一千有奇則李明經之急公好義與惠濟侯之創建此陂可謂後先輝映創繼相承矣然非中丞公之觀風問俗鼓舞興起曷克至此化行自上感發於下自此飲和食德覩河洛而思功百千萬禩惠澤與蘭水同流猗歟盛哉

重修八卦樓丹霞書院記　國朝　鄭○○

八卦樓當城東南其始建於明萬歷六年太守羅公青霄與司馬羅公拱宸以東南巽方窪陷不可無突起之峰而巽於卦位離明所由進也迨海氛以來殘甚遺址亦塌爲平壤矣乾隆二年嗣守劉公良璧相勢度形與紳士王公材等謀新之培基上與城齊三層八面漳之勝可週覽得也因其下有深池緜亘夾以曠地於池之東搆書院中祀朱子額曰丹霞書院以應文明之兆云隔池遥對爲魁樓下有書舍由魁樓遶迤東爲半月樓取月之恒亦漸進而明之義也

與八卦樓參差峙工成萃英才於中延有文行者主師席焉然而書舍無多來學者多受業而返十年夏余以臺臣出守是邦思有擴之未暇也明年秋乃爲工取材於祠之左爲講堂三間翼以兩廡玲瓏其垣又左爲書舍相向各四以增肄業之所浚池以繞其傍置地以紓其徑作橋以跨其岸作小艇以溯流上下其際堤楊藂竹嘉植名花靡不森立三閱月告成週而覽之日苟完矣然則四時之景不同晦明風雨之態各別士之遊於斯息於斯誦讀於斯當有觸其道機長其文思也乎抑余更有進焉者漳自朱子過

化以來文風幾甲天下而理學經濟清介節義之行正不乏人要必自立志樹品始嘗聞黄石齋鄭山講議有云其有不忠不信者不在此位也其有入不孝出不弟慢游是好者不在此位也其有便僻善柔驕諂佚樂託文章以敗善類者不在此位也其有放利而行爲陽鱎以希攀援者不在此位也其有稱人之惡以訐爲直居下流而訕上者不在此位也其有踰閑越檢不衣冠而遨遊市井者不在此位也其有淩侮鰥寡取非其有好訟以抒文網者不在此位也旨哉斯言典型猶在多士其何以追前哲而挽頹風乎

夫禮賢育才型方訓俗者長吏之責也申講論嚴功課俾有德有造者師儒之責也乃若禮讓行自貴民風式於士各喻其宗族鄉黨俾蒸蒸然羣黎徧德者諸縉紳先生與多士亦與有責焉茲因紳士之請而書此遷期共勉之以奏文明之治云

重建連江萬福堂碑記　國朝　程廷栻

縣治北故有堂曰萬福祀明熊萬華五公稽邑志熊諱尹臣公以郡倅來攝縣事歲久蹟茀具蓋莫得而考焉萬諱德鵬唐諱廷彥二公一以潔已愛民注一以居官廉謹述其詳亦不可得聞蕭諱穀于諱可舉

二公皆有傳傳蕭公者稱子諒治尚簡觀其榜門曰平野有田相種去公庭無事吏休來槩可知矣徵輸自較封吏民咸便居九載稱德政吁蕭公其賢矣乎于公傳則曰平易近民政刑清簡與蕭公將毋同其當海寇劉香薄城時躬登陴發①矢殪賊首遂解去民賴以安又以東岱要衝造銃城阨險爲百年禦患計嗚呼厥功偉哉由此推之彼三公雖無傳要必有近是者斯故得同宮而祀之歟顧其祠圮有年近頽陵尤甚廷栻睹而嘆曰是予之責也夫爰討法制度材用方與邑廣文官君志涵謀重建而連人士某某等

校注：①矢

咸前來謂此數公功烈被吾漣至於今歌頌不衰今明君復新其祠宇義甚高備吾民不得一展其酬報之忱能無歉然乎明公倡而衆人和事順於民其從之也沛然願明君之廣其義也余曰唯唯遂相與聚而成之夫先王之制祭祀也法施於民則祀之以勞定國則祀之能禦大菑能捍大患則祀之如數公者皆有大功烈於漣宜乎其祀之無窮今人士振之於後視他舉義倍奮焉此豈同凡庸哉元門徒爲繼其栖止名流遊勝之塲乎哉斯役也余深喜吾漣父老子弟之好義且以卜是五公之功烈其食報之久不朽

何如也

友清軒補種松竹梅記　國朝俞開甲

我湖心齋沈公植松竹梅於使院之西偏扁其軒曰友清蓋在康熙甲申距今六十年矣天道無往不復名賢之澤必有繼起而張之者乾隆壬午冬河間夫子典學至閩開甲以門下士迎謁錢江手八閩學政一編爲贄夫子顧之色喜開甲退而竊幸清芬有替人矣癸未初夏負笈來閩拜命於永春使院撰以署事相付託遂得長厠友清軒中是時已闢蒿萊刈荆榛栽梅竹數叢浸復舊觀矣于松闕焉意者鎡基待

時乎小子竊效服勞之義手植數本且舉向時位置均者一一更正之松之勁竹之虛梅之淡三友各以類聚其視心齋當日不知若何要無虛乎友清命名之指而已閒甲嘗讀蔡文勤公清苕書院記云天理盡則人情畢周若梓人執斧斤準繩以度物不誠而能如是乎此心齋之實錄友清所以傳也以夫子之明之清之勤之愼而又濟之以寬厚忠恕愈以成其明與清與勤與愼是卽心齋之所以嘉惠闔士者宜乎試事未半而傾心者遍十州異日郡人指所樹而言曰如松之勁如竹之虛如梅之淡心齋之後復有

心齋蓋六十年一大會云豈非心齋得夫子而愈彰耶昔大父與心齋公昆季同花萼社稱石交者四十餘年閱甲執經於公嗣觴翁夫子門下其文孫又與閱甲同廷對通蘭譜今藉師命以彰厥前徽俾小子亦分遺蔭之末光並傳不朽其爲慶幸何如用敢不辭謹盥拜手爲之記

論說

正學論

國朝　鄭文炳

古之聖人聰明天縱宇内之理無所不知若伏羲黃帝堯舜文王孔子皆能闡乾坤之秘蘊發宇宙之精

英察生人之倫常明庶物之法則此豈待學而知耶然以孔子之聖猶且好古敏求學而不厭發憤忘食老至不知次而亞聖若顏氏子明睿沉潛從事於博約之功至於竭才雖罷曾子大賢也隨事精察力行不怠子貢達人也多學多識得聞聖道學之功蓋可少哉當時所學有不正者哉所尊者堯舜周孔之道所誦者詩書禮樂之文所務者六德六行之理所習者三物六藝之業家無異書人無異學由士而希賢由賢而希聖雖不能至然所學者皆正而無有邪說詖行參乎其間迨後聖王不作處士橫議惑世誣民

靡所底止於是乎有楊氏之學學爲義而非義墨子
之學學爲仁而非仁此學相傳正道滅絕人也而胥
爲禽獸焉又其後有縱横捭闔之學逞其才辯抵掌
立談而取卿相士爭慕效長君逢君學之不正莫甚
於此矣漢代肇興傳及武帝詔求亡書六經稍稍表
章於世隋唐繼之崇尚詩文於是乎有訓詁之學有
文詞之學士之窮經者大率皐皐無足道耳即有一
二豪傑之士如董仲舒韓昌黎輩其學術文章不違
於正然終不能紹先聖之學業承先聖之道統迄於
五季學者專務儕洽揮毫摹寫不過山川風景之勝

究其所得浮華無實祗圖利祿而爲巳之正學世全莫之省也有宋聿興大賢輩出濂溪周子得列聖之正傳闡太極之奧旨專務躬行以教後學明道伊川從之受學脩德勵行直以繼往開來爲巳任嗣是有朱子出焉具亞聖之英姿集諸儒之大成窮理致知躬行實踐四子書賴以發明六經旨藉以剖晰洵正學之宗師非他人所可企及也蓋嘗思之聖人之學莫重於倫常故爲君則仁而明爲父則慈而教爲臣忠而爲子孝以至兄弟夫婦朋友莫不各有其理此所謂正學也以心契聖賢之旨以身體聖賢之言卑

求夜思未斃勿已者正學之功也由格物致知誠意由正心脩身而後及于齊家至於治國平天下者正學之序也然而學有其法焉居敬以立本省察以致用詳問核其真慎思究其蘊踐履敦其行其法不可缺也學必立其志焉以聖賢爲必當效以理道爲必當由以倫理爲必當盡以屋漏爲必不可欺以衾影爲必不可愧其志不可餒也至君持身涉世遭厄窮而不惻處變故而不懼膺爵祿而不淫遇威武而不屈非平日從事正學豈易臻此哉士之豪傑者誠能循其序焉致其功焉由其法焉堅其志焉古君子爲

已之學不外是矣若夫摘詞摛藻以取科第苟能躬行其所言之理實踐其所作之文如范歐司馬輩豈非粹然大儒哉若夫吟詩作賦刻意敲推摹擬李杜①語必驚人此騷壇之名公風人所欣慕與古之學者毋乃南轅而北轍乎今欲司世教者必從國學始其國學之教法重道德而輕文學黜浮華而敦實行立為規模朝夕提命薰陶漸染必有實行實才之士出乎其間世之士人非無有志於學者然見仁義而說之忽慕聲利而棄之始勤終怠比比皆是又或負過高之才以庸行為無奇庸言為迂濶不事博文約禮

校注：①擬李杜

之功樂爲頓悟良知之學陽儒而陰釋使邪說橫流心術不正其害甚矣而况辨別未明以非禮爲禮非義爲義冐昧以終身襲取非眞自以爲狂而流於蕩自以爲直而流於訐夸詐以亂德若此者皆與正學爲仇讐所當辭而闢之者也果能有志於學毋以爲高而難及毋以爲遠而不求毋以一得而自足淺嘗而輒止孔子方十五而立志武公躋耄年而不倦周公貴且富猶思兼三王而坐以待旦顏子貧而賤猶且事四勿而日進不止然則人安可以不學學安可以不正哉爲正學者篤信聖賢屏絕邪詖不以虛譚

寂滅之教亂其中不以計功謀利之事紛其念則其學爲正學可以紹道統可以維綱常可以扶世道而不愧夫聖賢教我之心天地生我之恩父母育我之德行成名立卓然爲宇宙之完人矣

福建全省總圖說

國朝　藍鼎元

宇內東南諸省皆濱海形勢之雄以閩爲最上撐江浙下控百粵西踞萬山東拊諸彝固中原一大屏翰也自浙入閩以仙霞關爲孔道由浦城泛舟下建寧過延平抵福州水口皆崇山狹流亂石布水面急灘險絕篙師失手鐵船亦碎自浙東①海岸溫州入閩由

校注：①海岸溫

福寧州寧德羅源連江至省城皆羊腸鳥道盤紆陡峻日行高嶺雲霧中登天入淵上下循環古稱蜀道無以過也自江西入閩一由河口踰崇安過武彜山下泛建陽會於建寧一由五虎杉關踰光澤下邵武過順昌會於延平一由瑞金踰汀州泛清流下九龍灘如高屋建瓴從山巔跌船下幽谷奇險甲於天下其欲避九龍灘則走將樂與建邵二溪相類皆會延平由汀州陸路至漳州必經上杭永定嶺高徑危與福寧道上相彷彿可由漳州同安泉州興化抵省城自廣東入閩由分水關過詔安漳浦從漳泉興化一

路直達省城雖不通河棹又有坡嶺弗利輪轅然閩地坦夷僅此途千里而已其廣東又有小路由三河大埔踰石上入上杭水淺舟小滿載不過三四人鞠躬梃足行者苦之然經連城踰小淘順流下延平徑達省城仕宦商旅多由焉自海入閩則上起烽火門下訖南澳中間閩安海壇金門厦門銅山無處不可入也全閩九郡一州以福州爲省城興泉漳在其南爲下四府福寧州在其東俱處於大海汀州在其西延建邵在其北爲上四府皆處深山臺灣一府又在大海千里中全省東南之保障也山則高峰萬疊俯

泰岱若培塿溪則自闕源泉不肯受鄰省涓滴而汀州餘流尚以分潤潮與是以其人亦剛方倔强好大喜功蓋山川之氣然耳大海汪洋萬里無際江浙登萊關東天津視若戶庭琉球呂宋蘇祿噶囉吧暹羅安南諸番若兒孫環繞膝下氣象雄壯非他省所可比倫山多田少農圃不足於供則造物難平之缺憾也所賴舟航及遠逐末者衆邇日南洋禁開海外諸島稍資內地倘臺灣歲歲豐熟則泉漳民食亦可無虞是臺灣一郡不但爲海邦之藩籬且爲邊民之廒倉經理得宜安使民番長有樂利九州郡咸蒙其福矣

沿海要地防維周密提鎮協營重兵匝布但人人皆實心爲國亦不必更爲區畫也

平臺紀畧總論

國朝藍鼎元

臺灣治亂之局迥出人情意計之外其地方數千里其民幾數百萬其守土之官則文有道有府有縣令大小佐貳雜職若干員武有總兵副將叅將遊擊守備大小弁目若干員其額兵七千有奇糧儲器甲舟車足備又當國家全盛金甌靡缺而朱一貴以飼鴨小夫欻焉倡亂不旬日間全郡陷沒此豈智能所及料歟太平日久文恬武嬉兵有名而無人民逸居而

無教官吏孳孳以爲利藪沉① 樗蒲連宵達曙本實先擾賊未至而衆心已離雖欲不敗弗可得已然鹿耳鯤身夙稱天險鄭氏一踞其間遂歷三世國家圖之數十年費錢糧幾百千萬而後能收之今不動聲色七日恢復巨魁就擒孽從授首即使孫吳復生亦未敢望功成若斯之速也良由

聖祖仁皇帝德福齊天神威遠震將卒用命海若效靈是以摧陷廓清不勞而邊疆底定

諭旨逢頒白叟黃童無不感激流涕蓋至仁厚澤淪浹人心者深也諸臣或運籌帷幄出力疆埸克敵致果功在社稷欲

校注：①溺

以鼓勵將來收千秋百歲用人之效則不得以其爲日無幾少之矣亂不久禍不深削平者之績不大此衰世之言也賞罰明則民易使今日之酬勳他年之龜鑑知此說者其知未雨綢繆之道乎臺灣海外天險較內地更不可緩而此日之臺灣較十年二十年以前又更不可緩前此臺灣止府治百餘里鳳山諸羅皆毒惡瘴地令其邑者尚不敢至今則南盡郎嬌北窮淡水雞籠以上千五百里人民趨若鶩矣前此大山之麓人莫敢近以爲野番[illegible]今[illegible]入深山雜耕番地雖殺不畏甚至傀儡[illegible]臺灣[illegible]後蛤仔

難禁矣卑南覓等社亦有漢人敢至其地與之貿易生聚日繁漸廓漸遠雖厲禁不能使止也地大民稠則綢繆不可不密今郡治有水陸兵五千餘人足供調遣鳳山南路一營以四五百里山海與區民番錯雜之所下淡水郎嬌盜賊出沒之地而委之一營八百九十名之兵固已難矣諸羅地方千餘里淡水營守備僻處天末自八里坌以下尚八九百里下加冬笨港斗六門半線皆奸宄縱橫之區沿海口岸皆當防汛戍守近山一帶又有野番出沒以八九百里險阻叢雜之邊地而委之北路一營八百九十名之兵

聚不足以及遠散不足以懾威此杷人所終夜思而不能寐者也臺民好爲盜賊不因饑寒方慶倒平又圖復起去歲平臺大定之後尚有布散流言嘯聚巖谷復謀作亂者數次屢經撲滅歲餘始殄而王忠一賊伏匿深山至我

皇上即位乃克就縛可見地方廣大搜捕弗周雖平臺僅在七日而拔盡根株東擒西勦亦有兩載艱難欲爲謀善後之策非添兵設官經營措置不可也以愚管見劃諸羅縣地而兩之於半線以上另設一縣管轄六百里雖錢糧無多而合之番餉歲徵銀九千

餘兩草萊一闢貢賦日增數年間巍然大邑也半線
縣治設守備一營兵五百淡水八里坌設巡檢一員
佐半線縣令之所不及羅漢門素爲賊藪於內門設
千總一員兵三百下淡水新園設守備一營兵五百
郎嶠極南僻遠爲逸盜竄伏之區亦設千總一員兵
三百駐劄其地使千餘里幅員聲息相通又擇實心
任事之員爲臺民培元氣寇亂風災大兵大疫而後
民之憔悴極矣然土沃而出產多但勿加之刻剥二
三年可復其故惟化導整齊之均賦役平訟獄設義
學興教化獎孝弟力田之彥行保甲民兵之法聽開

壁以盡地力建城池以資守禦此亦尋常設施耳而以實心行實政自覺月異而歲不同一年而民氣可靜二年而疆圉可固三年而禮讓可興而生番化爲熟番熟番化爲人民而全臺不久安長治吾不信也顧或謂臺灣海外不宜闢地聚民是亦有說但今民人已數百萬不能盡驅回籍必當因其勢而利導約束之使歸善良則多多益善從來疆境既開有日闢無日蹙氣運使然即欲委而棄之必有從而取之如澎湖南澳皆爲海外荒陬明初江夏侯周德興皆嘗遷其民而墟其地其後皆爲賊窠閩廣罷敝乃設兵

戍守迄今皆爲重鎭臺灣古無人知明中葉乃①知之而島夷盜賊後先竊踞至爲邊患比設郡縣遂②成樂郊由此觀之可見有地不可無人經營疆理則爲戶口貢賦之區廢置空虛則爲盜賊禍亂之所臺灣山高土肥最利墾闢利之所在人所必趨不歸之民則歸之番歸之賊即使內賊不生野番不作又慮寇自外來將有日本荷蘭之患不可不早爲綢繆者也③閒居無事燕雀處堂一旦事來噬臍何及前轍未遠可不爲寒心哉殉難諸臣雖功過不一然大節炳然足以增光宇宙褒其後而畧其先崇獎義烈用慰忠魂

校注：①知之　②成樂　③閒

亦因以爲鑒可也

鰲湖詩說　　國朝雷鋐

乾隆八年七月余返自江南取道鉛山將遊武彝鉛山令鄭君之僑振興鰲湖書院躬課諸生余與俱至鰲湖諸君環侍鄭君請一言以示訓余曰講學之書先儒備矣惟在心體而身驗之奚容贅辭然朱陸異同聚訟至今始於鰲湖之詩試與諸生言之當日朱子送呂東萊先生至鰲湖東萊約陸子壽子靜二先生來會子壽賦詩云孩提知愛長知欽古聖相傳只此心大抵有基方築室未聞無址忽成岑留情傳注

翻榛塞著意精微更陸沈珍重友朋勸切琢須知至樂在於今孩提知愛稍長知敬此孟子指出人之本心所固有使知察識而擴充即如築室之有基成岑之有址予壽此詩夫何間然但所以築室成岑正有結搆積累之功非即以基爲室以址爲岑也聖經賢傳辨別是非邪正以開牖人心胸正恐鹵莽滅裂不得其精微之意顧謂傳註可不留情精微可不著意乎當日溺情章句翻榛塞著意虛空更陸沈則得之于靜和云墟墓興哀宗廟欽斯人千古不磨心涓流積至滄溟水拳石崇成泰華岑易簡工夫終久大支

離事業竟浮沈欲知自下升高處真僞先須辨只今子靜此詩首二句即子壽引孟子之意子壽未說及工夫子靜斡旋之故曰涓流積至滄溟水拳石崇成泰華岑今語人以一線之流可成滄海一拳之石可作泰山雖三尺童子亦不信之滄海不擇細流泰山不辭土壤多識前言往行以畜德集義以生浩然之氣正如是也如謂自有易簡工夫則孔子好古敏求博學審問愼思明辨篤行亦爲多事矣人不盡生安之質不用致知力行日積月累如何①信得萬理皆具於心且朱子之學非支離世之學者徒②務辭章記誦

校注：①信得　②務辭

口耳之學實多支離浮沉一生枉費①心力真可悼惜
若舊然立志迺求爲己則眞僞之辨明自下升高非
一蹴可至正有多少工夫朱子三年後乃和詩以寄
懷云德義風流夙所欽別離三載更關心偶扶藜杖
出寒谷又枉藍輿度遠岑此追憶當日相會時事也
舊學商量加邃密新知培養轉深沉此探問別後功
夫也因子壽脫離傳註子靜自矜易簡恐開②蹈空之
弊故曰却懸說到無言處不信人間有古今厥後朱
子答項平甫③書云近世學者務迺求者以博觀爲外
馳務博觀者以内省爲狹隘左右佩劍各主一偏而

校注：①費心力真可　②蹈　③甫書云

道術分裂不可復合此學者之①大病又云子靜所說
專是尊德性事而某平日所論②卻是道問學上多了
今當反身用力去短集長庶③幾不墮一偏朱子之心
虛公廣大所以爲萬世儒宗乎④靜白鹿洞講義朱子
深取之謂其足以發學者隱微⑤深錮之病蓋陸先生
兄弟之學固不可因鵞湖一詩定其生平朱子答呂
東萊書云近兩得子壽兄弟書却自訟前日之誤東
萊與朱子書云陸子壽前日經過留此二十餘日幡
然以鵞湖所見爲非又云陸子壽不起可痛篤學力
行深知舊習之非求益不已朱子祭子壽文尤深痛

校注：①大病又云 ②卻是道問學 ③幾不墮 ④靜白 ⑤深錮

惜謂其降心以從善豈有一毫驕吝之私子靜與曹挺之書云學者且當大綱思省平時雖號爲士人雖讀聖賢書其實何曾篤志聖賢事業往往從俗浮沉與世俯仰徇情縱欲汨沒而不能以自振日月逾邁而有泯然草木俱腐之恥到此能有愧懼大決其志乃求涵養磨礪之方若有事役未得讀書未得親師亦可隨處自家用力檢點見善則遷有過則改所謂心誠求之不中不遠若事役有暇便可親書冊此段每讀之令人通身汗下陸先生未嘗教人廢書冊亦即此可見今之主張陸學者尚曰據依在心豈靠書

删爲有無其弊不至不立語言文字不入禪學不止豈陸先生之教哉即日在人情事勢物理上做工夫並非頓悟其不至師心自用臆見自逞者幾希我輩惟在脫去俗學如朱子所謂讀書則實究其理行已則實踐其迹念念向前不輕自恕而已矣鄭君之爲令政行事舉人皆信服幸以此教諸生使鰲湖山下正學日興人才日出則豈特有功於是邑已哉講論之餘因書此貽鄭君俾諸生互切磋焉

蠶桑說

國朝　李拔

粤稽黃帝妃西陵氏始養蠶蠶者天之所生人之所

養冠裳衣被之所從出也古者天子親耕后親桑共①
綦重哉我
皇上加意農桑每歲親蠶收入供御蠶桑之利遍於
天下閩中天氣和暖理宜蠶桑徒以難於創始大利
遂秘積歷守二郡曾經内署試養良絲厚繭俱有成
效信乎閩之宜蠶也顧欲養蠶必先樹桑桑之種類
不一一名壓桑每於春初萌芽取桑枝大者長二三
尺背橫壓土中上掩肥土約厚二寸半月後萌芽漸
長三四月後可長四五尺次年立春前後剪開移於
他處二三年即成拱矣取葉喂蠶最爲佳美一名子

校注：①蓋

桑乃桑椹所種四月間取黑桑椹揉碎用糞灰和土拌種入地寸許一月後發芽三四月可長二尺許再逾年移種四五年始成樹仍結子惟葉稍薄然任砍伐枝可爲薪取葉又甚易養蠶者利之而吳越之間每取壓桑條移接子桑其葉更美一名花桑亦由種子而成其葉與壓桑相似但有花無實與子桑異不可多得湖州所種皆小桑便於採摘大者不逾三丈蜀中常有高五六丈大數十圍每三年一砍伐不稍衰豳詩云取彼斧斨以伐遠揚正謂此耳養蠶之法每立春日取蠶種置地上或草間使受春氣隨置溫

暖①處日以爲常越十餘日自出小蠶如蟻蠕動視其多寡或日一次用雞翎掃下每次各爲一處以免參差初生盛以筐藉以紙先用柘葉食之柘叢生有刺先春發葉如無柘用桑亦可每日喂三次天氣晴暖約七日即當初眠眠則蠶不食漸藏葉下視眠者過半即暫停無與食伺蠶皮退大半起而後食之初放食不可多多則傷食病死如螺名爲螺節漸長漸多筐不能容移於曲箔蜀中呼爲簞二三日一次攤開令稀掃去蠶糞以利其氣蠶性喜温暖宜置向陽潔淨處毋使近陰濕及汚穢惡臭等物犯則死者過半

校注：①暖

若瘟疫然故蠶婦不近喪門不食蒜韭良有由也初眠後約七日當二眠二眠後約七日當三眠停食俱如初眠時三眠蠶長寸許蜀中呼爲大眠謂過此則不復眠也蠶既三眠食葉甚盛有聲如雨投之立盡每日三食夜則燃燈照之蜀中名爲催老蠶則舉家忙也不論日約用食廿三四次蠶即老喉間絲湧光亮如玻璃首左右望不復食捉置蔟上令作繭漸多不勝摘則多置葉其上而覆以草如蒭梗竹枝之類蠶老者次第而上其前後亦不甚相遠如遇天冷下置炭火温之四五日便成繭有黃白二色各取歸筐

中黄者繅爲黄絲白者繅爲白絲繅絲之法用大鍋燒熱水入繭一升許攪令絲頭出釜上置一木寬四寸厚一寸長徑釜上立三柱置二小車長五寸徑二寸下鑽竹管各一抽絲頭由竹管出繞小車周匝而後引入大車車制寬一尺六寸徑四尺五寸前輕後軒後二柱架車前二小柱作機納絲二竹鈎下分爲二行上大車每運車則機隨車往來疾徐如意名曰羅文謂其宛轉參差如羅之有文也每抽繭絲盡則蛹出不盡者再攪而抽之有不上頭者名水繭去之破頭者入水即沉下石鍾之毋令再起亂絲每次添

繭半斤佳者煮繭三斗可得絲二斤即宜下架軸作一束如繩挽其末如婦人髻即可貿川中每斤價自八九錢至一兩不等惟其時耳川中又有水絲取法與火絲略同惟煮繭取頭後即下冷水盆中繅之與火絲小異其色光而細可作綾緞經線然取之較少故價稍貴聞湖州蠶皆火絲每年桑重生復養蠶故有頭蠶二蠶之别此蜀中所無也蜀中牆下樹桑宅内養蠶以爲常業每蠶初生稱重二錢長大可滿一簞簞長丈二寬五尺編竹爲之屋中立四柱柱下有十檤作架盛簞挂上可容五簞養蠶家多者二百簞

少者亦十餘箔每箔可得絲一斤若得絲二百斤則小康之家也又蠶初生至成絲時僅四十日獲利最速其糞可飼豕水可肥田柴可炊爨故人皆寶之每蠶熟置酒相賀又擇其繭之佳者爲種出蛾分雌雄配對半日分開承以綿紙令下子滿紙收貯爲來歲計其出蛾遺繭可製棉綢並無棄物婦工女紅以助男耕心無外用風俗淳美豈不休哉然蠶婦歲歲拮据有終身不得衣帛者而富室大賈目不睹耕桑反被服錦繡絲繒或以覆牆屋可念也

種棉說　李拔

天生萬物以爲人用草花蟲殼可爲衣被者甚衆水繭火蠶皆可爲絲吉貝婆羅皆可爲布然出産不常[1]組織非易閭閻之家往往難之求其取多用宏價廉[2]工省貴賤咸宜貧富皆便者惟棉花爲最上古未有棉自漢以後始入中國流傳遂廣世蒙其休我
皇上念切民依留心耕織溫飽之利遍於天下嘗北至幽燕南抵楚粤東遊江淮西極秦隴足跡所經無不衣棉之人無不宜棉之土八口之家種棉一畦歲獲百斤無憂號寒寒市肆所鬻每斤不逾百錢得之甚易服之無斁婦子熙熙如登春臺有由然也閩中

校注：①不常　②價廉

地號炎海天氣温暖土脉疏潤最宜種植而棉花一類絶少出產每取道海上購自江浙價常加倍又其甚者男子惟捕蜑蛤女子不解織紝寸絲尺布皆須外市苟非素封欲不嘆無衣也得乎乾隆己卯予守福寧郡怪而問之或云土地非宜予疑之因於署內隙地試種歲入甚富及調福州屢試有效然後知閩地宜棉而不棉者非地之過也開先無人而種植之道不講也謹爲粗舉其畧俾謀生者取焉棉樹挺生葉如蒼耳高二三尺性喜燥惡濕宜種山坡沙磧間或地平則四面掘小溝雨來輒過毋令水聚聚則葉

雖茂不花即花亦鮮實或搓落無餘每歲春三月取花子入土中數日即生非其種者鋤而去之每株相離約只許毋使太密鋤三次長尺許即開黃花花謝結實如桃又十餘日實開棉出拾而存之自下而上綿綿不絕自五六月至九十月方止有頭花中花尾花之制故蜀中土俗以砍花柴爲農功畢也花既得用車繳之去其子彈爲棉紡線織布然後可爲被服瞿瞿良士纖纖女手成此正多拮据豈敢以其粗糲而忽之哉

福建續志卷八十四終

福建續志卷八十五

藝文十

傳

盧老傳

明　陳六翰

嘗客外見有老者焉年可六十許偉軀而豐頤黎面而熊視攜其一子一婦傭於人而孤寘一甑以自給①屏竹爲衛容不盈尺傴僂以入委蛇而後能屈信余視其貌而惟之頃之從余過南侯之洞洞頗險峻中虛而外石樹埤可容指十千戰守形勢隱隱可想見也余嘆曰辟寇耶其爲寇耶老者曰是故渠魁李烏

校注：①屏竹

嘴所營者彼雖守險無以爲也其後殿於吾鄉皆殲焉吾鄉久明也余見其老頗貌敬之因與余道庚辛之變甚悉其言曰吾身長而膽壯少時應募爲義兵以力健爲一社首然數奇始從邑尉將禦寇於分水界未及而敵猝至我兵倉皇散佚吾挾尉以走得免久之復從邑侯魏劘寇魏侯死焉吾因不復爲兵而自藏於鄉里當魏侯之歿也其失策皆在我先是寇聚於龍頭寨謬爲偵者來曰賊以來日俱出糴吾急走數十里擣其處成擒矣侯信之臨發發號皆不鳴有止之者弗爲止也行數里許忽長虹集於頂雨暴

至有止之者弗爲止趣而前未幾賊伏發徑狹甚隊①伍不成咸奔潰侯遂遇害侯仁人也而天阨之然侯亦自失所寵永福土兵貪贅毋厚焉他者多不堪及難仍不得其力亦不得衆力癸亥華封之寇以千數猝至吾里居民宵遁吾與諸少年據守石門隔諸少年父母爲擄其子佯爲譯者往偵之忿甚號於衆曰必報怨有死無二遂操刃以往遇寇瘳於山澤者獲之凡五人問所長皆曰無有曰彼寇通天而蟒者何如曰亦無有於是咸知烏合之寇無能爲矣翼日揀敢士十九人以往日亭午賊方食十九人驟至薄賊

校注：①隊

營賊不知所爲悉衆倉皇來迎十九人忽分爲十九路各當一面裹而圍之無一不當百者賊左右應不給遂亂竄殺級不計生擒九皆刷之奪所擄父母及餘諸被獲若干人以歸是役也以十九人破賊六七百人賊落膽矣不數日諸寇復集約千餘請戰不許又二日我兵鳩各鄉之豪者得百人分爲三道以出而留其二路各置一人鼓之如伏狀賊疑甚三道猝至接戰於溪坂賊大潰殲者十之八積骸盈堤水爲之赤其魁匿人舍執而磔之時吾操刀從事所殺者夥矣血污刀把不可復殺以水滌之又復殺兵寇類

年人民殃甚是舉頗足償恨初流寇之集也邑發官
軍來禦軍多龍溪人營相距百步皆賊所親睸相呼
道舊陽爲拒守觀望而已官家餽饟皆取足於吾里
吾民兵凡兩戰卒未聞有鼓譟而前者輸餉稍不給
輙怒而起攫奪屠畜助寇爲虐民生其間亦不幸矣
吾不分乃至今日雖窮餓傭於人猶之爲太平犬也
雖然吾老矣吾兩從征瀕死不死兩遇敵一大戰不
死今乃不知死所也余聞之有慼然於中者思其言
皆可據足以補前志之闕因取忠國志閱之見所書
魏侯死事不能詳但曰漳平令魏奮勇當先死之余

又聞侯死時有侍者亦魏姓華口人抱侯頸大呼曰死虜敢殺邑君邑君死天兵至死虜無類矣賊怒先斫之罵不絕天兵勦楊一果如侍者言志亦闕焉志中記李烏嘴與楊一同時不聞其死於此也久明所盡屠者俗名其魁曰鴨母老志亦不書因併記之老者盧姓忘其名與余語在萬歷戊申夏五月也

魏侯將及難衆皆解散獨民壯黃尾操戈以衛殲賊甚衆竟死之後追義其舉終明世歲畀工食供祀與魏侍者死事同舊志皆闕因附識於此

李孝子傳

明 李世熊

李孝子者名明賢閩之建寧人父友銓暮年艱嗣禱於邑之龍龜山夢身遊孔廟廡下一賢人出拜之友銓答拜喜而寤闕①年生孝子字曰賢誌所夢也孝子生而端嚴謹慤歸如斷山無妄笑語無妄視聽擇地蹈足尤閑避燕私少讀小學至明道先生坐如泥塑語輒瞿肰②驚省自取小帶束兩股十餘日遂終身危坐無箕股其銳於遷改如此母氏患痢百醫罔效憶庾黔婁嘗糞甜苦知病差劇事遽取糞私嘗之早夜頓顙哀籲北辰乞以身代數日母病良已强飯善步踰期以他疾卒孝子一慟而絶移晷乃蘇已數慟數

校注：①閱　②然

絕血枯骨焦其父流涕慰之曰母死父存可令夫哭妻父哭子乎孝子伏地拭涕曰不敢乃停母柩庵背山柩前一几一草苫朝夕上食已拊膺哀號悲動四鄰多爲分泣者自是絕葷血數粒而飡或以少肉進之即曰念不及食非故相矯也時父老多病孝子侍欄①前或徹夜不寐出必刻晷而還旋繞左右者踰十載及父没孝子病勞加慟遂嘔血不止其友唁之曰悲哉子之爲父死也雖然毁不滅性孝之經耳且逝者有知怨②死其子乎孝子轉輾强爲起就室傍作小堂停父柩廬寢其內將終身歲時伏臘必涕泣竟日

校注：①榻前　②怨

遇二人誕忌卽勺水不入口毋御一蔬一茗必虛設兩位終身如一日焉諸生鄉老白上其事有司咸異之各鏤扁爲獎孝子赧然面泚汗津津浹背曰人子戀慕所生卽鳥獸亦同此情必此是旌世寧皆梟獍豺虎耶因掩束其扁而匿跡不肯入縣治或聞人有拈名相稱譽者孝子急掩耳走恧不忍聞也忽一日微疾子藻侍顧謂藻曰接取文書來藻愕①肰問何書孝子曰但接取何問也因仰空懽笑曰何勞乃爾遂殁生平懲窒嚴苦如法吏之凜科條佩誦聖賢關切語卽牆壁座牖標識殆遍早夜所作必矢白於神朗

校注：①然

然設誓曰敢欺鬼神幽殛無赦直與三光霆電起臥周旋至於臨財一衷於義周急不以清約爲解鄉黨風之往往獷銷怨釋多傳誦其事相誘勉者跡其重規疊矩崖壁截然逍遙委順寧沒如歸不謂之孝子得乎世無眞孝子豈復有眞儒哉予故傳李君以告世之學聖賢者

前刑科給事中郭損庵先生傳　國朝　黎士宏

古人無豫爲立傳者自陶淵明爲五柳先生傳王無功爲東皋子傳柳仲塗爲補亡先生傳种明逸爲退士傳彼數君子皆飭身厲行高自標置然亦自雋其

名之不立世亦無能名之乃卒自立傳以庶幾於不
朽也惟司馬君實爲范景仁立傳在景仁退居京洛
時則余之傳給諫先生也有繇先生郭姓世居隴西
名充號損菴初名九圍以他嫌改今名登崇正癸酉
鄉書丁丑成進士其舉主則海內所稱前詹事漳浦
黃君道周也初謁選人得太原府推官太原山右都
會推官又專爲撫按寄耳目職七品權與大吏等公
量情守法度不市煦煦恩亦不急赫赫名凡待鞫者
謂得郭使君一鞫雖死無恨蒞考以廉卓徵詣闕下
時秦晉楚豫盜賊充斥思宗憂勞求治歲壬午十一

月十四日夜特開德政殿召對公等宰相東首立公

角龠階下口奏數千言盡當時要害至尊前爛停筆

親錄所語示諸宰相卽日傳旨拜刑科給事中公感

激上知期以一身報國涿州舊相踞他姓腴產爲怨

家所訐當軸以舊相故爲曲諱公慷慨上書云輦轂

之下豪貴敢横行如此小民安所托足請論如法汴

梁流賊陷後開封推官黄君澍得旨改御史又將敘

功公力爭之謂論功當必有益於土地人民今汴梁

安在河南北士民父子兄弟夫婦殺戮漂没者幾千

萬誠不知澍功在何等戶部籌餉計無出大司農①倪

校注：①農

公元璐請開例捐輸給制誥公疏言朝廷所以激厲臣子惟此名器二字人子有歷數官而不能一與者一旦得輸金錢走捷徑邀取其弊乃甚於鬻爵賣官請速罷無貽後世譏黃與公為同年生倪公位望重一時又公宿昔所秉為師資者舉措失當立行封駁其不肯援黨類媚交遊以傷國體者盡如此天子知公忠旋被專勅催督江南漕運事竣報命論列大計凡數十疏其間或報或不報而甲申三月十九日流賊遂陷都拷索士夫貲財血肉狼籍都市上惟公以廉潔素貧得免間有說公脫難姑就偽職者公曰為

兩親故不克死又敢以身爲市乎踉蹌間道步走五
十八日始抵里門幸二尊人無恙抱頭盡哭遂絕意
人事
大清定鼎起耆舊巡按御史魏公琯何公承都咸特疏以
公名上謂公先朝蹇諤臣不宜使老林下請以原官
召公奉徵書就道卒以親老辭歸節次奉兩尊人諱
今徜徉里巷幾三十年日與一二窮交啣桮論舊手
一編課諸兒子守遺經完租稅不足與人爭仕進曲
沃某君爲公理太原所爲脫之死籍者已致大官來
鎮撫關中思有以報公數折柬迎公卒不往公起家

寒生無中人產入仕不名一錢理刑言路皆熟官側足舉手便為人榮辱重輕而公終不敢任喜怒樹黨援毛舉細過齮齕人博名高其殆古所稱中立不倚之君子與年七十有八纔如四五十歲人余日從飲食言論攷古今是非得失錯錯然口畫指數雅不喜雜學家言平生未嘗一試其術有子曰曆曰應曰序能文節禮世其家余有子曰文遠曰翰遠從余官西來辱公以為可教亦與諸公子講兄弟交今余以毋老致政將別公而南特援引司馬公范公之義為公立傳將持歸以示東南人士知余八年塞上得日夕

奉教有碩德溫文如公家父子者此行不爲虛矣豈
祗爲公推重已也康熙戊午八月初一日

碑

勑建謝忠愛公祠碑　　明　彭　華

忠愛祠在汀州府治東龍山下以祠故推官王侯侯
在汀有功德於民因禦賊勞瘁於外而卒六邑之民
咸咨嗟悼惜喪所過莫不奔走哭奠比至郡迎哭者
以千萬數至擁柩不能行而父老相與致祭且作佛
事以薦侯者其辭尤哀既返葬其鄉其戀慕猶不能
已牽連一口白於守臣請祀侯前後凡六七請無異

詞曰侯自宣德壬子來涖是邦爲經歷爲推官凡十有八年廉介勤慎如一日不獨清案牘明刑獄而於一郡事無大小無不問守以下有可不可悉心贊畫嘗奏乞減價糶官米二十萬斛且勸分富室以濟饑饑者賴全活流亡者復業終歲以萬計又抗論規中貴人不得橫索用法繩武夫悍卒不敢假聲勢漁取民以不擾免誣坐戍邊者十數人出死罪數十四郡中稱無冤凡我等不便言於侯必爲弛置惟宜其惠利我甚多鄧茂七作亂沙尤兵犯汀城城中乏食侯牒守開倉以身任其咎遂發粟七千石人得食守益

堅閉從城上呼賊語以逆順禍福悟者潛遁佐都指揮馬雄出城力戰賊走伏兵道中邀遮獲牲口五十以歸馬部下俘竄伏男女四百人請功力辨釋之賊復寇寧化之柳楊召募得萬人以往營於蓋洋里自引死士馳賊先鋒無不一當百賊衆披靡斬首百餘級降者二千人擇丁壯七百分配行伍用爲鄉導掩擊賊賊走將樂之常坪隘遣降卒誘執茂七親黨三十人刻日將擣賊巢而不幸疾作矣疾亟猶呼帳下授以滅賊計具保障我甚勞不祠祀侯曷其以報天順間守臣始以聞奏下禮部尚書姚公夔言臣按祀

法生能捍大災禦大患死則血食今民言王某事蹟彰彰如此乞如所請制曰可祠榜曰忠愛以侯沒於忠而有遺愛也既成隘陋弗稱按察僉事周君謨儆同知程君熙通判李君祺增市地改作後爲寢室旁爲廊廡庖庫規制始宏以麗且買附郭田四十畝藉其入以供晨昏命道士馮守清掌之歲以五月初日有司致祭侯生辰也於是太守徐君瓚謂不可無文以示後走書請紀其事於石併繫之以詩用歌以祀侯侯諱得仁南昌新建人厥考避難匿姻家因姓王今仲子一夔登進士廷試第一以文學爲天子近臣

歷官翰林學士蒙恩累贈侯翰林修撰左春坊左諭
德顯融褒大未艾也天之報侯亦厚矣詩曰皇明受
命臣制宇內列郡分藩文綏武衛繼承日久民物日
滋狎於太寧文恬武嬉惟茲閩南極豐而熾孽芽其
閒漸長以肆遠近襲狂叫囂跳梁曰惟有位畀恤我
傷烏合蟻鬬貝脊緇胸驚懾黎庶后皇竄伏塌揭王
侯克保全汀櫛垢爬痒植仆扶傾有崇斯城賊來頓
止諭以逆順氣奪力弛賊既宵遁竄伏四歸爲解倒
懸撫摩瘡痍殘蘖閒出提兵血戰追北斬虜功成作
衕紛紜脅從投甲邀降耄稚扶攜讙呼拜揚在昔無

虞仰侯德政今兹有警侯保生命侯以文治亦有武功荷侯之休曷有終窮没其如存請載祀典帝肅有司歲事惟腆侯之歆格百千萬年朝廷非私惟以勸賢

關廟碑

明 李世熊

儒者之言曰天下地上皆大氣舉之顧自有文字以來卒無能狀氣者孟子獨狀之曰浩然浩然又不可狀也則中之曰至大曰至剛曰直養曰塞天地曰配道義浩然之理亦恍然昭著矣常欲舉一人一事以實之曰大且剛何若直養塞天地何若配道義何若

使浩然有其形有其人與事凡含氣之倫氣迎而感因得儀型之尸祝之若書籍之有圖學者因按圖而識義也上下今古乃特寫一浩然剛大之圖以懸示於天下其在大漢之關壯繆乎去今千五百年矣上自明王諸辟公侯將相下至販夫走卒婦女孺童以及蠻方鬼國暴猛賊戾之雄但稱號名莫不震讋欽奉廟祀惟虔眞覺瀰漫宇宙咸有壯繆威神克塞其間者可謂之至大無倫矣至剛不息矣曰精忠貫日曰重義如山可謂之配道與義矣故曰壯繆者浩然之氣之圖也是氣也在漢爲蘇子卿在晉爲嵇侍中

在唐爲顏常山爲張睢陽在宋爲岳少保爲文文由然而數公者青史耀之而市談未必曉學士大夫論之而村嫗穉子未必知壯繆獨不然於是侯不已而王王不已而帝帝不已而聖或者曰古無以聖奉人者惟伯益於神堯孟子於伯夷尹惠子貢於仲尼耳故光武詔上書者不得言聖今之聖壯繆也得無謂其護前乎聖遂可背漢先帝之詔歟予謂不然絕倫逸羣亦孟氏所謂出類拔萃也孔明既以許壯繆矣在洪範則言睿作聖解者曰通萬物也以神之呼吸萬靈轉旋二氣亦何媿於睿乎哉或又曰古無以帝

封人者惟明神宗於壯繆耳壯繆於昭烈恩若兄弟至稠人廣坐則侍立終日豈忍儼然與昭烈並帝哉予又謂不然謚法德合天地曰帝以神之包絡羣生歆祚禳祟豈不德合天地歟吾嘗讀玉海之編謂玉帝亦以億世修積而漸加然則古來忠臣義烈之賢雖浩氣流行千載一日至於扶王濟世除魅錫福使兆姓呼必應而籲必聞蓋亦有累世修積非人世所得較勘者其由賢而聖由侯而帝廟食人間迥異往傑理白權然又何疑哉由是言之則浩然之氣雖鬼神亦以直養而然益信孟氏之言爲古今第一義也

因擴陳所見以爲帝廟記併敘建廟緣起云

王文成公廟碑　國朝　張　欽

今上登極五十餘年治化久成文運聿昭臣某特膺
簡命巡撫閩嶠吏飾敝除課文造士夫閩爲宋朱夫子講
學地而汀漳數郡又明王文成公經略處也大儒過
化存神士民何日忘之謹按公諱守仁字伯安文成
其謚也其先餘姚人生明成宏間講學聚生徒不蹈
襲於漢宋儒者以良知而直接孟氏之性善世之學
人崇而師者半攻而闢者亦半夫公之著述小不合
朱子耳非不盡合聖人也姑無論理學迹公之事原

公之功非一代逼儒何以辨此正德時權奸肆虐公直攖其鋒幾危者數矣後逆奄伏誅公累遷右副都御史提督南嶺諸軍務由贛而汀由汀而漳潮惠部洞賊緍結公呼吸間降椎結者以七萬及宸濠背逆公率義兵下南昌邀擊濠於黃溪渡以小舟載柴乘風縱火焚之衆潰就擒以功封新建伯既而奉

命巡撫兩廣征斷藤八寨以數千弱卒蕩平二千里百年未拔之狡窟於兩月之間嗚呼是豈空談理學者與人謂公有此事功可以不事理學愚謂有此理學乃能立此事功公於孟氏究之精故不借程朱之梯航

而自登鄒魯之堂奧不獨良知一說大暢性善其生平嚴毅無非浩然之氣所流行遇璫則摧遇逆則[illegible]①遇獷則撫遇劇則平理學事功卓卓冠冕明代是用從祀於

文廟今承

聖天子崇儒重道之意於宋諸儒或扁額或碑銘備極褒嘉公爲明儒宗而閩中數郡公昔所經略地流風猶存而廟貌不稱非所以昭德報功也爰命匠石是作是營去其朽振其頽書事紀年乃鐫之石復詩以歌咏之其辭曰景仰大儒生明之世少負英才登進士

校注：①除

第爰值武宗權璫奸制無算孳顳天公章孔麗廷杖嚴加譴謫貴隸奄孽芟除起公關詰累遷都使經略天南江廣閩粵山獠獷憨公開誠諭是訓是戡是華是化是娩是慚寧藩耽耽窺伺神器攀援輿金羣小攸庇肆敢亂行聚兇逞志公聲疾呼首倡勞①勩烈烈炬焚滅而朝食乃爵於朝封新建伯續命南征掃蕩積逆事悛病回遭讒斥謫榜言學僞與朱判隔實師子輿力究性善浩氣凌霄奸邪慄戰配享兩楹公論乃見公神萬年安此廷殿

興化府正音書院碑　國朝吳廷華

校注：①勩

蓋自叔熊啓七閩之域於越廓庶子之封郡屬豐州地連莆口永嘉而後八族萃其衣冠大歷以來六舍振其風雅陳鄭林黃之裔寅滔蘊嶠之儔凡所薰陶具由學校是爲海濱之鄒魯敢疏堂上之絃歌然而族號苹蠻人譏推鴂謰謱穆諒音志西甌隆辟田儓字殊南楚於䖘爲虎擘鶌稱鳬在唇非耀既幫滂而易混在齒若隱亦知徹之恒淆豈曰性成要皆積習蔡端明封還詔旨不作期期林謙之進直經筵未聞艾艾好菴著集曲江嘯咏方豪樂府成編浹淤餘聲可續在賢哲自能拔俗斯風氣所以開先欲其無惑

於矢音安得概求之編戶我
皇上承
列祖之遺烈握萬年之宏圖丕冐二儀混一四海八紘之
遠咸號同文九譯之中率先奉化蘭臺雖居絕徼文
獻實屬名邦凡迪風聲莫不振起本府知府三吳沈
起元以翰林出守是邦撫安民生宣布
聖化政報三載澤洽蒸黎廓牖民之遠謨惟正音爲要典
爰偕同知管①通判事西湖吳廷華同心赴功協恭敷
教聲作之律耳爲之提非徒揚子方言之志實本文
翁化俗之誠經畫方詳胥宇斯得莆陽書院者本乎

校注：①管

海衛之舊庠當小西湖之佳地漸成廢址可整新規
合詞以聞得報曰可於是出穀若干石捐俸若干兩
闔郡紳士協力捐輸鳩工庀材芟荓植木表數仞之
崇望復兩楹之故觀講院齋居制作如舊車服禮器
饌設一新乃延師儒俾率子弟合百二十區之俊秀
闡三十六毋之淵源倣虞書而依永和聲如郢客之
引商流徵省試不倦激賞有差以雅以南務歸正韻①
大叩小叩各應同聲周禮所謂鳥言孟子之譏鴃舌
翕然竝變咸與惟新夫五方之民言語非一重譯之
化聲教爲先王制陳寄譯之方周官重象胥之職兩

校注：①韻

漢之儒不識子毋六朝之士未講華嚴斯風俗之所關在漸摩之有道是役旣竣斯文聿興六藝協乎笙簧五典爲之鼓吹雙聲疊韻無復轉輈轉注諧聲自殊磔格去沾滯而登之正樂化鐠衍而發其元音庶幾鼓歌太平賡詠雅化以揚厤於

盛世端有望乎斯民

重脩九日山先忠肅公墓碑　國朝　姜宏泰

唐同平章事謚忠肅公諱公輔先三十五代九貞祖也公生平鯁節具詳史傳左遷後卒葬泉州九日山之麓其時爲憲宗御宇之明年冬距今歷有千載矣

小子咸匯支之裔也雍正初始來閩擔簦走□①陵訪相公峯展謁公墓見荆榛梗塞華表傾圮瞻拜之地幾爲藏塚于小子徘徊久之悽惻不自勝周巡墓旁有斷碣偃仆亂石中苔蘚剝蝕字不堪讀捫剔良久惟大書尚隱然可辨題云唐丞相姜公輔之墓旁款識不能識亟欲告同宗姓重爲封樹而事故因循志有未逮歲庚申族兄諱順龍官泉郡急告以處期圖淸復旋奉

命量移事弗獲竟復數年於茲矣去春再來掃謁狐兔皐竄墓門日壞向之所爲有待者今益迫矣于小子倘

校注：①溫

復觀望需時不即力肩之歲月遷流將有不可知者予小子何以釋憾於地下維桑與梓必恭敬止況其裔乎然而猶有難然者昔之去百步而樵採者今槩塚也其侵而踞之也久矣忍而存之則滋他族之逼奚以妥先靈鋤而去之則負吾祖而暴露人之祖君子弗爲也因謀之越中族人使僉同以請於大府飭察侵地者七十餘家悉令徙葬宏奉願出橐金各資其費其子孫流落不克舉者購地爲義塚以封其骼事得報可墓址始復且拓旁地若干畝植木以蔭之樹石以封樹之閑塞隧道開鑿磴級再週寒暑而事

集予小子二十餘年之夙懷藉是而少慰也已憶康熙間族伯西溟太史亦曾謁公墓有詩云白楊已被行人剪鵑鳥徒悲故相墳寒食空山頻灑淚千年忠魄冷荒雲悽愴之意溢於言表顧予小子泰愚不肖門業隳落弗克纘先人遺緒然猶幸千載以後得具麥飯親奠墓下霜露之思依然如昨木本水源庶於茲勿替乎敬泐片碣敘其顛末以貽後之人後之人其毋忘予之苦心也夫時乾隆十有六年孟冬望後吉日三十五代裔孫宏泰謹撰

墓誌

元右丞晉國羅公墓誌銘　　元　陳志方

曾鞏曰古之人有功德材行志義之美者懼後世之不知則必銘而見之或納於廟或存於墓一也右丞羅公之葬也出於賊亂之手不及存於墓姑勒之石以藏於廟其亦可也公諱良字彥溫別號雲嶠少時狀貌俊偉能文章以善書名值元季之亂每嘆曰丈夫當掃除天下安集四境今舉世紛亂安事毛錐爲也因發廩募鄉民從大將擊平南勝畬賊李志甫功居最奏授長汀尉未幾畬寇吳仲海江西賊詹天驥等繼發公奉命討平之歷漳新翼萬戶至正十三年

福安賊康子政犯福州帥憲兩府以禮幣致公公率兵千餘人沿海道日夜而進至城下以藥弩射之賊視其矢驚曰漳州羅萬戶軍也何以至此即駭散平章開勞師奏授黃金符印是時論八閩之能將者必首屈公一指擬之吳漢劉錡之流其後南勝畬寇陳角車李國祥安溪賊李大同安賊吳肥潮賊王猛虎江西賊林國庸後先竊發西林賊陳世民攻陷南詔長汀龍巖漳浦諸邑公悉削平降其衆復其邑陞福建行省右丞兼廣東道宣慰使都元帥又以樓船運糧沿海道直抵遼東以給行在軍餉上嘉忠貞解衣

賜之晉爵榮祿大夫兼管內勸農防禦事世襲漳州路總管柱國晉國公封其三代二十六年陳友定據福建兵勢甚張遠近望風投款公獨貽書責之友定大怒發兵攻漳公設伏江東以俟之千戶張石古等違節制友定兵渡柳營江遂鬬戰連攻旬月盡壞其先人賜塋城中矢石迨盡士卒不得休息父老涕泗請曰江南道絕天子萬里孤城無援破在旦夕元帥守此欲誰爲耶公曰天子命我守此土義當與此土同存亡豈可舍義從賊耶先是有百戶長盧積首行軍失律公以法誅之其子會徵驍勇復置其幕下時使

領北門軍善徵遂開北門以叛賊入城公巷戰死時
至正丙午九月四日也姚陳氏諱德金聞公戰死即
自投後園池內二婢俱從死公弟萬戶羅三亦駡賊
死長子安賓將兵往救父散亦自刎壯士從公死
者百餘人友定義之以禮葬於眠牛山父墳之側嗚
呼公以文事而脩武備召俊傑之才蘊忠義之氣輕
財愛民謙巳下士其爲將也披堅執鋭與士卒同苦
樂師師十一野戰數十陷陣摧鋒而未嘗左次其爲
政也樽節浮費賦役均平有害必除百廢俱興友定
潛據又能決大義而不屈夫死於忠婦死於節父子

兄弟義葬於一門嗚呼雖死猶生也巳公子八人六人殉難惟第七子金剛相有後居龍溪第八子添兒居南靖三團之處銘曰轂同室死同日者晉公夫婦也生膝下死侍側者晉公父子也忠義不死千載詒芳繩繩世世孫子之光

周櫟園墓誌銘

國朝　婁宸英

公諱亮工字元亮別號櫟園中明崇正十三年進士授濰令是時濰被敵圍久公以一書生乘障親禦集鏃其身城以不陷事聞行取授浙江道監察御史未幾京師破順治二年

詔起公以御史招撫兩淮改兩淮鹽法道陞海防兵備道遷福建按察使踰年陞布政司右布政尋轉左首尾在閩八年其以按察駐節邵武也邵武在萬山中嘯聚彌山谷城外烽火燭天公權宜治軍事募敢死士日閉門轉戰谿谷間多所擒獲夜則獨坐譙樓上仰天長嘯賦詩高咏衛士擊刁斗聲中夜與相聞事少閒建詩話樓祀宋嚴滄浪其上召邑諸生能詩者日與倡和境內益安爲右藩時屢奉檄歷署建南汀南漳泉諸道皆數反側地人所郤顧不敢就獨單車往來鋒鏑中百方經略所至輙見紀敍自內召出境及

被劾還質質竟傳逮復入都百姓皆扶老攜幼頂香
迎道左爭奉酒食勸言觴號泣竟數百里閩詩人高
兆作四泣詩紀其事

禮部侍郎蔡公墓誌銘　　國朝方苞

雍正十年冬十有一月禮部侍郎蔡公病不能興
皇子日使人問視
天子賜醫士大夫羣聚必詢公疾增減云何踰年正月朔
後八日薨
天子震悼自賢公卿以及雍庠之士重志節者無知與不
知皆儻然若失其所倚余屢困於衰疾嘗屬公必銘

余及公疾篤執余手而愴然曰子年先於吾吾亦自謂終當銘子而子今銘余其喪之歸子弟生徒合辭以請嗚呼余安忍銘公雖然義不可讓也始余與公相見於相國安溪李文貞公所文貞引公之袂以屬余曰是吾閩所謂蔡世遠聞之者也遂定交及癸巳春余出刑部獄而公以是冬服闋至京師會新令翰林科道在假者並休致而公之請假也旋丁父艱或謂宜自列於吏部公曰吾聞古者受爵而讓未聞投牒以自申也時文貞公承編
御纂性理精義薦公分校踰歲書成造余謀所處余曰天

果不廢子之學何患無周行坦步而出以編書①復官
去牒請一門耳遂固請於相國以歸先是儀封張
清恪公撫閩延公文主鰲峰書院而招公入使院
共訂先儒遺書至是大府復以鰲峰屬公公夙尚氣
節敦行孝弟好語經濟而一本於誠信由是閩士概
然感興於正學而知記誦辭章之爲末②也其家居設
族規置大小宗祭田孤嫠老疾月有餼鄉人化焉環
所居三百餘家二十年無博戲者今
皇帝嗣位
特召入都

校注：①盡　②末

命侍
皇子講讀
授編修五轉而至禮部侍郎公侍
皇子凡進講四書五經及宋五子之書必近而引之身心
發言處事所宜設誠而致行者觀諸史及歷代文士
所述造則於興亡治亂君子小人消長心迹異同反
覆陳列三致意焉當是時兼保傅之任者皆執政大
臣政事方殷不得朝夕在側惟公奉事十年晨入夜
歸無風雨之間諸公背面多語余曰聞之忠信正直
學足以達其言誠足以致其志或過於闊疎而無近

慮洵書所謂惟其人者也公議論慷慨自爲諸生即以民牧爲已任及從清恪公遊吏疵民病言無不盡政行衆服而莫知其自 云辛丑夏臺灣蠢動公大會鄉人聯伍團練助官兵聲勢平生好善樂施出於天性故人皆信嚮既貴士有志行及文藝之優必躬禮先焉知其賢則思隨地而開通之汲汲如有所負然余毎以公事至 圓明園必宿公池館公薄暮歸常挽余步空林坐石磯至昏暝或達夜中雖子弟莫知云何而所諏度皆民生之利病吏治之得失百物之息耗士類之邪正無一語及身家淺事者嗚呼以公

之志在竭忠
天子知人善任使得竟其志業未知所就於古人何似而
扼以無年嗚呼惜哉公性淡泊所得祿賜半索之族
姻知舊妻子僅免饑寒敝衣粗食視窶人或甚焉其
居外寢設一榻一帷余至則以讓余而卧後夾室方
夏秋蚊虻嚌膚竟夕不安而惟恐余之不淹留信宿
也嗚呼此公之志氣所以傾乎海内之士君子與雍
正四年公刻爲九卿以侍
皇子廷議多不與八年秋以族人事牽連吏議降一級調
補及

上特命復故職而公疾已不可振矣卒年五十有二所著二希堂文集十五卷鼇峰學約朱子家禮輯要合族家規各一卷所編性理精要歷代名臣言行錄論定古文雅正漢魏六朝四唐詩若干卷惟學約家禮古文雅正及與高安朱相國共訂歷代名臣名儒循吏傳已刻行於世蔡氏世居漳浦之梁山故學者稱梁村先生銘曰其材天植其學不迷其志不欺其數非奇而不竟其所施匪予之私衆心所悽

李抑亭墓誌銘　方苞

雍正十年冬十月朔後九日過吾友抑亭遂赴海淀

次日歸聞插亭歷而瘖日再往視越六日而死始余
見君於其世父文貞公所終日溫溫非有問不言及
供事
蒙養齋始習而慕焉期月而後無貴賤老少背面皆曰李
君君子人也其後余移
武英殿領修書事首舉君自助
殿中無貴賤老少稱之如
蒙養齋君自入翰林再充順天鄉試同考試官典試雲南
士論翕然視學江西高安朱相國每曰百年中無或
並也按察使李蘭以洛華諸生君常難之劾君牽制

有司之法而彈章亦具列其廉明余自獲交文貞習於李氏族婣及泉漳間士大夫其私論鄉人各有嚮背而信君無異詞君被劾當降補國子監丞羣十日夜望君之至既受職長官相慶而涖事未彌月用此六館之士尤深痛焉往者歲在戊申君僉錘旺歷而瘠卒於君寓余既哭而銘之君在江西喪其良子清江又為之銘以塞君悲而今復見君之死古者親舊相與宴樂而樂歌之詞乃曰死喪無日無幾相見有以也君在

家寄齋及

殿中與余共晨夕各一二年迄①自江西無兼旬不再三見者辛亥春余益病衰凡公事必私引君自助無旬日不再三見者一日不見君而君疾一言不接而君死故每欲銘君則憯然不能舉其詞喪歸有日矣乃力疾而就之君諱鍾儒字世升福建泉州安溪縣人康熙壬午舉於鄉壬辰成進士年五十有四所著孟子論語講蒙十卷詩經測義十卷易解八卷藏於家尚書周官皆有說未就銘曰蓄之也深而施者微將踵武於儒先而年命摧悍余生之無成猶有望者夫人而今誰與歸

校注：①返

墓表

漳州路達魯花赤合魯溫侯墓表

明　王禕

元有盡節之臣曰漳州路達魯花赤諱沬理彌實字子初合魯溫氏西域人也洪武元年我師征八閩入州不兩月而平當是時合魯溫侯實監漳州郡於是守將既以所部軍先遯郡事及屬他官總制政不自己出欲圖守禦之策詰未決而總制者已納降俄報新朝使者至禮當郊迎侯從容語左右曰吾將圖之乃朝服北面再拜曰臣四十始仕不數年致位①口

校注：①二

千石國恩厚矣今力不能禦敵義不忍降報國恩者惟有死爾遂斫其印篆書其笏曰大元臣子置几上即引佩刀刎喉中絶咽以死手執刀按膝坐毅然如生時郡民聚哭庭下聲震地共斂葬東門外崇年四十有六矣侯早歲備宿衛年勞當入仕以母老不忍去膝下不願仕母歿服除東宫素知其才勉之乃仕授承直郎行宣政院崇教至辛丑陞奉訓大夫杭州路治中尋改福州壬寅以事至京除福建行省理問官階轉奉議與福建行省平章燕只詹花同赴任會盜起閩城不得入侯贊平章集諸縣民爲兵圍城盜

勢既蹙乃闕城東圍使出奔因勒兵殲之以功陞朝例大夫居三年除漳州路達魯花赤階亞中大夫時友定據全閩民苦其朘剝侯曰吾受千里生人之寄寧忍坐視不加恤乎頗釐庶事之利病而興除之釋去文事而務存忠厚民受其惠甚多故其死也漳人無不痛思之其爲可稱道者如此侯祖曰滿速兒大都路治中父曰默里馬合麻安慶路治中夫人回回氏子男二人長六十宿衛爲速古兒赤次會顏帖木兒江西行省通事嗚呼世之論者蓋曰非死之難而處死之爲難侯職在守土義不事二姓而守其土以

死可謂死得其所矣豈非盡節之臣歟余至漳州得侯死事爲悉因嘆八州之吏大小奚翅數千百而大節烈然如侯者殆不可一二數爲書而表之併及其官代世次使刻諸石豈特以慰漳人之思庶用爲人臣之勸云

贈文林郎翰林院庶吉士慎菴雷公墓表

國朝 任啓運

皇帝御位之初

詔徵翰林庶吉士雷鋐入京鋐故蔡文勤公高第弟子端重有學問時方以假省歸值王母張太君喪猶家①

校注：①居

皇帝素知其行詣
特召至與啓運同侍
皇子講讀而江陰楊文定公以宗伯兼祭酒亦入直蓋以
養正是賴故重其選也鉉奉其父狀以王父王母合
葬墓誌屬楊公以墓表屬啓運啓運德業文章不足
擬楊公萬一顧與鉉舉于鄉歲同成進士歲又同令
職業又同于講讀暇道兩家先人事貧苦患難志節
畧同輙相與感愴雪涕用敢題其墓石拜言曰公閩
之寧化人諱世字衛天號愼菴以
覃恩貤贈文林郎翰林庶吉士張太君亦以

覃恩貤贈孺人公生有六志好讀書凡天文地利兵陳律數以及百家技術家言靡不究悉然一以孔孟程朱爲歸由學得其正則百家皆吾用不然非道而行小慧祇足殺吾身當是時吳逆倡亂五嶺外多和之其以閩叛者爲精忠布僞劄誘致羣不逞或告公曰君幸受其劄可庇族且君夙負兵陣畧或藉就功名何爲栖栖挈父母走嶺崖間取危困公叱曰爾敢爲賊作說客耶彼瘈犬狂噬旦夕臨耳吾無兵陣才吾才將爲國用寧爲賊用告者愈走遁從耿逆平而公尊人以他事爲人所誣公代訊晝夜走二百里嘔血數

升庭鞫訊慷慨理直事大白而室則已懸罄矣乃屈首爲童子塾師訓諸弟子以邪正義利辨日嚴嗟乎士君子不患貧而患不能安其貧不憂難而憂不能正其難貧與難自外至者也安之正之自我立也當

國之初正貞元之交剝復之運一切故家大族與時中熸不安義命妄負才能思藉羣不逞以自張一折而入于亂賊比比也碩果既亡安所得復龍蛇不蟄安所存身若公之負奇傑才而能斂所處不苟用斯可貴耳孟子曰人有不爲也而後可以有爲公雖終無所爲然以此信公之大有爲也有爲者之所蓄不于

其身則于其後今鋐方強仕受

聖天子特達之知且素學于蔡文勤公他日不負所學其大有爲者庸非即公之有爲乎祖孫一氣翕張一機固以公卜之也公孝友乎于家睦于族脩宗廟續譜牒訪遠祖墓求族父骸表無後之抔土與太君之所以收親黨恤鄉里其爲政于家者事詳家乘不具載載大者表其所以使人知君子之必有後而後人所以光昭先德尤在辨邪正析義利以不辱其身不隕其名有不爲而後可以有爲

藝文十一

雜著

五戒文

宋　蔡襄

其一曰觀今之俗為父母者視巳之子猶有厚薄迨至娶婦多令異食貧者困於日給其勢不得不然富者亦何為哉蓋父母之心不得均於諸子以至此不可不戒二曰人子之志本於養親以順其志死生不違於禮是孝敬之至也觀今之俗貧富之家多是父母異財兄弟分養乃至纖悉無有不校及其亡也破

產賣宅以爲酒肴設勞親知與浮屠以求冥福原其爲心不在於親將以誇勝於世是不知爲孝之本生則盡養死不妄費三曰兄弟之愛出於天性少小相從其心懽忻豈有間哉後因娶婦或至臨財憎惡一開即成怨隙至有興訟刑獄至死而不息者殊可哀也蓋由聽婦言貪財利絶同胞之恩友愛之情遂及於此四曰娶婦欲以傳嗣豈爲財也觀今之俗娶妻不求門戶直求資財未有婚姻之家不爲怨怒原其由蓋婚禮之廣糜費已而校橐朝索其一暮索其二姑辱其婦夫虐其妻求之不已若不滿意至有割男

女之愛輒相棄背習俗已久不以爲怪此生民之大弊也五曰凡人情莫不欲富至於農人百工商賈之家莫不晝夜營度以求其利然農人兼并商賈欺謾大率刻剥貧民困昧神理譬如百蟲聚居强者食啗曾不暫息求而得之廣爲施與冀滅罪惡其愚甚矣今欲爲福孰若滅刻剥之心以寬貧民去欺謾之行以畏天理爲子孫之計則亦久遠居鄉黨之間則爲良民其義至明不可不誌

黼扆箴

蔡襄

丕顯元聖上奉天時躋俗於禮任財以宜肅治家政

大隆本支好問益廣去邪勿遲利急思困兵連慮危法令必信恩賞無私威福是守聽斷不疑太平可致決所施爲

祭李丞相文　　　　宋　張浚

惟公奎躔孕秀崧嶽降靈奮百世之英風推一時之豪傑頃未冠字事親行古人之難追展壯圖許國任天下之重著直聲於左史決大策於太常遄登侍從之班爰極將相之任凡三朝之歷事惟一德以自持雖屢易於祠宫實乃心於王室每當艱危之際力陳忠讜之謀慨功名未副於所期而泉壤遽成於永訣

浚揭來假守載獲親仁備聞雅論之餘俗佩成人之德豈謂云亡之嘆俄興契濶之悲念一老之弗遺徒自嘆於交臂倘百身之可贖其孰憚於捐軀惜溯洄之無從具醪羞而致薦公靈不昧昭鑒此誠

勸農文

朱子

契勘生民之本足食爲先是以國家務農重穀使凡州縣守倅皆以勸農爲職每歲二月載酒出郊延見父老喻以課督子弟竭力耕田之意蓋欲吾民衣食足而知榮辱倉廩實而知禮節以共起於富庶仁壽之域德至渥也當職幸此承攝敢墜彝章今有勸諭

事件開具於後

一今來春氣已中土膏脈起正是農時節不可遲緩仰諸父老教訓子弟遞相勸率浸種下秧深耕淺種趨時早者所得亦早用力多者所收亦多無致因循自取饑餓

一陂塘水利農事之本今仰同用水人叶力興修處令多蓄水泉準備將來灌溉如事干衆即時聞官糾率人工借貸錢本日下修築不致悞事

一耘犁之功全藉牛力切須照管及時餧飼不得輙行宰殺致妨農務如有違戾準勑科決脊杖二十

每頭追償五十貫文錮身監納的無輕恕今仰人
户遞相告戒毋致違犯
一種田園是本業然粟豆麥麻菜蔬茄芋之屬亦是
可食之物若能種植青黄未交得以接濟不爲無
補今仰人户更以餘力廣行栽種
一蠶桑之務亦是本業而本州從來不宜桑柘蓋緣
民間種不得法今仰人户常於冬月多往外路買
置桑栽相地之宜逐根相去一二丈間深開窠窟
多用糞壤試行栽種待其稍長即削去細碎拳曲
枝條數年之後必見其利如未能然更加多種吉

貝麻苧亦可供備衣著免被寒凍

一鄉村小民其間多是無田之家須就田主討田耕作每至耕種耘田時節又就田主生借谷米及至終冬成熟方始一并塡還佃戶既賴田主給佃生借以養活家口田主亦藉佃客耕田納租以供贍家計二者相須方能存立今仰人戶遞相告戒佃戶不可侵犯田主田主不可撓虐佃戶如當耕牛車水之時仰田主依常年例應副穀米秋冬收成之後仰佃戶各備所借本息塡還其間若有負頑不還之人仰田主經官陳論當爲監納以儆頑慢

一本州節次行下諸縣不得差人下鄉乞覓搔擾科斂抑配強買物色及以補發經總制錢發納上供銀罷科茶①等爲民科罰人戶錢物所以上體朝廷寬恤之意欲使民得安居不廢農業今恐諸縣奉行違戾仰被擾人指定實跡前來陳訴切待追究重作行遣

一本州節次印給榜文勸諭人戶莫非孝弟忠信禮義廉恥之意今恐人戶未能遍知別具節畧連黏在前請諸父老常爲解說使後生子弟知所遵守去惡從善取是舍非愛惜體膚保守家業子孫或

校注：①茶等

有姿質即遣上學讀書學道修身興起門戶今
出榜散行曉諭外更請父老各以此意勸率鄉閭
教戒子弟務令通曉毋致違犯

紹熙三年二月日榜

漳州龍巖縣榜文

勸諭禁約文　朱子

一勸諭保伍互相勸戒事件仰同保人互相勸戒孝
順父母恭敬長上和睦宗姻周恤隣里各依本分
各修本業莫作姦盜莫縱飲博莫相鬭打莫相論
訴孝子順孫義夫節婦事跡顯著即仰具申當依

條格旌賞其不率教者亦仰申舉依法究治
一禁約保伍互相糾察事件常切停水防火常切覺
察盜賊常切禁止鬭爭不得販賣私鹽不得宰殺
耕牛不得賭博財物不得傳習魔教保內之人互
相覺察知而不糾併行坐罪
一勸諭士民當知此身本出於父母而兄弟同出於
父母是以父母兄弟天性之恩至深至重而人之
所以愛親敬長者皆生於本心之自然不是强爲
無有窮盡今乃有不孝不弟於父母則輒違教令
敢缺供承於兄弟則輕肆忿爭忍相拒絶逆天悖

理亶可嘆傷宜急自新毋速大戾

一勸諭士民當知夫婦婚姻人倫之首媒妁聘問禮律甚嚴而此邦之俗有所謂管顧者則本非妻妾而公然同室有所謂逃叛者則不待媒妁而潛相奔誘犯禮違法莫甚於斯宜急自新毋陷刑辟

一勸諭士民鄉黨族姻所宜親睦或有小忿宜各深思更且委曲調和未可容易論訴蓋得理亦須傷財廢業況無理不免坐罪遭刑終必有凶切當痛戒

一勸諭官戶既稱仕宦之家卽與凡民有異尤當安

分循理務在克己利人又況鄉鄰無非親舊豈可恃强凌弱以富吞貧盛衰循環所宜深念

一勸諭遭喪之家及時安葬不得停喪在家及殯寄寺院其有目前停寄棺柩灰函並限一月安葬切不須齋僧供佛廣設威儀但只隨家豐儉早令亡人入土如違依條科杖一百官員不得注官士人不得應舉鄉里親知來相弔送但可協力資助不當責其供備飲食

一勸諭男女不得以修道爲名私剏菴宇今有如此之人各仰及時婚嫁

一約束寺院民間不得以禮佛傳經爲名聚集男女晝夜混雜

一約束城市鄉村不得以禳災祈福爲名歛掠錢物裝弄傀儡

前件勸諭只願民間各識道理自做好人自知不犯有司刑憲無緣相及切須遵守用保平和如不聽從尙敢干犯國有明法吏不敢私宜各深思無貽後悔

蔡君謨獻壽太夫人儀跋　宋　朱子

蔡忠惠書蹟遍天下而此帖獨未布今歲南來得見

於季孫諶之家乃知昔之君子所以事其親者如此
其愛且敬也振露餘生無以爲孝捧玩摧咽不能仰
視敬請其眞模而刻之以示世之爲人子者庶以廣
蔡公永錫爾類之意非獨以其字畫之精而已然又
得善工且屬諸生黄幹臨視惟謹知書者亦以爲不
失其用筆之微旨云紹興庚戌臘月既望丹陽朱熹
書於漳浦郡齋石刻

又

右蔡忠惠所書家庭獻壽儀朱文公刻石於臨漳右
史待制眞侯西山先生又摹而刻於郡齋歲月未久

遷置不常委在東廡壁下塵埃莫省予旣新宣化堂乃取二石限置壁間使爲人子者知所以事其親爲人父者知所以愛其子愛敬之心得所節文而根於天者有以自達此乃名堂之本意也嘉定甲申二月望日東陽章徠書

跋高彥先家諸帖　宋　朱子

熹猶及見紹興中年姦凶擅朝忠賢奔播時事而知漳浦高公之爲烈也老矣南來乃獲拜其祠像於學宫窺其遺稿於家集而識其嗣子之爲人又益得其本末之詳甚可嘆也季士又以此軸見示如李曾二

胡諸公皆先人所從遊嘗日相隨去國者三復其言益以慨嘆乃敬書其後而歸之紹熙辛亥四月二十七日新安朱熹書

福州勸農文　宋 真德秀

仲春望日太守出郊勸農延見父老而告之曰福之爲州土狹人稠歲雖大熟食且不足田或兩收號再有秋其實甚薄不如一穫凡爲農人豈可不勤勤且多曠惰復何望勤於耕畬土熟如酥勤於耘耔草根盡死勤修溝塍蓄水必盈勤於糞壤苗稼倍長勤而不惰是爲良農良農雖苦可養父母父母怡怡妻子

熙熙勤之爲功到此方知爲農而惰不免饑餓一時嬉遊終歲之憂我勸爾農惟勤一字若其害農則有四事一曰耽酒二曰賭錢三曰喜爭四曰好閑四者有一妨時廢日四者都有卽是遊手遊手之民必困以貧何如勤力家道豐殖更能爲人孝順二親內敬尊長外和鄉鄰勤力之餘勤行善事天必祐之何福不至不善之人是爲逆天天必罰之悔何及焉我生田間熟知田事深念爾農年苦不易方圖多端恤汝使安凡今所言盡見肺肝咨汝父老爲我開諭與民善心還俗淳古故玆勸諭各宜知悉

福州諭俗文　真德秀

當司以安撫一道爲職甲兵盜賊乃其專掌然必吏良而後民安民安而後盜息盜息而後兵偃四者相關皆當致察乃紹定六年十一月恭奉詔書畧曰比年以來民窮盜起皆激於姦貪之吏大哉王言可謂明見萬里之外又自聖上親政之後登進賢俊屏斥憸佞懲治贓吏禁止苞苴諸路監司太守皆以端方廉潔者爲之每一詔令之下無非爲民當司奉行其敢不恪自到福州一意講求賦輸太重者首議蠲減科須病民者以次革除禁公人下鄉之擾除保司代

納之害戒諭十二縣官屬毋濫刑毋橫歛毋狥私毋黷貨毋通關節毋任胥吏相與精白一心無負明詔丁寧之意今以申飭十二縣者行下諸州各察其屬務去前六者之弊使斯民各安於田里爾民幸遇清平之政宜知愛身寡過務本著業毋喜鬬毋健訟聖經有言一朝之忿亡其身以及其親非惑歟又曰訟終凶又曰好勇鬬狠以危父母此三者爾民所當戒也聖經又言用天之道因地之利謹身節用以養父母又曰身體髮膚受之父母不敢毀傷此二者爾民所當勉也當職以本路之人爲本路之帥其視八州

皆如鄉黨其待百姓一如子弟官吏貪殘者當爲爾懲之豪强頑暴者當爲爾戢之盜賊剽竊爲汝之害當爲剪除之爾既安其生宜思自保父母之身勿犯有司之法此榜到日所在耆老仁賢宜爲開說使之通曉宜爲勸勉使之興起自今以往家家禮義人人忠孝變七閩之俗爲鄒魯之鄉非惟當職所望於爾民是亦朝廷所望於師民也其敬聽之毋忽

詞

誄相公崖山之變陸公驅妻子入海妾荔娘祠在楓聞之興子釗招魂以葬乃作此　宋　蔡荔娘

噫吁嘻相公侍側兮幾多時噫吁嘻納余薦席兮父

命之噫吁嘻令勿隨行兮君詔而噫吁嘻相公入海兮驅妻兒噫吁嘻若許隨行兮並驅怡噫吁嘻相公從王兮余曷追噫吁嘻相公棄余兮余何爲噫吁嘻相公龍宮兮天子隨噫吁嘻余今何處兮棱得歸噫吁嘻何難一死兮兒靡依噫吁嘻引見夫主兮佛慈悲噫吁嘻四十四歲兮永別離噫嘻噫嘻留別冠衣埋葬嵩山衍厥支嵩山護國識罔維誄以辭噫吁嘻

祭周中丞文

明　劉宗周

嗚呼同榜兄弟異姓骨肉廿載交情三年別憂弟將何以哭吾兄憶辛丑之役與兄同出姚江之門聚首

無幾未深相識也後家居久兄以外吏入爲御史尋
以聲氣相聞結爲同心此兩人論交之始尋薦弟起
官見於京師懽甚日爲造膝談談時務如畫而兄以
御史指斥朝貴大憝者數人罷去其黨因媒孽正人
日急兄與同志諸君子並受齮齕得例轉以去弟亦
病去不復起而兄浮沉藩臬閒久之卒越歲相聞憐
弟貧必分俸以贍將十年天啓改元召兄爲太僕出
撫江南而弟亦起官儀曹弟嘗上書指斥逆璫亂政
漸見艮轄兄自通州遺書誡弟曰戇言如是慮禍及
也盍去諸頃之弟去見兄江南會地方有浮取上供

歲領者兄悉裁之共事大璫憾甚借隙郡丞兄抗疏劾大璫至六得免郡丞則弟實慫恿之兄既忤共事璫因忤中璫贊而閉戶之禍復起於朝士向所論去大憝皆用事遂逮兄詔獄拷死當是時秉憲中臺請除君側之惡不勝而死者楊公也秉憲外臺請除生民之賊不勝而死者周公也兩公地不同而事同同事同心亦同道忠肝亮節分席競爽炳人寰燭千古亦復何憾獨憾弟不才用兄言而不死還用弟言而以兄死言一也而生死之位異人心得無變乎則又何用此生平出處語默無間爲此弟之所以抱痛於

今而不能已也嗚呼慟哉燕山寒兮白日闇嶠巖兮
雲連纍臣來兮何罪魂歸訴兮中涓慟懷人於萬里
感余憂兮霜天儼王陽之在位覩鮑子之分饘將提
手而從之托共命以周旋余既坐君門戶君坐黨兮
臣璉苟李杜之齊名雖駢死以何言孰是死而不瞑
控上帝以訴覽日月晦兮重陰雷霆擊兮雨露鮮幸
吾皇之建極錄死節兮堪憐恩綸兮涔申生氣兮凜
然作保障於江南在文襄忠介之間

請各院革鋪戶文　　國朝　周亮工

看得以官價買民物致有賠累民已不堪矣從未有

公然出之鋪戶不給毫釐之價者亦未有不給毫釐之價而尚責其物之精粗美惡令之求死不得亦未有本非鋪戶而必令其子若孫承當不替者有之自上杭始自上杭之供應巡漳道始自借供應巡漳道名色以恣其餘之無窮取索始巡道之執事旗幟桌幃坐褥上下鋪陳毗出之鋪戶矣二十年之前猶給半價十年之前尚有三分之一邇來但有供應並無價值矣所謂鋪戶者蓋先年其祖若父或經營於吳浙或張肆於本鄉或歇宿商賈覔有蠅頭或充當行戶分其牙用雖多賠累尚利分毫勉力支持已覺難

勝今兩廣路阻商賈難通且向之所謂鋪家者半登①鬼籙半徙他鄉矣士之子不必恒爲士農之子亦不恒爲農而上杭之鋪戶則如充問祖單其祖若父雖死其子若孫即改他業而鋪戶之名終不可得而去也幸而本戶絶矣又必累及其親枝幸而逃之他邑矣又必連及其姻戚間有賢有司至爲自了之計者則曰我但不取爾等一物耳勢必不能通之上及之下爲調停之術者則曰我多報數名使衆擎易舉耳實則不能去其籍絶其根間有求情脱免受賄更易者亦必有一名頂替而後有一名開除其頂替之人

校注：①登

即出開除者之口所報者非衙門中所共垂涎之人即彼平素所私恨之人也一名入籍今日取綢緞明日取璒㼽非怨其色不鮮明則怨其物之粗惡道路既阻又往往取邑人所絕無者以難之求之鄉紳而不得謀之他邑而不能差役之權從此而尊非曰代爾向官受責必曰諒情代稟收用取一物即有一番刁難交一物即有一番使費富者求貧貧者求死其來非一日矣况既承鋪戶之名無論其家之貧富而貪吏垂涎奸胥側目旁枝錯出意外誅求其苦又不止於應當官物已也幸近日文武官加意撫䘏少有

尪邑然相沿已久若不申請禁革累終無窮合請憲臺嚴批勒碑永遠禁革其答應巡道一應鋪陳等項據所聞帳目應用二百餘金除上杭縣動綱銀備辦外其餘不足者令七邑量行協濟官自定役赴省置買不許分毫取之鋪戶其歷來相傳鋪戶姓名冊籍俱令該縣焚燬其所屬各邑大小官員并道標中軍千把之類日用蔬菜鹽米魚肉等樣俱發紋銀平買如官價擅取一物者即容本道按法解院究治此則民命少甦逃亡復集矣本司言之激切伏乞憲臺鑒

察施行地方幸甚民生幸甚

施將軍逸事

國朝李光地

施將軍名琅閩之晉江人値閩亂少而從戎曾隨大學士黃公道周出仙霞關知事不可爲輙以偏裨有所建陳公報之曰君言是也顧吾大臣伏義守死而已倘有他奇變可以佐時君輩行矣勉之遂謝黃公去明亡寄食海上鄭氏嫉害公不相容因公艙中欲殺之公以計遁脫鄭遂殺其父若弟公歸　本朝用戰功數年間至大帥佩將軍印召入爲內大臣列伯

爵余素未深知公一夕就公燭下話道及順治巳亥
年事余曰社稷之靈也令賊不頓兵城下驅而徑前
者是誠可危公笑曰宜何向余曰循山而東奈何公
曰南北步馬不相若久矣衆寡勞逸又懸所在雖響
應作聲勢實觀望不能爲之助也纔涉北地與官軍
交賊立盡耳徐又曰向彼舍短用長者委堅城泝江
而上所過不留直趣荆襄呼召滇粤三逆藩與之連
結搖動江以南以撓官軍則禍甚於今日矣棄舟檝
之便而僘攻圍故知賊無能爲也余以是知公能明

年　天子以海患久未熄復起公提督水師專平海事越二年余請急家居邂逅公小店中雨甚稍憩余曰公出師在此月然衆皆言南風不利公必犯之何也公曰賈豎之言也夫北風日夜猛夜則更甚自此至澎湖舟戴星行就能魚貫相尾幸而不散然島嶼悉賊据到彼未能一戰奪之舟無泊處坐與行殊風①浪飄拍單不能合也將何以戰夏至前後二十餘日風微夜靜海水平如練可以拋舟泊洋聚而觀變不過七月舉之必矣用北風者徒幸萬一南風則十全

校注：①浪

之算也然節候月離旬日後當有颶風亦偶間歲不
起此則天意非人慮所及又賊將劉者爲彼魁傑設
以他將守澎湖雖敗未服也必用再戰如守澎湖者
劉或死或敗則勢盡膽喪矣臺灣可不戰而下余喜
曰寇平矣公笑曰何相信也余曰聞爲將者必識天
時利害地理向背較將之智力公兼之矣能無平乎
公以六月十四日舟發銅山十六日至澎湖二十二
日剋勝果在七日中戰之日東南角微雲起劉方調
遣拒敵望見喜甚須臾雷聲殷殷動劉推翻食案歎

曰天命矣海行占風者以雲起爲風兆聞雷則散云
劉敗後乘小舟走至臺灣憂沮無復戰意率先納土
悉如公料先時明季鄭之祖芝龍海大寇也歸誠後
貴顯嘗朝京師過龍虎山有異人爲決未來事語甚
隱然意若誇土稱孤爭衡南面者末云金雞唱龍種
消公辛酉生其專征又以辛酉年龍種者芝龍子孫
也余十五六時便聞斯語後二十餘年而驗贊曰此
余所聞見於公者雖其子若孫不知也公以功進封
侯爵及後裔史臣當有傳故緫其逸事云爾

石齋黃公逸事

國朝 方苞

黃岡杜蒼畧先生客金陵習明季遺事嘗言崇正某年余中丞集生與譚友夏結社金陵適石齋黃公來遊與訂交意頗洽黃公造次必於禮法諸公心嚮之而苦其拘也思試之妓顧氏國色也聰慧通書史撫節安歌見者莫不心醉一日大雨雪觴黃公於余氏園使顧佐酒公意色無忤諸公更勸酬劇飲大醉送公卧特室榻上枕衾茵各一使顧盡弛褻衣隨鍵戶諸公伺焉公驚起索衣不得因引衾自覆薦而命顧以茵卧茵厚且狹不可轉乃使就寢顧遂暱近公公

徐曰無用爾側身內向息數十轉即酣寢漏下四鼓
覺轉面向外顧佯寐無覺而以體傍公俄頃公酣寢
如矜詰旦顧出具言其狀且曰公等爲名士賦詩飲
酒是樂而已矣爲聖爲佛成忠成孝終歸黄公及明
亡公繫於金陵在獄日誦尙書周易數月貌加豐正
命之前夕有老僕持鍼線向公而泣曰是我侍主之
終事也公曰吾正而斃是爲考終汝何哀故人持酒
肉與訣飲啖如平時酣寢達旦起盥漱更衣謂僕某
曰曩某以卷索書吾旣許之言不可曠也和墨伸紙
作小楷次行書幅甚長乃以太牢竟之加印章始出

就刑其卷藏金陵某家顧氏自接公時自劄無何歸
某官李自成破京師謂其夫能死我先就縊夫不能
用語在縉紳間一時以爲美談焉

請黃石齋先生崇祀鄉賢文　藍鼎元

蓋聞人生大節不外忠孝兩端儒者傳心惟有文章千古既已著書立說與學貫乎天人亦且竭力致身精誠篤於君父屹然乾坤之柱礎偉哉名教之干城百世下將聞其風況夫同里鄉先生可祭於社端在斯人伏見故明漳浦黃石齋先生諱道周兩間正氣一代名賢十歲能文推倒嶺南豪傑丁年喪父遂續

屈子離騷邑大尹曾拔冠軍在制中求見若渴邦人士咸稱至孝謂守禮觀而爲難迨筮仕於朝端復剛方而謇直經筵側權閹之目典試摧宵小之心抗疏陳言救故相而坐貶濱行極諫論時宰以掛冠廬墓事親仍然孺慕聚徒講學君將終身不意召復故官又使分校多士久旱修省有建言淸獄之譏晉秩司經上四聦三罪之疏批逆鱗者非一怒權要者百端至發秉鈞擯官僚於推讓三俊下吏因支飾以株連劾嗣昌奪情天下遂無撫父之子論斬甲邪徑中樞應少不祥之人召對平臺特伸理欲之辨至於聖怒

猶聞忠佞之爭既以直而觸忤復因憂而削籍廷杖
詔獄雲雷屯塞見精忠草圖備書地火明夷徵用晦
葉星秀初未相識因服而通姓名徐仲古貌爲諸生
折指而無挫衄幸劉尚書作此殺直臣之議得成廣
西周相國有宜用博學之言遂還故職家鄉念切築
書院於鄭山守墓情懸開講堂於浦邑衣冠鐘鼓先
王之禮樂將興贈答歌詩前哲之典型可繼月令廣
義儒行集傳補經曲之精微三易洞璣革象新書探
文周之閫奧鈎深致遠天文歷數諸編繼往開來洪
範孝經之作著述宏富充棟足徵經史異名更僕難

數益淹博似有天授將敲金戛玉於百年乃貞烈本自性成遂取義成仁於一日丹心貫河嶽庶幾無忝所生浩氣塞蒼旻方爲不負所學傳之奕禩足令懦者立而頑者廉矧在梓桑寧無家爲尸而尸爲祝孰事曠世偉人全閩師表膺世道人心之寄秉綱常名教之權顯微闡幽將小善之必錄報功崇德忍大典之久遺行如黃公世所罕見天下之善士何況一鄉國人皆曰賢允宜從祀故敢瀝實敷陳懇行飭祀郡邑庶春蘭秋菊丹霞之黍稷維馨鹿水梁山人賢之俎豆不泯則後生小子聞忠孝而奮興大夫國人式

文章於不朽矣

申明祭祀儀注檄　　國朝　喀爾吉善

國家首重明禋秩祀均關政治報功崇德義最宏深度數儀章理難僭越竭情致慎庶其昭格神祇備物告虔無非爲民祈福我　朝禮明樂備一應祭祀儀注品物載在會典極爲詳贍雍正十年禮部將壇廟規制通行各省以後祀典時有增損皆有部文通行在案緣有司於祀典不甚留心祇奉部文久漸遺忘祭祀之日爲時甚暫恐多草率將事過此以往又復畧而不論儀文既多缺畧品物亦欠精詳非循俗錯

詭則意爲輕重甚至壇廟神牌任意增減外府州縣自多舛謬既無誠敬之意難辭僭越之愆今當稽考會典詳查部文酌刊明晰之規條庶免遵行之歧異合行飭議行司即便會同在省司道將閩省每年所有壇廟祭祀就會典開載神位儀注祭典陳設各圖及樂舞等件逐一摘出凡壇廟規制則查雍正十年所頒典冊其近年續頒有關祭祀禮文如雩祭禜祭之類并各壇廟祝文逐一敘明再有會典未經開載而閩省向來祭祀者亦俱列出祭祀悉仍其舊儀章務協其宜以上規條編緝成帙鏤板分頒通省務令

各官及祖禮者按典遵行免議失禮其樂器未備者作何修製增添省會文廟之樂舞不諳者作何責成演習一併定議通詳批定移行遵照儀注既定規條備列仍責以祭品之豐潔行禮之肅敬格神明而錫民福於是乎在此檄

原性

國朝 邱嘉穗

天下無性外之物佛氏之言性者曰空而不知其非空也老氏之言性者曰無而不知其非無也曷嘗審於孟子火然泉達之喻而一溯其天命之所從來乎水之原伏於土其脈未嘗不清而人終不見其爲清

焉及其泉之始達則遂至於洋溢而不可禦者以其性之清本自潤下不待觀於旣達之後而始知之也火之種埋於灰其性未嘗不熱而人初不見其爲熱焉及其薪之始然則遂至於燔炙而無所遺者以其性之熱本自炎上不待觀於旣然之後而始知之也審乎此而後知性情之相爲體用矣性也者命之於天猶水之源火之種也情也者率之於性猶泉之達薪之然也今苟見泉之達而反疑水源之未必清見薪之然而反疑火種之未必熱見情之動而反疑性之空欲一無所用其思是與蜉蝣之不識晦朔蟪蛄

之不知春秋者無以異也豈不謬哉是故善治水者非徒於泉之始達導之也導其水源之本清者而已矣善治火者非徒於薪之始然爨之也爨其火種之本熱者而已矣善治心者亦非徒於情之既發謹持之也謹持其本性之善思者而已矣若其所以善思之故實原於陽變陰合之互位皆具余管窺圖記及忠恕說中覽者其更詳之

學術辨

國朝 雷鋐

學術自周程張朱得孔孟之正傳先儒言之悉矣其間如宋之象山明之白沙陽明先儒亦辨之悉矣百

餘年來儒者遞起如容城孫夏峰關中李二曲錢塘應潛齋皆制行峻潔而學術未純最甚者博野顏習齋也夏峰二曲欲包羅朱陸合異爲同潛齋則力闢姚江而言性特異然皆不敢詆毀周程張朱以自樹一幟習齋刻苦孤立欲學者務遵六德六行六藝之教不專求靜虛不徒事著述意非不善至自命爲孔孟後特出之一人則妄矣試問程朱之教有外於六德六行六藝者乎六藝中禮則冠昏喪祭以及視聽言動程朱之自治治人者嚴矣習齋居喪疑朱子家禮之誤不知此乃朱子未定之書天下果能依家禮

而行人心風俗不亦美乎樂則殘缺已久習齋能取古之琴瑟簫管鐘鼓柷磬日與羣弟子比音合律而克諧乎且樂有音即有容其舞蹈之節習齋能與羣弟子屈伸俯仰綴兆舒疾一一中其節乎射宜男子所有事自文武分途士多不習實爲缺憾御則今不盡用古法習齋能教弟子曰御車曰鳴和鸞逐水曲過君表舞交衢逐禽左乎至於書與數日用不可闕學之有善有不善則存乎人耳且以程朱言靜言敬爲近禪靜恐近禪故程朱專重主敬孔子所謂脩己以敬居處恭執事敬皆是也謂靖康之際戶比肩摩

皆主敬習靜之人是何異夢囈語乎此其論學之大概他其論治必封建井田學校皆程朱所常言者特時①不同言之易行之難耳至其論性力攻程張朱子言氣質之性殊不思因荀楊韓子誤以氣質爲性戾孔孟言性之旨故別之曰此氣質也非性善之性也然曰氣質可耳何必曰氣質之性此因孟子性也有命焉動心忍性之性而言也其謂氣質之性有惡即如習齋所謂拘謹乖戾狹隘愚蠢之性質耳學可力變非教人任其氣質也習齋乃謂蛇蠍豺狼皆此天道之理之氣所爲而不可以惡言嗚呼是何言

校注：①勢有

哉獨其謂孟子性善卽孔子相近之旨惟相近故善
也愚意亦隱合焉其存人一册專就五倫喚醒二氏
足以破愚解惑於名教不爲無助節取焉可也

象山禪學考　　國朝　雷鋐

世目象山爲禪學以象山教人閉目靜坐不讀書者
非也象山語錄多近禪然未嘗言不讀書亦罕言靜
坐惟詹阜氏所記象山云學者能常閉目亦佳其文
集中弃靜坐二字無之其與劉深甫書云開卷讀書
時整冠肅容平心定氣訓詁章句苟能從容不廹而
諷詠之其理當自有彰彰者與傳聖謨云已知者力

行以終之未知者學問思辨以求之此與朱子教人無以異雖然象山謂有子之言爲支離爲私智杜撰言子貢非能知顏子又云宰我子貢有若智足以知聖人若責以大智望之以真知聖人非其任也尤可怪者言子羔曾子皆爲夫子所喜於二人中尤屬意子羔不幸前夫子而死按左傳哀公十五年孔子聞衛亂曰柴也其來由也死矣明年夏四月己丑孔子卒子羔後孔子而死不待言安有博學審問慎思明辨者鹵莽滅裂至此哉蓋象山所自得在心卽理見與李宰第二書以此直接顏曾視子貢以下諸賢皆所不足

夫心卽理不必有人心道心之分達磨所謂直指人心見性成佛也惟其然遂信心自是無憚武斷無所顧忌其與張輔之云吾有知乎哉此理豈容有知哉答楊敬仲云未嘗用力而舊習釋然此眞善用力者也作楊承奉（卽敬仲之父）墓碣云顏回屢空夫子所喜必以所得塡塞胸中抑自苦耳與似清云何處轉不得法輪何人續不得慧命宜乎傳子淵猖狂放肆詩偈類釋子象山最屬意謂其功罪不相掩顏子堅竟變服削髮爲僧也

昔吾師蔡文勤公與高安朱文端公編歷代名儒

傳沈端恪公諱近思力言象山只當入循吏傳近見穆堂李公諱紱推尊象山謂陸子全集二十八卷絕無頓悟二字生平教人專以循序為主鋐今所舉象山之言卽在二十八卷中絕不一及語錄夫尚論古人貴擇善而從象山義利之辨終身服膺可也然其氣質果於自用其學問知理一而不析乎分之殊遂超凌虛駕空之弊其論子焦生死尚可顛倒又何怪陽明輯朱子晚年定論顛倒年之早晚哉自記

陽明禪學考

國朝　雷鋐

儒者闢釋學每以陸王並稱曩竊疑之象山論格物曰格至也與窮字究字同義皆研磨考索以求其至耳陽明則曰致知格物自來儒者相沿如此象山不復致疑此象山見得未精一也象山言爲學有講明有踐履大學致知格物中庸學問思辨孟子始條理者智之事此講明也大學誠意正心修身中庸篤行之孟子終條理者聖之事此踐履也陽明則曰學問思辨便是行又曰良知之外更無知致知之外更無學何其與象山互異考陽明之書凡象山之合乎聖學者則盡反之象山之近乎禪學者則力張之愚作

象山禪學考象山之學旣舉其端矣至陽明則直曰佛氏本來面目卽聖門所謂良知又云無所住而生其心佛氏曾有是言未為非也（見與陸元靜書）又云道一而已仁者見之謂之仁智者見之謂之智釋氏之所以爲釋老氏之所以爲老百姓日用而不知皆是道也曾有二乎（見與鄒謙之書）此皆象山所未敢明目張膽言之者然其根原則自象山以心卽理爲心學故陽明亦曰心卽理也學者學此心也求者求此心也（見答顧東橋書）謂良知之發見流行光明圓瑩（見與聶蔚文書）不卽佛氏之淨智妙圓光明寂照乎嗚呼指心卽理欲人反求諸

心宜無不可而錮於氣質蔽於私見必且師心自用縱欲爲理其禍至不可究極當時爭大禮如霍韜席書黃宗明黃綰皆從陽明講學者陽明與霍兀厓韜書云曾辱大禮疏見示時方在哀心善其說又與黃誠甫即宗明書云近得宗賢即黃綰寄示禮疏明甚誠甫之議當無不同論者斥諸人迎合時局以希富貴而不知陽明實陰主之蓋亦其良知以爲當如是耳愚故曰象山如荀況陽明似李斯

愚考象山之學不據語錄考陽明之學并不據傳習錄故其言無善無惡堯舜萬鎰文王孔子九千

鑑皆不置辨或曰象山陽明人品事功壁立萬仞後人豈易攀躋愚曰釋迦達摩皆絕大力量人子視爲泥塑木雕已乎　陽明集中駁朱子窮至事物之理若上去窮字下去理字直曰致知在至物烏可通然則克巳二字不註身之私欲則將狀賊巳以復禮又可通乎　拔本塞原與裂冠毀冕同語出左傳陽明集中每誤用又枘鑿二字本相入唯員枘方鑿則不相入耳陽明以贅疣枘鑿連用亦誤此文義之末人多沿襲故爲指出至象山語錄言天字自臯陶說起忘却堯典欽若昊天乎語

錄門人所記或象山之門人有不讀尚書者誤記之耳　再記

禁淫祀文　國朝　朱珪

爲禁淫祠邪術以正人心除民害事照得閩人好鬼習俗相沿而淫祀惑民王法必禁蓋聰明正直謂之神禮義廉恥謂之人人有貴賤貧富無禮義廉恥則同於禽獸神有新故大小不聽明正直則等於幺魔從未有淫汚卑辱誕妄凶邪列諸像祀公然祈報如閩俗之甚者也本道訪聞省城有淫祠二種其一名胡田寶塑爲兩人相抱一面稍蒼一面嫩白俗稱小

官廟凡無恥淫蕩之徒見少年子弟欲圖苟合即向泥像禱求於是設計勾誘得遂所欲即謂是胡田寶之默祐隨用豬大腸及糖塗泥像之口以爲謝此等總緣人心卑賤自忘廉恥狂奴浪子貪利導淫偶然得計妄謂有求輒應理所必無事尤可醜不知有廉恥者雖百胡田寶不能被誘無廉恥者何必胡田寶始堪作合哉廼竟淫邪相導習爲固然父兄不以子弟爲非妻妾不以丈夫爲辱方少則有靦面目既長則誘人取償如豕負塗輾轉汚下甚至求之鬼祀非癡非狂若猶具有人心宜悔宜痛此其一也其一名

牛頭愿用木板刻爲牛馬狗諸畜頭形刷印多張其
鬼名鐵頭和尚及牛頭神有與人讐怨及爭訟不勝
者卽買牛頭紙一二車每車百張禱神焚化其怨家
卽病昏暈甚至於死旣驗則加一倍買牛頭紙焚化
以爲還愿聞各署書役惡其官之聰察卽許此愿咒
詛本官使之諸事昏憒一聽書役高下其手此則左
道害政更不可容先在北壇相近廟中經前憲訪拿
嚴禁近復移於九仙山及鼓山下雙溪里白馬王廟
中不知人之死生禍福由乎天命官之公私明暗存
乎其人有人有命鬼何能爲此皆不肖罔利之徒騙

誘讋斷謂我廟之鬼獨靈試思百張紙片所値幾何每張索錢數文每車百張卽得數百文而還愿時加倍又坐得千餘文是愚民無故耗錢千餘而奸人空手可致無算之利又鬪咒其人不中者必反而自害其身斯言可信豈不可大笑大悲乎此其一也本道旣有訪聞卽委員發①鍛於東門外易俗里康山廟搜出胡田寶泥像木牌攜至署中當堂劈分爲兩一投諸洪山橋下一投諸南臺大橋下海中以破除淫頑蕩滌穢惡又於九仙山白馬王廟內起出牛狗頭紙板鎖拿牛頭像及廟祝陳可貴到案又於鼓山下雙

校注：①役

溪里白馬王廟内起出牛馬狗鹿各獸頭紙板鎖拿
鐵頭和尚牛馬狗頭各像及刷賣之王天福陳振振
等當堂將各鬼獸泥像擊碎以釋羣疑各板片紙張
銷燬陳可貴王天福等枷號雙門前示衆仍飭府縣
查訪此外淫祠邪術一槪禁除有犯必懲永除民害
昔人有言曰吾有三樂人貴而物賤吾幸爲人男貴
而女賤吾幸爲男今旣爲男矣乃甘心爲人所淫幸
爲人矣乃甘心奉祀獸畜豈非無人開導陷於不知
乎羞惡是非之心人皆有之本道實哀憐惻怛出於
至誠合行出示曉諭爲此示諭爾百姓知悉有能識

字粗通文義者細繹示言轉相告述咸使聽聞若其愧悔憤怒即屬天良發見可與爲善之本心若恬不知怪甚且竊笑其迂或思巧變其術則吾末如之何也已矣鬼何可治何有於人本道法在必行刑茲無赦此等奸民即或喪其廉恥何思各保性命毋悔

勸學箴 示書院肄業諸生　　李援

遐稽曩編習聞前說勤學有獲反是則窒終日乾乾學聖秘訣尋途而往昭然若揭禹惜寸陰孔編三絕仲舒下帷龜山立雪豈不憚勞吾才必竭息慮沉思徑寸如結景仰高山志甲邱垤立身道義煌煌大節

軌範有違較然勿屑一動一靜毋近媟褻敬之一字奉爲圭臬省察操存左提右挈克念罔念聖狂斯別間不容髮出堯入桀如守堅城毋潰蟻穴紛擾糾纏自尋羈紲玩物喪志窺隙盜竊苟且因循或作或輟併力殫心追蹤往哲精益求精如磋如切澡浴聰明振起頑劣厥修乃來憤樂更迭天理春融人欲消滅道岸誕登名賢比烈凡我同人共矢皓潔毋荒靑陽貽悔耄耋

儉箴

李拔

儉德之共也其在居官爲尤宜忠清報國非此不完

勤愼立身非此不備何則居官者匪俸所入止有此數苟踰衣美食任意揮霍勢必設法取盈以償其不足而能砥礪廉隅恪守官箴者寡矣是故君子節制謹度以儉爲師以禮爲準衣食游處咸有所止而不過豈獨淸心養德利用安身抑且上可定國下可裕民養和平之福而敦風俗之源者其道胥由乎此可不念哉因作儉箴

詞曰天地有節四時乃成帝王尙儉百度維貞自古在昔莫不是程土堦茅茨制紀陶唐禹卑宮室周陋明堂孝文韋帶太宗恭儉成憲可法至德堪師況在

臣宰何以加茲禮稱篤馬詩美素絲趙盾魚餐晏嬰
脫粟張儉縕袍韓滉儆禱豈直礪官還宜砭俗維彼
狂人罔遵先軌踵事增華誇多鬭靡懸珍天物棄擲
邐迤淫佚驕奢流爲貪墨用旣無度取亦無則饕餮
自恣簠簋不飭效尤轉甚貪戾成風盈滿之後將由
惡終神聽鬼瞰禍首怨叢所貴君子去泰戒盈以理
制欲以道御情惡衣糲食澹泊寡營儉可養德廉可
養心禔躬律已如玉如金涖官治事一鶴一琴臣門
如市臣心如水益而能損說而能止豈曰貴游依然
寒士埋羹何害曳柴何羞寧譏蟋蟀毋刺蜉蝣渾渾

亹亹瞿瞿休休國奢示儉國儉示禮中正以通豊嗇有體下民化之醇風斯啓務本力農仰事俯育㢧敲吹豳孝友孅睦和氣致祥降以遐福延及後嗣拖紫紆青聯綿世澤黼黻廟廷凡百有位鑑此刻銘

福建續志卷八十六終

藝文十二

賦

紅芭蕉賦

唐 韓偓

瞥見紅蕉魂隨魄消陰火與朱華共映神霞將日脚相燒謝家之麗句難窮多烘蘭紙洛浦之下裳頻換剩染鮫綃鶴頂儘併雞冠詎擬蘭浥露以殊忝楓經霜而莫比趙飛燕裙間一點願同白玉唾壺鄧夫人額上微痕却賴水精如意森森嶁嶁脉脉亭亭舊玉之蹉來若揞彤雲之剪出如屏鶯舌無端婀含桃而

未咽猩唇易染嬲浮蟻以難醒在物無雙於情可溺橫波挼紅臉之豔含貝發朱唇之色僧虔寄炬爍桂棟以難藏潘岳金釵蔽繡幃而不隔大凡人之麗者必動物物之尤者必移人不言而信其速如神所以月彩下蠙珠之水梅酸生鶴嗉之津寧關巧運自合天眞有景先知無聲已認體疎而意密跡遠而情親天穿地巧幾人語絕色難逢萬古千秋惟我睠紅英不盡

登郭巖賦　明　謝　丰

歲次淵獻月旅夷則鶉星方昏金飈熱發余服薜荔

兮冠蘭茎狹六幕兮闢九閎爰發黃華追攀郭巖方
其遠望巃嵸突兀谽谺狋獢太行薄其易椽欒莫之
追妃閬風兮嶭截駕祁連兮岐嶷端居西席而弟子
爲之森列嚮背明南面而萬國爲之綴旒或三嵏以象
極或九嶷以擬疇爐五行其岢峉羅八卦以綢繆翠
微旣入曲嶺連蜷勢蹇産以回護復陡絶而高縣走
蝮蚪於萬仞刺霄漢於平原是爲十八之盤厥腰白
石齒齒七壘壘壘樹樓閣以縉綾碨磊砢而固結綁
藤蘿以爲彿翁雲煙其足躡巳疲窮寮望洪莽吐奇
瘠拜嶙峋是爲天湖之陽紅泉瀲以瀉灑紫霞羃而

飄揚亂雲聯乎斷縞時瀑散乎瓔璣金仙鬱律玉真輝煌紫微卜宿黃道狂徉摘玉繩以提挈攬雲漢而文章元兎鷊焉西返乎月䯊丹景昱爾吐白於東桑厥上太元之峰璀璨茀蔚蔥翠之文集焉仙子之洞嶨嵺窋窕靈怪之氣積焉丹井浮煙瑤碁橫石苔蘚苞雲冰霜凝日銅乳溢乎神臯金膏播於縣壁喬木所聚歊歔葳蕤參旗舞寒風以蘷藝九旒揮青藻而光輝可以共兵車之輀軾可以備明堂之棟梁可以噩蒼生之庇蔭可以格祥鳳之雝喈厥下淵淵乎天塹之谷閬閬乎九陽之境旭奔亡鄂摩窮巧老盡不

知其幾千萬尋也是爲虎豳之井中有青芩紫蒴金光鵝蘂瑶草靈芝雲牙石髓羨門資之以修齡松喬采焉而自遂迺若異獸奇羽戢翻蟬聯金馬碧雞往往而見鼎俎足充宗廟可薦玉筋金盤野人不能無思獻之念也由是旣跨鄒椒思勒皇鼎洞覽鶼鯨之爥茅黍下際列缺上轟倒景一眺亡垠萬彙咸炳明晦互分陰陽圖畫足以驗時序之榮凋觀天地之變化諒哉神靈所宅攬九州而交會險阻所樹並五嶽以馳駕者也余將鞭茅龍兮秖閶闔乘青鸞兮謁天孫弔梅眞以鳳舉訊岐叟之鴻軒凌渾元以完氣飲

沆漭而長生起愚公以贔屭假章亥而馳驅移茲山於西北拱屏翰於徼隅爲三邊之犄角表六鎮之輔車壯顓頊之幾輔雄燕冀之鉅都河套由斯以控扼龍堆以是而藩籬南有光乎銅柱北以表乎玉關六符攬狼狐而順景二儀莫高下以貞觀諒山靈其不爽孕神秀於多端維申伯其嶽降孰斯美之能完於是乎昭之以明德奏之以清音薦之以潢汙之水羞之以㵎溪之蘋蘩靈正直厥德不回風伯鼓南箕以先路玄冥㵎西畢而埽埃恍蜺旌之徙倚忽翠蓋其徘徊起姑射於元圃接廣成於瑶臺衣霞皺而雲[illegible]①

校注：①綺

氣陰闔以陽開於乎郭巖亦神矣哉於是乃爲詩以頌之詩曰巉巉郭巖受命於天盤土突立爲民之瞻都邑以鎮星斗以躔袞補五石霖沛九川厥氣維揚人文丕宣厥功維崇載德罔愆於鑠靈耿暐暐承乾

龜山賦

明　陳喆

龍湖之陰有層崖千壘崢嶸乎如彌天之陵者曰天上岡襟萬壑而逶迤帶千林而彷徨禰蓮峰而顧復係鍊嶺而磅硠連阿霧擁疊嶂雲翔爰有一阜若蹲君聳或低或昂我儀圖之儼一靈龜突踞於大山之旁碧襲褶以爲衣卉會被以爲裳石嶙峋以爲甲樹

縱橫以爲章于嶢活兮其儀不忒雖非六辟靈螭是忒位衣蜿蜿龍龐龕龍就而睨之頭昂足踞是云龜山一田叟策杖而來曰此山也是朱儒產於斯因取以爲號者也粤自麟吐玉書泰山巍巍濂洛關閩岱宗衍支吾道南矣嶢而矗而賢人之生千幾百年突兀於斯嗚乎名山三百支山三千彼龜山者遮而蜿蜒李羅朱蔡胡劉之倫往往融結而爲山川維昔楊游同立雪深三尺豈伊及門亦既入室高山萬仞咫尺宮牆巖巖業業龜山之鄉聯靈蔡而羨異幸無怪測蠡之與亡羊于是裴徊未去目送神留念鴻儒於

碩學遡顏朋於冉儔或因裔以遡統或探原而叩流慨高山而仰止悵古今之遺邱幸萬古之不夜闢堂搆於南陬昔金人且有問曰先生其在否豈生長於東南不責沈以何尤于是歌曰龍湖湯湯瀏浤瀺灂鼉峰層翠如蓮吐萼海濱而鄒魯非茲而孰啓爾宇鄒魯而海濱非茲而孰覓厥津扶風絳帳西蜀元亭曷如堂廡春秋薦馨歲五百之前兮爾擬嶙峋歲五百之後兮孰紹門闥

九曲櫂遊賦　　國朝　何瀚

均此玩遊逸士與齊民異當事又與逸士異匪有所

矯揉其得趣繫懷各迥然不相侔也齊民逐逐所求
目雖寓而心不留逸士嘯傲煙霞戀巖撒手飄飄乎
與猿鹿爲儔膺民社之寄者朝乾夕惕弗背暇休訪
區區探奇問幽覗天地若蜉蝣恭逢靈臺史公巡行
崇屬士民兩沐照臨茲觀風下邑以九曲櫂遊命題
作賦竊思樂山樂水固仁智之性情然仰止溯洄無
非軫念士民當必有意在象外情生景中者夫豈愛
竹筏浮輕夫豈躭丹碧絕塵夫豈慕虹橋大姥控鶴
仙眞夫豈羨龍脊雞胸之險怪石函蛻骨之神靈夫
豈欲重譜賓雲之合曲再聆鐵笛之遺聲學校師生

安敢守佔畢陋習撫拾膚廓率爾而敷陳彼夫桃源
避秦其洞中田廬井竈與世宙靡有逕庭何漁父一
出而遂爾迷津盖作記者深有感於苛政澄清風恬
俗寧桑麻無擾雞犬不驚此樂郊樂土非人世間所
得數數而追尋今武夷誌載亦肇於秦朱子亦以爲
昔人避世之處而溪山景物千百載如新覺桃源恍
惚殊屬不經且鼓櫂來遊者又適際昇平和風甘露
祥雲景星巖茁瑞草潭游錦鱗冬笋春茗孳植攜餅
叩缶彈箏鼓瑟吹笙尤平世極盛之休徵而桃源又
比儗之非倫茲誌載幔亭嘉宴將傳特命歌師奏人

間可哀之曲雖荒唐無足據憑亦可見與盡悲來樂不可淫人世間不可以治安而忘惺惺也然則櫂遊於此者能無豫思所以保泰而持盈乎然其保泰持盈亦不外將九曲中世俗所傳仙家景物詳為推拓而經營闡之仙人辟穀何以猶資倉廪儲蓄可知生厚民育擊壤歌衢由於含哺鼓腹櫂遊者務期禾囷穎麥兩岐庶幾膏流而澤沃聞之仙人羽衣何以亦有仙機可知桑無附枝蠶有餘絲蔴麻種苧績紡咸宜櫂遊者務期昔無襦今五袴庶幾絃誦而謳思又聞之孔子天之木鐸朱子孔子之木鐸朱子集闕闓

濂洛卜築書院於五曲皆躬自相度此乃衮黻之淵嶽豈可視同緇羽之邱壑今乃修數椽於榛莽春秋多簡省致祀氣象蕭索典禮寂寞懽遊於此者能無重念斯文大加振作其訪仁智堂隱求室止宿寮觀善齋寒栖館諸故址次第興復書院聚師徒講學春秋二祀遣教官率文行優生釋菜修舉尊賢禮樂庶幾別於諸祠不至仍舊因循而忽略此右文造士攸關他年亦足以垂盛事為名於講帷又聞之九曲有茶園茶洞邇來開墾栽種環山前後無寸土閒空適當青黃不接之時外方來采茶者萬餘接踵山邑將

來何以廣儲積足供傳食之衆兼以寧化土人希滿溪峒風習傳染漸已喜健訟尚爭鬪茶爲利之藪今爲害之叢將何以安集而無恐爾乃靈巖一線天昔爲賊巢立寨於其巔遺鏃折戟猶間出耕田近者余盜不軌案經數年山陬壘嶂叢菁未可恃太平而忘綢繆於未雨之前所有名山邑治中城垣不可不修築完堅塘汛不可不防守常穿蛋民流徙久踞茲害不可不徹底押回原籍絶引線而斷蔓延此指櫂遊九曲者所當停篙而爽然至於觀仙人鑄錢巖知泉布流通世宙間點金人亦難脫俗而超凡觀仙人試

劍石而知斬蛟亦降龍之作用其消息可以徵叅若人仙船有七舡板如櫛釣竿可拾若無神力焉能歷數千年雨雪風日而不知妙合眞精垂象呈形危之有杵臼胃之有廩囷釣鈴在房礪石在昴溷廁之在奎參夫豈有安排佈置懸繫至今此又權遊者靜觀得意不必泥色相而沉吟夫行樂景運務緬懷古訓古者梧桐矢歌舞雩善問茲承權遊釆風愧無溯從素蘊仰測高深詎厭淺近爰獻名山之芻言敢附後塵之芳韻

臺灣賦　　國朝　林謙光

有汗漫公子足䟦八方目騖九鄙訪秦漢之故都登雲亭之舊峙舒神於錢來丹穴之顛長嘯於渾夕脫㕓之址洞庭彭蠡拍驚浪以飈飛弱水龍門鼓輕舸而容與歷吳越詡甲第之連雲入鄒魯羡絃歌之盈耳闤闠𨗨雜轝踵則觸乎輪轅都市紛華摩肩則炫乎羅綺自以爲穆王策駿之遊蔑有尚於此儼然恃所覯而述於廓宇先生先生方暴背鴻濛吸飲滄漠聆而哂之謂是拗丈夫也曰子亦嘗曠爾矚遠爾肝而知今

皇帝之輿圖乎制萬國以侯尉垂一統於車書人無

敢私其尺土俗無不拱乎辰居奠神州而晏若曆六
合而恬如暢餘威於殊俗沛巽澤於遐區即跳梁以
據險終痛悔其負嵎走也慶流波之既靜得東爲吾
予頌臺灣之盛軌而匆遑及乎其餘懿夫滄浮溟澥
洸瀁潰泑掀天震地吞谷排空駛如奔馬激如騰龍
瀉碧千里湧浪萬重神鰲驅瀑石燕呼風飂飀颮颮
氛蘇囊震擬蓬瀛之難即匯解艘之可通爾乃以忠
信爲舟以道德爲檣爰縱纜於銅山泛一葉於厦浦
飛廉戒途屏翳先路巨浸廻瀾狂濤息怒游泳虎井
之灣瀠洄牛心之滸望內塹而揚舲指西嶼而繫組

既憩足於澎湖復放櫂於深渚程僅歷于六更里倏越乎五百少焉神山突出沃野孤浮景呈異狀沙截洪流一崑連七崑而蜒蜿南崑偕北崑而阻修大線挽海翁之堀北線接安平之洲衝鹿耳以抵岸陟臺灣而遠搜於是大岡小岡嶢屼嵬崔半崩半屏巑隮崑崿鳳巒揷漢以嶔嶔龜山負地而磅礴翠織觀音之峰丹銷赤崁之壑聳打狗於平坡峙買猪於廣漠木岡凹底形若聯翩阿里難籠勢相犄角玉笋璀璨則兼蒙影於波濤金鏞嶙峋則仗雷聲爲管籥討自南而訖自北繞以二十二重之溪由此界而溯彼疆

隔以六千餘里之谷升高而眺循俗而詢厥地惟鹵厥土惟墳厥田惟上厥種惟穈厥草惟茂厥木惟囷厥珍惟錯厥布惟芬厥鳥惟毯厥獸惟羣飛潛動植長盛紛紜嘉玆壤之沃饒剏温風之時至犬吠雪以爲常龍與雲而不瞶卻溽暑於竹柳掃嵐烟於蘿薜剌桐飄經歲之絳霞菡萏迎四季之夏氣歷選勝於炎方允莫京於海澨則有文身番族黑齒裔蠻爛漫頭之花草拖塞耳之木環披短衣而抽籐作帶裳鳥羽而編貝爲鬟欣中國異人之戾止乃跳石越澗以來觀饋波羅之清冽獻嘉樣之甘酸蕉子剝來幾等

木桃之贈黃梨摘露不殊葵藿之繁翹首瞻依幸彼
俗之未陋跂足蠕動樂大化之可須又有蓬跣方除
膠庠初隷載酒問奇負經請諦吟誦半雜於博勞衣
冠尚存其椎髻拱手於都講之庭側身於敷教之地
斯時也名邦上客暫停輶軒廣布文德宏宣湛恩數
討叛之故開並生之門示傲慢以秋肅導頑梗以春
溫譬木鐸之狥路若指南之啓昏從此蜃氣晴噓結
陸離之樓閣鮫人晝卧展錦繡之乾坤謂非禹服重
新涵侯甸要荒於一體堯仁遐被輯躬桓蒲穀以稱
尊也哉汗漫公子伏而聽焉茫乎喪於懷來曰不觀

滄海者誇溝壑之宏不覩王會者詫都邑之鉅鄙人
乃知今
皇帝之輿圖未易以蠡測也請爲歌以比於雅頌之
末爰起而系曰有土綿綿有水漣漣今在絕島吐霧
吹烟
帝赫厥怒淵淵闐闐既昭義問乃命旬宣崇儒重道
勿棄蒙顓匪棘其欲式廓厥埏
皇以治之於萬斯年

鼇峰書院賦

國朝 鄭文炳

際景運之方隆快聖學之復崇天篤生乎名世以大

道而爲公撫九閩之黎庶旣人和而政通得昔人之遺址建書舍於鼇峰捐淸俸之所餘鳴鼛鼓而召工民熙熙而子來樂趨事以赴功不逾時而告竣恍周室之辟雍若夫良工巨匠規圓矩方運斤孔利堊盡不傷百堵皆作旣固且長無殊公輸之巧詎遜工倕之臧爾乃逡巡數仞儼然見舜於牆望門進步恍覩百官皇皇循其級兮知躐等之徒慌升其堂兮覺造詣之輝光入其室兮悟精微之難量登其樓兮見萬象之無疆庭草不除兮樂生意之彰彰池魚活潑兮證道體之洋洋山川環繞於左右卉木挺秀而向陽

允爲藏修之地洵哉游息之場況夫俊乂雲集濟濟冠裳晦明切劘日就月將既搜昔聖之遺簡亦討前賢之緒緗尊周程而慕朱邵屏佛老而黜管商相期以希聖之事業豈直爲逢世之文章在昔鹿洞興於有宋考亭起而爲師勉四方之學者時矻矻而孜孜或讀書而習禮或考樂而誦詩彼英才之蔚起端有賴于先知紹往哲之絶業幸正學兮在茲仰大賢之芳躅期化雨兮及時愧駑駘之鈍質敢自列於黃驪人一能兮我則百縱下愚兮亦可移竭吾才以相赴彼顔氏兮豈余欺倘獲聞乎大道庶賦畀兮無所虧

旗鼓山賦　國朝張文炅

旗鼓二山閩之鎮山也越都枕屏峰而跨大江烏石九仙華表豎①馬外則五虎羅布滄溟瀠洄西有層巒㢠㢥蜿蜒數十里演漾欹側其狀如旗巡城而東復有巨巔平員聳峙風雨晴至海潮擊穴儼然鼙鼓之聲昔人所謂全閩二絕者是也爰摛支辭作旗鼓山賦

鍾英山左闢府天南區分牛宿地接蠻番城透邇而千雉山突兀而白蠻旅峨峨以右轉鼓巍巍而左蟠聳雲霄以競秀俯滄海之巨觀乃瞻西嶂蹤跡名川

校注：①焉

碎霞挺艷綠芝生妍探勾漏於洞前噴青烟而迷路覓仙人於石畔謁紫府而朝位踐滑石於莓苔瀑水飛珠而界道陟峭崿之荒莽接潮漱玉而參天或離或合若斷若聯虹橋咫尺懸磴絕冥瞰巨象於長溪忽目衆朗變幻異形也爾其惠風和春草濛碧雲迷樹翠岫排空恍青旄之作展繪東宿之青龍迺若朝陽晞曉烟歇霜葉凝丹朱霞耀曜恍赤幟之飛揚繪南離之朱雀又若擁白雲迎素月映綠荃爲粉黛倏流風而迴雪依稀乎白虎之雄旌建西方之旄鉞又若烏乍翳雨欲來靁塤塤而將晦霧冥冥而未開彷

佛乎北方之征旆耀貟武於三台樹停停而森羅列千軍之步伍波洶洶而上下鳴萬騎之奔蹄未開細柳之營何事征幖之遐舉不聞刁斗之警但見行旆之廻旋斯奠帶礪於一方供勝遊之耳目者也幽賞未已逸興遄飛漸行漸遠鬱鬱蒼蒼波濤歎蕩石鼓懸空岑歙傾而礓礓風振動而逄逄浪錚錚以戛擊松落落而蒙龍珠燈閃爍古刹槎峨泉名羅漢洞號達摩射一心之聖箭集千古之禪和龍泉隨烹蝌眼舌不讓松蘿丹竈已灰雲洞常封而乍啓仙妃未鏡高懸而不磨廼登岧崱遥望海潮微茫螺髻

松檜向榮感石上之忘歸盻天門於萬仞羨潭中之映月俯龍脊於千尋觀止哉浴鳳池中翩翩其羽覺鼇橋上寂寂無聲循漢之虯龍夭矯渡江之獅象崢嶸斯豎東南之保障絶崙菌而據坤靈者也乃爲之歌曰東山風兮西山雲音闐闐兮旆濛濛南向百城兮長江萬里蛟與螭兮莫測其中又爲之歌曰西山風兮東山雨颶天旗兮籠暮鼓俯滄溟兮波不揚天咫尺兮時予之所

海吼賦　張　湄

環臺皆海也自夏徂秋颶風屢作驚濤溢涌雷

响電焯擊於鯢身厥聲迴薄遠近相聞莫不錯愕主人索居海濱形隻影寡潦積庭閒雨昏燭地起坐聽之晝夜不舍惝然罔然若置身壙垠之野有難乎爲懷者乃作海吼之賦其辭曰

繄天風之欲怒作地氣以先聲遍呼吸而互應混上下而相成斜景黮其晝伏斷虹拖以宵横帆檣集島沙磧淩城鯨甲振厲鵬翼長征風摶九萬兮扶揺直上水激三千兮不平則鳴爾乃熱蒸絺葛潤逼柱礎海若頻驚石尤頻阻獰飆颯颯以廻凉惟雨淫淫而去暑蕭梢林木聳萬壑之秋聲破碎虛空競千村之

社鼓其爲壯也輚輈四起蕩潏八垠冰崖崩裂鐵騎羣奔摐金鏞於山谷攏雷硠於乾坤其爲駭也黿鼉驅逐贔屓連屯天吳奮以叫號魍像詭以遊巡鬬鐃蛟而水立哮虩虎而林昏於是經旬陰曀徹夜喧豗淵宫久閟貝闕沉埋飛滂霧積峻湍山頽嗟樓船之胥没絕商旅之往來淼淼龍津浮萍蹤其何託啾啾鬼哭出魚腹而與哀則有域外孤臣天涯羈客長篁淒其短檠蕭索枕繞瀑雷牕縈濤雪悵落葉於始波感吟蟲於將夕愁泛宅之杳茫憶弄潮之夙昔徒撫影而徘徊或隨聲而嚘嘈爲之歌曰風淅瀝兮動羅

幃雨淋浪兮暑氣微長鯨吼兮水四圍夢魂驚兮不
可歸望無極兮音塵稀指故園兮孤雲飛

詩五古

紫雲洞　宋林希逸

羣峰際東海一峰凌紫雲昔人煉丹處石室莓苔紋
飄飄龍虎車即此上丹闕唯留白鶴影宛在青松月
下有靜者廬其人頗淳龐一水落天鏡萬化明石窓
藥石有時暇還來叩巖關心與魚鳥樂身隨天地閒
伊予困流落十載未應還長謌賦招隱夢遶天涯山

石巢　明劉琅

斗室褁蒼螺當面劈大古不知百代後尚遺五丁斧
絶壁攬虬蚺烟嵐競吞吐閑關出谷禽簌簌林中雨
澗石走飛湍茶香汰塵腑平生愛奇緣登臨發哀楚
巖嶺扼獅拳懋巖豁虀目嶔崎出鳥道磅礴駕天屋
喬木嵌雲根古篆引苔綠龍氣勃寒潮坐久怵肥角
似有鬼神向更無魍魅伏好風時一過林花芬可掬
爲問空生氏此意良在夙

巽峰迎旭　明　趙良生

步上城東門曠懷騁遐矚遥望釣魚峰晴霞映朝旭
天宇何澄鮮山容淨如沐村樹碧參差徑花紅樸樕

此中倘結廬期來課耕讀

鼓山寺　　明　何喬新

閩鄉多靈山茲峰特耆峭況聞紫陽翁石壁遺墨妙
英僚適休暇駕言事臨眺行行造禪扉林壑覺幽悄
窮蒐意未已不憚披蓬藋共躋崖際亭稍憇道傍廟
度澗聆淙琤尋巖穿窅窱捫蘿陟崇巔超然出雲表
俯瞰孤隼翔遠觀巨鼇掉三陟亦云疲班荆發清嘯
賢主且壺觴欣然爲飲釂鮮飈撼長松恍如奏清調
笑談情正洽暮色生遠嶠登覽慚未周匆匆促歸轎
昔賢有高躅願言共追紹何當結精廬庶矣窮幻渺

紫金晴雪　明　徐拱辰

氣勢何崢嶸衆皺獻丹碧朶朶金芙蓉玉井何年植上有仙人居明滅望無極匪惟世人傳猶有古時迹元冬雪初霽一望瓊瑶積寒光與晴暉遥遥相盪射居人占豐年此瑞良可惜

夜渡馬江詩　明　謝肇淛

新寧過不遠大江若天劃盈盈百餘里待潮復待汐孤舟出海門豁然乾坤白石馬不可見浪花三千尺時聞欸乃歌中流況空碧晨雞喔喔鳴依稀辨城陌風波愁人心安能久爲客

遊東山詩　　明　林世吉

鴻響氣已肅鳥歸景云竟敞席矚廻溪搴林緣曲徑
巖屯雲氣深石翳霜華淨梧冷葉微脫篁孤籜猶迸
溜溜谷飈發亭亭溪月映幽探展極娛周覽愜遐興
奇勝不可忘濡翰著新咏

隣霄臺詩　　明　僧惠顗

平臯屹峰巔去天不盈尺雲來隱巉巖雲散露形迹
長笑觀大荒塵襟盡氷釋不知身世遠但覺乾坤窄
一勺滄溟浮萬家烟樹隔解衣恣磅礴謝我山水癖
極目送斜暉遙遙海天碧

中秋後一日楊允大進士招集道山對月

國朝 葉矯然

雲闕仍圓夜秋江正晚潮此時詞苑客把酒道山椒燈火西東塔帆檣大小橋蓮花青窈窕龍背影扶搖門啓珠光燦樓空虎氣驕晶晶滄海鏡灼灼赤城標北斗横淸漢繁星沒絳霄腤飛低熠燿虛影曳蠨蛸凉露高梧下香風叢桂飄時聞觱篥吹那聽鳳凰簫希逸詎能賦楊雄漫見招懶無奇字薦明月爲誰嬌

游古田極樂寺和宋邑令李堪韻

葉矯然

覃林鮮樵蘇炎景灼西岫緬睇古招提鳥道白雲秀
金鋪薜荔光珠傾菡萏漏龍象野馬侵虞業蒲牢舊
稽首兩足尊薌香聊一扣山禽挾于飛池水通川溜
菀菀弱柳眠嫋嫋遊絲裊清虛靜可悅紛華詎能鬬
花散座上蓮烟吐爐中獸龕藏維摩病壁向瞿曇瘦
茂宰宋之傑琳瑯稱宿構令德與高言時祝畏壘壽
俎豆依桐鄉精魂託靈鷲而今一再賡黃鳥啼清晝

天游觀萬峰亭　國朝　朱彝尊

大山相排遝小山補其闕羣峰罕巽向危亭乃孤揭
適當㘭徼閒不在勢突兀虛明徹户牖豁達埽烟焞

盪空潋灔輪照夜湧日帆有時露著巾忽焉雲觸韉①
憑欄恣眺聽靈境信超越巇同喬嶽尊遠邇盡朝謁
紛紛揚旌幢穆穆秉圭笏又疑三海圖神物互出沒
足或蹺夔魑背或負蛩蟨前平訝象耕後隱類狐揩
隱屏龕而張接筍斷不歷長松偃蒼萊細竹披苗髮
溪流乍隱見祠屋半彫敝巋然此獨存坐久興逾發
雖云冠山椒何異在巖窟石房一道上清癯老鶴骨
延我崎嶇邸靜埽苔徑滑苦無青精飯力爲煮葵蕨
高田歲未荒四月草先墢分種及胡麻安碓響深樾
相對生隱心欲歸恨倉卒何當褁餱糧留住一百月

校注：①韉

鳴水巖詩　　國朝　潘耒

鼓山厚而藏兹巖特呈巧山骨露無餘削成類天造
兩崖劃崇墉一澗鑿深沼石奇天卓笏水古龍垂爪
靈境開鴻①濛殊庭割昏曉乃徑循櫟厓下闞絶壑窅
清泉吐龍頭餘潤滋苔草廣亭可盤桓炎威失如掃
攀蘿過石門道窮出雲表落日照江洲毫末皆可了
此地信名區來遊古不少題名石如林爵系半可考
筆蹤儼猶新其人骨已槁未知天地間何物差難老
百年駒隙中學道苦不早曠觀發遐思興言曷同抱

白雲洞詩　　潘耒

校注：①濛殊

石洞背獅口本是雲所居山僧占之住屢屋寬有餘
雲意未忍别賦質幸清虚共住亦何礙來往成相於
徘徊几榻間作卷還作舒我來値雲去餘潤猶在襟
垂頭看下方川原綺繡如榕城十萬户照耀日出初
樓臺及門觀歷歷掌上臚有時片雲起大千覆須臾
浩如泛瀛海獨立騎鯨魚兹地洵幽迴泉石亦不殊
賴有雲變化奇態難爲書剗滑諒不可僧云衹自娱

天遊觀萬峰亭　國朝查愼行

占地旣已高尤難在扼要前臨殊陡絶旁睨轉孤峭
羣雄奉一尊奔赴不待召來時記目擊歷歷本形肖

羊羣呼可起仙羊石馬首回君掉馬頭巖象鼻垂彎環獅頭仰軒越象鼻獅頭二巖鼓鐘應考戛鼓子鐘模龍虎答吟嘯堯鼇勇士冠粧鏡神女照石爭瘦而長蓮花娟且妙到亭悉殊狀變幻非意料初高後反匿曩隱今忽跳拔空翻白鵶俯背掠蒼鵰烟生松外村竹亞崦中廟清溪截羅帶巳斷復縈繞澄瀅鷗鷺池中有一翁釣流觀飽創獲俯仰恣吟剽翻嗟神靈區僻左落遠徼奇峰三十六名可配嵩少奈何杜韓輩足未涉閩嶠山靈秘莫宣自古閉窴窔我來及新晴朗日相照耀終疑雲霧窟滃勃尚埋竅幸賴此孤亭于焉躡䰛甗重

遊衆何時臨去屢回眺

萬石灘　　查愼行

物各以類從號石數有萬波流石自止於義特取艮憶昨經茲灘嶄巖爭自獻今看三石柱尋丈纔露寸一條換骨龍掉尾秋更健逶巡溯流上淹滯得無悶揚帆過須臾正賴長女巽舟人歸佛力剪紙酬夙願老夫亦欣然滿酌不待勸

龍牙灘　　查愼行

乖龍竊天符噀霧南入海無端蛻鱗甲墮地幾千載帝將馴擾之不忍甚厥罪已令化爲石本性終未改

欲遺水逆流障川作崑崙河神勿聽命蓄怒更百倍
森然磨其牙昂首若有待舟行一不戒適抹魚鱉餒
幸以險著名設防亦每每篙師出全力遇此愈精采
滅頂世豈無毋貽過時悔

建灘同梅定九朱字綠張青雨作

國朝查嗣瑮

初登清流船船小紡內首一龕不盈丈兀兀坐卯酉
及經火燒灘灘淺尚難受此地背崄峽山根蟠地厚
傳聞用火攻石爛洩水口一線鑿凶門乖龍瀉逾吼
榕城百水驛碑砡十八九直宜捨舟衔復事牛馬走

一笑謝長年毀車吾已久
似盤泉灘石力聚堆一門寧知跬步間灘轉石愈繁
大者各磊落五岳分位尊小者尤縱横八陣連雲屯
此方昔割據局促開乾坤霸氣鬱未銷石勢猶併吞
撫兹一長嘆恃暴安足存
積陰埋幽壑灣澴萬古黑形氣所軋成變幻謝繩墨
位置踰人工并非造化力欲以五字詩竭意作鐫刻
有如草間虎屢射鏃不沒安得鍊石字叱汝變五色
石勢逞雄傑欲遣水鬱盤水從排空來鐵鎖不可攔
有時千百丈掣電飛雲端有時五三折陡起尺咫間

兩怒各未平白晝蛟龍搏舟子力難恃應變須神完
倒纜挽逆箭如作壁上觀決機在針鋒脫險過彈丸
水亦自相鬬直立高於屋我舟擲水底低受浪不足
如逢吞舟魚突過蒲魚腹驚雷襍風雨眩轉失耳目
一躍出重圍天晴山水綠
山形乍開豁灘怒似少息蕩槳聊咿啞叓猶勉腕力
我亦攬幽賞微唫意稍適有石聲砉然忽破船底入
水面石可防水中石難測君子慎履坦索塗須擿埴
造舟爾何人斲木如紙薄常恐遺魚龍未足當一攫
豈知逢擊觸善受賴柔弱百折付一招繞指霹靂作

彎環象蓮鼻屈曲蛇赴壑招招舟吾友性命卬汝托
下水例買米上水例買鹽買米利無幾買鹽贏倍添
利多非汝福官府禁最嚴貪心溺不戢終恐罹髡鉗
往來各有欲輕取巳不廉擇利莫若輕米賤汝勿嫌
卅年廹饑驅生事逐游惰三挂洞庭帆七掠長江舵
波濤滿天地性命極細瑣復登清浪船屢上章貢舸
此間亦再到氣衰足重裹舊時驚斷魂猶疑落灘左
誓當收拾去杜門學趺坐平生浮海願從此不復果

題瓣香堂圖記　國朝汪士鋐

瓣香在何處千古曾南豐南豐有遺碑道山亭之中

碑亦不可見亭亦爲一空鹿原好古士家在道山東
幽尋訪遺跡褰衣蒼莽叢斷崖多題名嶔崟字畫工
手摩再三讀感慨情何窮乃爲闢故址乃爲考新宮
脂誦道山記一日書一通上言水陸險下言光祿功
謂此像仙山開天鑿鴻濛登臺恣眺望城郭雲朦朧
亭荒山亦廢斯文無兩雄誰知數百年勝事重相逢
前賢畏後生出語羞雷同當年第一手豈讓六一翁
請君鐫新文雙碑待磨礱更署道山長私論亦至公
披圖當臥遊仙裾引天風

登臥龍山偶吟　國朝丁灘

雲在青山外山在白雲內雲山嶂蝤蚪鱗角宛脩態
風雨生靈光星河落平地千峰萬峰雲呼吸通全氣
松蘿陰翳中欲共結廬勢眼界空清虛兩兩滴寒翠
緬彼山之人林香吹薜荔誰為諸①葛君慷慨隆中對

臺灣近咏呈巡使黃玉圃先生

國朝　藍鼎元

臺俗倣豪奢亂後風猶昨宴會中人產衣裘貴戚愕
農惰士弗勤逐末趨驕惡嚚陵多健訟空際見樓閣
無賤復無貴相將事摴博所當禁制嚴威信同鋒鍔
勿謂我言迂中心細忖度爲火莫爲水救時之良藥

校注：①葛

閩學追魯鄒東寧朕如障當爲延名儒來茲開絳帳
俾知道在邇尊君與親上子孝及父慈友恭更廉讓
從茲果力行誘掖端趨向其次論文章經史爲醞釀
古作秦漢前八家當醢醬制義本儒先理明氣欲王
洗伐去皮毛大雅是宗匠此地文風靡起衰亦所望
臺地一年耕可餘七年食寇亂繼風災民間更蕭索
今歲大有秋倉儲補去亟穀貴慮民饑穀賤農亦惻
厲禁久不弛乃利於奸墨徒有邏羅名其實竟何益
估客既空歸裹足此寥寂何如撙節之一艘一百石
窮年務不盡農商惠我德幸與諸當途從長一籌畫

纍纍何爲者西來偷渡人銀鏹雜貫索一隊一酸辛
嗟汝爲饑驅謂茲原隰畇舟子任無咎拮据買要津
寧知是偷渡登岸禍及身可恨在舟子殛死不足云
汝道經鷺島稽察司馬門司馬有印照一紙爲良民
汝愚乃至斯我欲淚沾巾哀哉此厲禁犯者仍頻頻
奸徒畏盤詰持照竟莫嗔茲法果息奸雖寃亦宜勤
如其或未必寧施法外仁
臺邑最褊小徵糧視鳳諸土狹賦獨重民困曷以紓
臺灣田一甲内地十畝餘甲租八九石畝銀一錢輸
將銀來比粟相去竟何如納粟弊多端斗斛交相瘉

折色比時價加倍復何居鳳諸雖厚歛什佰臺版圖
墾多或報少以羨補不敷臺土瘠無曠衝壓且偏枯
安得相均勻丈輕三邑俱征収同內地含哺樂只且
郡東萬山裏形勝羅漢門其內開平曠可容數十村
雄踞通南北奸宄往來頻近以逋逃藪議棄爲荊榛
此地田土饒山木利斧斤移民遷產宅兵之亦斷斷
何如設屯戍守備爲遊巡左拊岡山背右塞大武臂
旣淸逸賊窟亦靖野番氛府治得屛障相需若齒唇
諸羅千里縣內地一省同萬山倚天險諸港大海通
廣野渾無際民番各喁喁上呼下即應往返彌月終

不爲分縣理其患將無窮南劃虎尾溪北踞大雞籠設令居半線更添遊守戎健卒足一千分汛扼要衝臺北不空虛全郡勢自雄晏海此上策猶豫誤乃公

又

番黎素無知渾噩近太古祗爲巧僞引訟爭亦肆侮睚眦動殺機其心將莫禦所幸弗聯屬社社自愚魯太上用夏變衣冠與居處使彼忘爲番齊民消黨羽其次俾畏威罔敢生乖迕無虐無令傲服勞安作苦恩勝即亂階煦嘘鼠爲虎所以王道平不爲矯枉補內山有生番可以漸而熟王化棄不收獷悍若野鹿

穿箐戕人首飾金誇其族自古以爲常近者乃更酷
我民則何辜晨樵夕弗復不庭宜有征振威寧百谷
土闢聽民趨番馴賦亦足如何計退避畫疆俾肆毒
附界總爲斯將避及床蓐
鳳山東南境有地曰瑯嶠厥澳通舟楫山後接崇爻
寬曠兼沃衍氣勢亦雄驍茲土百年後作邑不須譙
近以險阻棄絕人長遂蒿利在曷可絕番黎若相招
不爲民所宅將爲賊所巢遐荒莫過問嘯聚藏鴟梟
何如分汛弁戒備一方遥行古屯田策令彼伏莽消

拜石齋先生墓

國朝黄任

明季將校蕩盈廷乖紀綱維公起南服義勇含風韻
國是既委靡士氣多沮傷公思力挽之勁弩千鈞張
明體乃達用所重扶綱常悍將急功利樞轄謀不臧
公不稍寬假廷諍多激昂折檻一逝鱗竄逐棲江鄉
雷霆未息怒中外申救章遂與黨錮獄幾罹不測殃
株連數十人我祖同琅璫太王父中允公以石齋同黨禍同下詔獄圖
圖箋楚騷與公相訂商載之序例中考據得悉詳其
後各賜環事勢殊倉皇大廈非一木公身與俱亡公
留心經術爲後學津梁周易與孝經大義多闡揚所
傳十二書存大滌講堂詩歌盡散失家不什一藏僧

貽我祖詩斷墨雙縑緗一字一涕淚至今留耿光豐碑何巍巍松楸何蒼蒼鬱余忝子姓匪徒梓與桑典型肅再拜立馬空彷徨王程迫明發撫詞代椒漿浩謌北風起落日吹昏黃

咏千里叫　　國朝　吳廷華

器傳千里號機巧擅奇功辨制疑橫吹呈材認卷銅不妨時告密最便是從戎私語喁喁處繁音嘖嘖中能通偏為曲無碍總因空偶已除秦法功堪破末聾敢云風易過誰謂褎如充何必臧三耳相攜待發蒙

安平鎮　　國朝　范昌治

臺灣何崱屴安平祇孤島兀立大海中洶浪際天杪
鹿耳接鯤身沙線明晶晶形勝犬牙交彎環復臂繞
重門分界險桅檣不輕掉守上一麾來愛此廨潴好
暇日縱扁舟望洋恣遠眺憶昔宦遊人無如東坡老
文從海外豪光燄增奇巧固陋每自慚雕蟲先壓倒
下車況匝月狂吟何草草所志不在詩因之寄懷抱
私冀胸次間與海同大小百川盡傾輸萬象皆明瞭
秋濤動山岳春波潤枯槁轉愧願難酬問心可得表
保赤貴誠求夸浮何足道回看戍卒杜艛艫鐙齊燎
吹角掛帆歸迅疾等飛鳥人坐畫中船水湧冰輪皎

晚從安平渡海歸署

國朝錢琦

平堤含夕景烟樹半模糊乘輿晚喚渡一葉如飛凫正值風色好渡海如渡湖千丈澄素練十幅掛輕蒲沙鯤明漁火紅影透菰蘆上亂星斗宿紛射黿鼉居水氣摩盪之散作千驪珠橫空一鈎月墮入崑崙毹似欲釣六鼇驚走小鰜鰅須臾近彼岸潮退泥沙淤滄海幻桑田轣轆駕牛車爾時夜氣靜萬籟歸虛無栩栩不自覺恍惚凌仙壺歸來猶認夢好手誰繪圖我夙抱遊癖而爲緇塵汚翻身六合外乃得縱所如因悟天地大到處皆蘧廬心淸境自適底用戀鄉閭

嗤彼井中蛙局局徒拘墟

登鼇峰書院藏書樓樓爲大中丞儀封張公伯行建

國朝王　道

振衣躡高樓牙籤紛揷架茫茫萬古心即此啓長夜經訓乃菑畬播穫寧不稼流覽古大儒蟲魚猶未卸右渠天祿閒賈董有聲價兩來此一時昌明無假借偉矣大中丞功接紫陽下

題藍鹿洲臺灣詩後

王　道

良醫托生死夙病視所嬰俊傑救時務振刷舊所仍根源既在握顧盼易功成君有管葛志揣摩薄長纓

安海出奇計腥穢俾永清指陳十五章一一得其情
大都爲風俗敗壞失幹楨教養廢不舉番民昧天經
方今凋敝後惟應于駿星鳩農盡地利拓地急添兵
善後始無漏防淫法在明三復此間意盱論準賈生
昔者元使君傑搆春陵行賊退示官吏詩史有直聲
萬物俟吐氣懲勸動少陵君才道州匹予無杜子名
大廈願鞏固晏坐享敉寧此詩定傳後百代猶採聽

木棉庵　王道

古廟傍空山青苔蝕翠尾徘徊見石碑監押誅奸賈（碑文云宋鄭虎臣誅賈似道于此）于時秋正深蟋蟀鳴四野撫事寧

忍聞躑躅雞豚社老翁爲予言鬼物杉松下往往哭
黃昏有似臨刑者翁言一何癡垂誡亦太假當年誤
國人磔殺猶當啞况乃死至今復敢爲厲也遺臭已
無疆路人聽摹寫

隘嶺道中　國朝　熊爲霖

絶嶺當雄關扼險廼居隘控制總八閩南贛劃天界
鐘此咽喉司泥垣洞華盖摩空劍戟寒懸河走飛帶
風雨輿靈區神力所盤會元氣混沌餘雷霆轉其內
我聞啼鷓鴣林樾動天籟石棧歷九折驅車若行邁
屯雲翳積莽雜沓作光怪山凹峽勢尊磵堡結巖砦

末雨綢繆深經畫統全槪太平日和晏亭長枕淸湍瀨
茫茫天地寬遐擘頗云快託憩生幽心寄我烟霞外

與介巖曹陳臬璞齋徐運使約勸農日遊鼓山已而璞齋以疾辭介巖約余是日雨卽不往

國朝　朱珪

一旬梅雨多四野稻水足勞農及兹辰遊山約已宿
頗聞山靈慳戒客須不速吏事有羈靮茇涉慵厮僕
三年官榕城未踏鼓山麓慙愧魯將軍鄙予空食肉
高賢豈倦遊懸榻音如玉齋心敬屏翳吾志無敢卜

出南門至南禪寺勸農取道往鼓山

朱珪

清晨出近郊稅駕南禪寺勸若問父老淳厚戒子弟及此風雨時高下田每每無爲角鼠雀釋爾未與枷三年作汝牧未敢親鞭箠要令、譸張息一洗腐儒恥農夫拜官賜醇甘如酒餌捧手指雲山吾將陟高巔

聽鼓山下院待介巖同飲　朱珪

行行阡陌間萬與如綠波僕夫爾紆徐無躪田中禾方山界可砥鼓岫雲相磨近山泉出清寺靜鐺鳴鼉懿侯政清淨膂力方番番天花染衣履一笑傾維摩欣然供肴簌舉杯飲亡何茲遊得邂逅素心不在多

洗耳遍瀧濁攜手登嵯峨

登山　朱珪

盤回石磴長龍噴護山骨太險鬬靈獸山鬼拱揖笏
我行志軒豁僕喜免炎暍孤亭憩遊足漱淙鑒毛髮
古人自不朽好事爭剞劂中凹鉢盂峰遥壓舍利窟
迤邐入山腹虬翠更交樾晴雨隔下方光晦逼上闕
何當釦天門青空辨海碣

湧泉寺　朱珪

招提儆山曲掬雲入僧寮靈嶠壝深潭兕水龍不驕
伸指檻泉出菌蠢聆海潮桓桓忠懿王神宴來相招

香花供百戲聖箭通九霄沙溪避忠骨移塢凌山椒
到今一千載支壤非一朝茲山既名勝朱李名題標
萬沙撒恒河誰是魁衡杓嗟余亦何爲懷古空歌謠

喝水巖　　朱珪

合寺尋靈源石級下巖洞兩崖擻膠葛鬼斧試鑿空
晏師誦其中有似牛鳴聾叱咤水倒流移湫息耳鬨
縱橫古今字後刻前或礱殉名窮巔淵爪落鴻已叜
安得亡是公聽笑吞雲夢

龍頭泉　　朱珪

石龍吸泉脈汩汩日夜流力能沃赤日搖颺雨十州

我來坐亭檻溅霧莽不收望羊久相待雪然開遠眸雙江白如玦碧海環千疇酌泉烹山荈謖謖枯腸搜從者橐紙筆請紀茲辰遊未知神靈意恐負龍公求險語君不惜高調上上頭

水雲亭　朱珪

水雲在何所逕仄眺望寬不辭苔蘚滑愛此高青攢石門中豁開江水低淼漫恍憶峨眉殿垂手峰巑岏置身白雲外始覺天衣單徘徊雙黃鵠再舉得所觀沆瀣足飲啄豈復期素餐

欲登屴崱峰日暮不及而歸　朱珪

攝①衣攀硐僧望望上岃前雲將喜東遊日車昔西昃
天海御風濤鼓盪臨八極敞罔心滌留左右憺歸色
千瞻宿金山亦借顛風力何如山中人誅茅自耕食
相逢小青遭君馬又暫勒重遊及秋清一覽扶桑灩

建溪二十四韻效昌黎體　國朝　紀昀

危灘扼河心高浪齧石齒燕尾若兩岐蠙背突中起
峨岈嵾嵳角磊落枰布子鬖髿踞怪獸睒睗聳奇鬼
斑痕綴螺蚚曲勢走蛇蚰劖削開五丁欹側容一葦
魚蟹需于沙黿鼉艮其趾山靈守何固水伯攻未已
直下訶建瓴平吞駭摩壘百挫氣不回兩鬭力相抵

校注：①攝

砰訇裂銀山鎖碎迸珠琲雷鼓撾莫停颷輪盤詎止
蹷梗勒奔駟陡決激飛矢掠舩毫釐差觸礁分寸徙
前𧻓狼跋胡後罥狐曳尾撐拄轉丸蜣繚繞旋磨蟻
一步踰九折尺地距千里顛簸苦悸魂喧呶患聒耳
瞬息變險夷頃刻交憂喜魚腹縱然脫虎牙劘亦幾
天心欲奚為地勢乃若此行者意云何睨之怖尙爾
數舸載妻孥一擢送行李念彼遵下人搖搖舟如紙

自延平登舟偶作　紀昀

長溪下建陽空山轉霹靂一瀉抵延平灘平波漸寂
乃知水性柔剽悍由相激鬱怒氣莫宣剛鬬遂不釋

江河萬古流梗阻竟何益徒使不平聲日夜交衝擊
安得巨靈胡奮掌巉巖闢百轉繞青山縈洄一綫碧

交坑夜泊　紀昀

暝色從西來亂山青莽莽灘河戒夜行薄暮收雙槳
連朝困登陟茲夕遂偃仰飛泉樹杪來一瀉落百丈
徹耳鳴琤瑽頗使心神爽荒戍纏薜蘿孤卒友魍魎
喜無鉦鼓音亂此環珮響夜靜人語稀沙岸自來往
流雲漸欲破山月微微上兩月纓上塵浩歌濯滄漭

閩學源流詩　國朝張學舉

七十子而後理學晦而不明濂洛關閩獨得其

宗乃龜山崛起負道南之目朱子集厥大成彬
彬平閩學稱尤盛也余官於閩歲且久歷考遺
蹟或拜其祠宇下竊幸近其居溯源尋流擬古
詩如干首以識景仰之忱云

聖經日星炳大道江河流心傳爭一綫落落千餘秋
清淑者間氣鬱積種彌遒韋齋本吏隱皇墳資冥搜
大儒實誕育中天曳鄒球講學占壇坫翼經茂功猷
濂洛及關中大成集厥修尤溪濬靈脉洙泗來悠悠
荒闢亮云艱南中誰先覺慨然賦北遊遠溯伊與洛
師門風雪深久待寧巾却圖疇獲秘傳陰陽從揮霍

目送神俱馳道南欣有託鼻祖承不祧龜山邈卓犖①
完夫負畏友德器何粹然所學日精進嘉賞聞伊川
此後入臺諫章疏聊復傳兄醇亦碩士文行共相宣
建陽二游子俎豆儕先賢
豫章謝時榮寘心入孤詣於道常守貞在遇終未濟
東南倡學時負笈多高弟超超離其羣寥天鶴清唳
龜山一瓣香唯公傳弗替
新安資地高宿契行自衒及從延平遊糝漏乃屢見
先生學平實靜坐息流眄山中數椽茅天人經研鍊
墜緒尋遺經妙解超曩傳談道理障空辨惑狂瀾轉

校注：①犖

讀書四十年屢空頗能晏性眞默與怡外境何歆羨
我愛劉白水深寬伊洛旨荷鋤南畝間心不關亂理
奉召原偶然忤相亦應爾拂衣歸去來生徒抱書族
擇壻無與倫其初遺孤委祟安與新安冰玉成雙美
獨行不愧影獨寢不愧衾季通貽子書千古欽良箴
佞臣嫉儒術僞學禁森森籍名多遠貶蕭寺悲分襟
惟有啖虀客了不戚其心吾道何顯晦世運關升沉
憂患遇恒有弟顧所以臨義明志不挫識定物無侵
眞堪呼老友此外誰知音
北溪洵豪傑奮起漳江濱讀書既云博格物靡不臻

詎問當世務力詆儒修醇晦翁振漳俗風化與維新
仕優學寧輟誰與共晦明南來道不孤謂得一安卿
直卿有益人思堅而志苦節拗諾特肫斯道心早許
理學有源流灑委功良鉅病革授遺書珍重叮嚀語
傳薪謹師承糟粕在訓詁歷官著循聲無過取懷與
易名固積○勉齋自千古
堂堂負直院抗疏動朝端長身而廣顙所至人聚觀
奸相嫉儒術君側寧久安中外剔弊政匡時力已殫
晚著讀書記懇懇勤鉛丹斯文日澌滅浦城廻其瀾

西湖雜興 五言古限湖字 國朝 王庶元

開化闢眞境山光作有無昔日水晶宮環珮響玉珠
王氣今已盡斷碣卧平蕪可憐故殿閣滿地生白蘆
鐘聲度過雨暮色起沙鳧青青岈畔草泛泛水中蒲
烟波一何渺立馬空踟躕繁華久消歇寒葉飄高梧
島嶼啣疊翠綠楊擢復枯瀲灩漾古堞西山日已晡
獨有天邊月夜夜照西湖

香山玉女峰　　莊九畹女史

大地本鍾靈蘊此層巒秀作來異域珍竟體奇芬透
螺黛逞脩姿帆峯含皴皺磨崖泐篆文古勁逼斯籀
宛如玉女峰亭亭接邂逅虹橋夏曾孫誰言不可又

窈窕影珊珊仙娥飄舞袖位置几席間香清骨亦瘦
硯沼墨雲蒸吐納天然湊旖旎靜含芳安得如君壽

福建續志卷八十七 終

藝文十三

詩七言

謝賜御書君謨二字　宋　蔡襄

皇華使者臨清宸手開寶軸香煤新沿名與字發深古宸毫灑落奎鈎文精神高邁昭日月勢力雄健生風雲混然氣質不可寫乃知學到奪天眞緘藏自語價希代誰顧四壁生寒貧臣聞帝舜優聖域皐陶大禹爲其鄰吁俞戒勅成典要垂覆後世如穹旻陛下仁明如舜帝豪英進用司鴻鈞臣襄才智最駑下豈

有志業遑經綸獨是丹誠抱忠樸嘗期贊奏上古稱又聞孔子春秋法片言褒貶聖愚分考經內省不自稱但思至理書諸紳乾坤大施入洪化將圖報効無緣因誓心願竭謨謀義底俾萬一唐虞君

望海亭歌　　宋　蔣之奇

我來靈峰望滄海夜半起坐望海亭沉沉水面正陰黑六龍御日猶未平須臾暘谷光氣發五色變怪不可名洪濤洶湧九鼎沸蛟蜃狀匿魚龍驚金鴉騰躍若木末煙消霧散天下明狂風喧豗歘巨浪猶似百回雷鼓鳴崩騰蕩汰傾五岳鰭鬣磨碎鯨與鵬嘈峨

忽駭陵谷變雪山下仍天際橫飄飄番船隨上下出沒僅若水上萍忽然風霽萬籟息金斗熨貼一練平碧波湛湛千萬頃參錯島嶼如杯罌三江五湖亦甚大視此乃類蹄中涔琉球佛齊日本國隱隱微見烟林青三山歷歷亦可數突兀下有鼇頭撑惜哉秦王不到此勞心徒欲求長生我雖流落江海上獨此寄寓亦可矜行當結茅鍊金液以待九轉靈丹成仙飛羽化會有日直跨三島棲青冥他年故人或相問請來訪我於蓬瀛

登平遠臺詩　元　黃清元

六鼇簸蕩元圃碎三島瀰騰失空翠海風掣斷南山雲分我滄洲半江水臺南巖谷青岌岌奇松怪石作人立山巔恐有風雨來林徑空濛落花濕水東步崱結平陸積霧飛嵐坐堪掬蓬萊迢迢幾萬里一碧天光浸寒玉吟翁回首看不足緩步策蹇度空谷誰知咫尺山中幽望斷殘碑立修竹

遊鼓山　元　鄭洙

閩王昔時登鼓山鑿雲倚石開松關國師喝水遺聖迹靈骨深閟石崖間祗今四百三十載陵谷桑田幾更改樓臺猶聳舊觚稜步崱高臨古滄海我來正當

二月初野橋幽徑聯有輿乘雲直上度林壑俯視城郭連村遶石門迎客僧戌列鐘鼓交鳴龍象悦升堂秉燭憩禪牀清夢無塵灑冰雪明登白雲觀湧泉摩挲題刻知何年天風萬里春浩蕩海濤洶湧聲潺潺老禪尚能陪杖履欲上危峰最高處紫陽遺①黑鎖蒼苔嗟我詩成無好句爲君刻石留姓名酒酣日午潮初平安得扁舟泛溟渤行看四海風塵清

冶城歌　　明　王　恭

七閩山水多奇勝秦漢分疆古來盛無諸建國何英雄赤土分茅於此中荒城野水行人度細柳青榕舊

校注：①墨

宮樹浮世空歌逐鹿時斷磯不辨屠龍處忽從圖畫見三山正在無諸故壘間麗譙官署人烟積塔廟琳宮野照間琳宮塔廟相輝映平遠清泠海天迥落葉霜傳鳥外鐘垂蘿月隱雲中磬東城西郭騎紛紛旌節朝朝候使君誰拂塵衣訪仙跡獨凌三島望孤雲

六平山詩　明高棅

閩關西來入紫宸三山東走浮大瀛迴峰際海結飛翠玉削青天開六平六平峥嶸何壯哉六平芙蓉如掌開九華五老讓光彩三峰二室爭崔嵬我疑十洲仙島負奇勝巨鼇別駕移蓬萊紫薇文筆左右立龜

麟太常前後值焉江一道瀉空回鶴嶺千里決雲入
榮光佳氣鬱鄰闠鱗次參差萬家邑何年作邑此山
阿此地繁華竟若何窈窕千門桃與李春風百里蒲
絃歌吳航渡口花如霧首石雲飛帶官樹漏鼓長隨
般若鐘仙舟盡入瀛洲路人物風流幾廢興江山陳
迹占今情茫茫天地四方宇浩浩乾坤一草亭君不
見六平山上月昔照六平山下人六平山色長不改
明月照人今幾春我向今人問千古今日吳航古鄉
晉黃童聚舞皓叟歌共道賢人宰吾土郎官政静心
自閒愛人愛物并愛山與來攜我二三子登高遠望

窮躋攀我生放浪在林藪幸際明時將白首縣官有德不忍欺帝力無爲我何有日陪散馬縱遐觀用古興懷但呼酒酒酣再拜獻長謡先祝堯天萬歲壽然後紀公事業在巉巖名與六平之山長不朽

嶓翁巘歌　　明　鄭世威

吾聞崑崙統元氣磅礴淳腴時閒值人參其間爲三才浩然之氣一而已君不見武彝之山高揷天九曲下注劍潭萬仞淵扶輿綺靡多奇怪潭有飛龍山有仙劍潭一瀉倏千里滙入馬江波濤湧天起武彝盡處無數峰奔迸東來作南紀卓哉千載紫陽翁避地

吳航振奇蹤四子依歸杏林雨三春歌詠舞雩風指南夷猶倡絕學海邦翕爾宗濂洛參天一氣薄星辰應地無疆奠河岳龍峰高兮天尺五讀書處兮墨蹟卓今古當年大道照容光遮莫輕陰翳層穹雖然消息盈虛任去留浩然之氣直與造物遊駕言從之道伊邇請君濯足登高邱

過高逸人別墅　　明　林鴻

識子何不早見子即傾倒世人意氣不相合顏色雖同心草草子有園林東海濱香名滿耳人共聞梁鴻避世心不仕孔融愛客家常貧茲晨飲客青山墅新

壓葡萄酒如乳綠樹穿窓鳥當歌紅條拂地花能舞
醉來興逸無不爲投壺擊劍仍彈棊人生得意有如
此世上悠悠那得知

題石門巖　　明吳月岩

我生足跡半天下獨愛幽巖逈瀟灑巉巖峭石上龍
宮金碧輝煌生彩畫峰廻路轉雙翠屏石橋流水聲
泠泠遠林鐘動白雲起蕭蕭兩耳松風清翛然脚踏
鯨鼇背逸興不羈湖海外讀書人跡隔蓬萊姓名千
古山長在

謁御額學達性天武彝精舍三首

國朝　李光地

昔年長老逐遊輿從問何處名山盛迤邐莫須歎淺原曲深第一武彝逕尋幽易步衆壑殊獻奇觸眼羣峰競宋家南狩西山西光移婺女開賢聖

居於夫子似鄒魯來往未曾拜舊宇此行棄舍浙江舟取道迴邅西水游探源莫憚九折深仰止方知萬仞古飄風爲謝武彝君不是看山非采苦

高山歸然哲人邈猶有手整六經在章句初年成習心專門白首歸模楷下竿淺刺寒溪風肅佩上趨精舍靄相看來裔寖微茫誰念前修久相待

過仙霞關　國朝　郭趙璧

雄關天險鎖峰腰越水閩山道路遥十里重陰雲漠漠半樓疎影竹蕭蕭深秋鐵馬來孤嶂斜日有輿過短橋却憶去年憑眺處滿天風雪上層霄

夜泊松溪　國朝　郭趙璧

寂寂山城對暮江停橈何事倚篷窗寒燈古岸家千里夜雨孤舟酒一缸險阻豈從今日始艱難未肯此心降偷閒却羨鷗鳧侶睡入蘆花影自雙

虹橋板歌　國朝　朱彝尊

虹橋板可望不可即絕壁深藏太古色日炙不黃雨

淋不黑洪流不漂土不蝕百蟲將軍焚不得吾欲樹
長林梢恐墮鸛鶴巢吾欲駕澄潭坳恐拔千歲鼤鼪
鼯倒懸蝙蝠墜惟有怪鳥獨立時爬抓潘郎嗜奇每
置青玉案鋸贈一條長尺半爲言曩者避兵接筍峰
一夕急雨飛寒窣雨狂更起癲雞風虹橋板自天半
落斜拖下壓黃冠宮爾時青童白叟悚息不出戶亟
持此板歸山中吾聞茲言吁可怪石泐金銷此不壞
既非桐與櫨又非楩楠杞梓楓豫章縠紋水波蹙中
央沈思是物豈無用何況獲自仙居洵堪重當時宜
和好古祕殿無爾曹吾今藏弆足以豪試令刻作黃

神越章印山行虵虎應潛逃

御茶園歌　朱彝尊

御茶園在武彝第四曲元於此剏焙局安茶槽五亭參差一井冽中央臺殿結構牢每當啓蟄百夫山下喊樅金代鼓聲喧嘈歲發二百五十户須知一路皆驛騷山靈丁此亦大苦又豈有意貪牲醪封題貢入紫檀殿角盤癭枕怯薛操小團硬餠擣爲雪牛潼馬乳傾成膏君臣苐取一時快詎知山農摘此田不毛先春一聞省帖下樵丁荛豎紛逋逃入明官場始盡草①厚利特許民搜掏殘碑斷臼滿林麓西阜茅屋連

校注：①革

東皐自來物性各有殊佳者必先占地高雲窩竹巢擅絕品其居大抵皆巖巘茲園卑下乃在隰安得奇茗生周遭但令廢置無足惜留待過客閒遊遨古人試茶昧方法椎鈴羅磨何其勞誤疑爽味礙乃出真氣巳耗若醴餔其糟沙溪松黃建蠟面楚蜀投以薑鹽熬雜之沉腦尤可憾陸羽見此笑且咷前丁後蔡雖著録未免得失存譏砭及我今攜鐺石上坐箬籠一一解繩縚冰芽雨甲焱品第務與粟粒分錙毫

噉福州荔　　朱彝尊

噉荔如噉蔗佳境須漸入必待藍紅江綠熟始嘗何

異渴人禁之飲米汁粵洲火山四月丹也勝盧橘楊梅酸我來福州日北至掇我只合齊堆盤端明譜中三十有二品大槩緗衣雪作祖粵人誇粵閩誇閩次第胸中我能審

甘泉漢瓦歌爲侯官林侗賦　朱彝尊

西京無書家但有急就凡將篇其後闕里闕乃得五鳳二年甎滕公石室閉已久文體倜詭乖自然芝英鶴頭書蔵遠俱沉埋孰能抉淵奥冥索推張先侯官林侗媕著雅袖中忽出甘泉瓦長生未央字當中逸態横生恣塗寫定州漢嗣不足珍銅雀香姜盡流亞

吾聞甘泉本是祖龍之所遺漢帝因而恢拓之非無
益壽延壽字今已蕩盡鏑鎦蘆金銅仙人去渭①求湪
桷自毀化作龍鱗而當知是瓦定有鬼神護不然安
得團圞如鏡勿使纖毫虧伊誰擅此隸法古毋乃史
邈丞相斯下乃元封人物能爾爲侗也耽奇莫與竝
手搨硬黃墨一挺裝池作册索客題重之不異焦山
鼎吾生亦好金石文南踰五嶺西三雲手披叢篁斬
榛棘殘碑斷碣搜秋墳樵歸蓬屋少香芸壁魚散走
饑鼠嚙蠹涎粉鮭徒紛紛侗兮侗兮眞好事殿闕遺
墟靡不至短衣匹馬尋昭陵陪葬諸臣表銜位旁及

校注：①水椽

降王一十四右先咄嵗左什嵗殿以那順范頭利舊史缺漏新史删倜也爲之考其次試入儲藏蘭話堂長物何論僉一筒君家嚴君政不苟至今秦地猶謳歌年過八旬尚健飯丹砂不餌朱顔酡兼珍之養樂事多長生瓦兆本爲此請君一日三摩挲

江瑶柱　朱彝尊

異味傳方域嘉名注食經遠江誰布網獨漉忽登鍘迹自三山速風來五月腥羚羊羸見骨蟻螺斂同形鋭比盆花錚圓同鈿帶鞓探腸先去甲刮膜止存丁淨洗膏猶沃新烹火莫停冰檐初掛鐸雪菌乍抽釘

白嚼河豚乳紅餐荔子聽誰言分鼎足試倚竈觚聽

壽山石歌　朱彝尊

無諸城北山青蔚近郊一舍無楓杉中間韞石美如玉南渡以後長封緘是誰巧揖蛙蚓窟中田忽發鼓龍函剖之斑璘具五色他山之石皆卑凡我昔南游玩塘市對此不覺潛於欷是時楊老善雕琢紐壓羊馬麝鹿巖兼金易置白藤笈不使花乳求休攙今來賈索倘三倍未免瑕漬同梅黦其初産自稜下里後乃深入芙蓉巖菁華已竭采未歇惜也大洞成空嵌非無桃紅艾葉綠安得好手來鐫劖桂孫見之不忍

釋裹以黄葛白蕉衫伏波車中載薏苡徒令昧者生
譏讒況今關吏猛於虎江漲橋近須抽帆已忍輸錢
爲頑石愼勿輕露條水衘

武彝沖祐官　朱彝尊

武彝君異哉世所傳或云籛鏗之二子或云是魏王
子騫當時結侶高宴幔亭前此挹衣袖彼拍肩坎鈴
鼓急管絃賓雲妙曲左右仙一從彩雲散虹橋斷絶
上無緣琳宫建何時傳是天寶年後王因之禱水旱
金龍玉簡投深淵我來謁祠下取徑芝术田入門高
樹雄且妍藤蔓曲似蛟龍纒殿古石鯡仙鼠穿陳冊

暗粉蝸吐涎十二栗主配君像中間名字或已湮薶
魚祭後祀典歆但有村翁賸臘牽社錢縛草爲輪剪
紙爲船不如仙人倏而來兮忽而逝雲車風馬電作
鞭胡用是物東西懸長廊曲曲通迴旋旁有道士館
房房户户相錯連甘蕉綠揺漾修竹青便娟竹雞聲
中摘茶葉石榴樹底交茶煙吾思此地洵勝絶道書
名之曰洞天阿誰居置一十六何山可以居其先昔
年禹平水土名山川至今岳瀆垂虞編不聞議者料
其偏君茲次第湜胸臆毋乃僞托非眞詮試質武夷
君吾言然不然

食江瑤柱　國朝查慎行

河豚豈不隹中毒時有之須臾聊爲性命忍當筵輟箸甘被旁人嗤①半生夢想江瑤柱客或誇示長朶頤南遊無一事直爲口腹寧非癖士人向我言惜來非其時客欲嘗此味請以冬爲期清晨無端食指動腥風怪雨入座紛離披天教尤物落吾手海市忽逐神鞭移常鱗凡介盡硜硜易獨許上品當釜鏑其形初如羊角合倏若蝙蝠兩翅張襹褷格高味厚少爲貴中間甲柱孤撐搘掄以百沸湯逡巡發華滋鮮於金盤露潔比白玉脂食經百六十五卷鳴薑點醬無不宜

校注：①嗤

良庖俗庖兩兩割烹好方法不用傳嚴龜退之別類及章舉坡老比儗到荔支二公評隲竟誰是吾方飽啗不暇措一辭

福州太守毀淫祠歌　查慎行

愚甿致貧蓋有術祈福淫祠亦其一八閩風俗尤信巫社鼠城狐就私暱巫言今年神降殃癘疫將作勢莫當家家殺牛磔羊豕舉國奔走如風狂迎神送神解神怨會掠金錢十萬户旗旄夾道鹵簿馳官長行來不避路忽聞下令燔妖廬居民聚族初睢盱青天白日鬼怪遁向來祗奉寧非愚嗟哉千年陋習牢相

紐劈正須煩巨靈手江南狄公永州柳此事今亡古
亦偶獨不見福州遲太守

茶陽灘　查慎行

大水大湘小水水茶陽亘川塞路如牛如羊叱之不動
迺是石波臣横蹋千步岡當時大禹疏鑿不到此漸
長牙角勢莫當棄置九州外放流比投荒如今郡縣
闢海外尚於中道梗咽爲民殃何人爲劃除毋令與
水爭强梁石言吾何辜水性本易怒請君看取淮揚
交正坐中流無砥柱

壽山石歌　查慎行

周禮重璽節後來印章册乃同自從秦人刻玉稱國寶此外雜用金銀銅鑄成往往上戴鈕贔屭作力碑趺雄橐駝羆鹿虎豹龍細者黿兎巨者貔與熊肖形寓像隨所好繆篆法與蟲魚通漢時斗檢封下沿唐宋仍相蒙神龍貞觀宣和中六印旁及金章宗當時御府收藏及書畫首尾鈐識丹砂紅民間私記不知幾千萬楊王姜趙集古誰能窮車磲瑪瑙犀角及象齒苟適於用俱牢籠後來摹刻忽以石其法創自王山農自元歷明三百載巧匠到處搜碏礐吾鄉青田舊坑凍價重碁璧兼黃琮福州壽山晚始著強藩力

取如輸攻初聞城北門日役萬指傭千工掘田田盡廢其品以田坑爲上水坑次之山坑又次之色以田黃爲第一田黃即出田中者鑿山山爲空崑岡火連三月烽玉石俱碎汙其宮況加官長日檢括上產卒以包苴充今之存者大洞蓋已少別穿巖穴開芙蓉芙蓉與壽山金崎今田坑既盡石皆出芙蓉巖居人業此成石户斑白老叟攜兒童采來製紐倣古一一雕琢加磨礱我聞金石古稱壽茲山取義何所從如何出寶遷自賊地脈將斷天無功山靈有知便合變頑礦廢與鴻濛混沌相始終

蓮花灘　查慎行

潭潭積水中沈石知多少偶然一呈露妍醜難仆偨茲灘乃以蓮花稱秀出溪西開層層惜哉非所據徒取見者憎不聞關中岳蓮撑兩峰江上九子名芙蓉千年老鶴巢雲松仙居縹緲築臺殿復有詩老來扶節爾今胡爲不自拔縱使娟好誰爲容漁翁溪女詎知賞惟見蚌沫相噞喁石兮如有知得地未必非遭逢

和竹垞御茶園歌　查慎行

宋茶貴建產上者北苑次壑源研膏京挺製一變爭新鬭異凡幾番白龍之團青鳳髓輦載入洛重馬奔

武夷粟粒芽其初植未蘩何人著錄始經進前有丁謂後熊蕃君謨士人亦爲此餘子碌碌安足論宣和以來雖遞驛場未官設民不煩元人尊利及鎖細高興父子希寵恩大德三年歲己亥突於此地開茶園中連房廊三十舍繚垣南北拓兩門先春次春徧采擷一火二火長溫磨緘題歲額五千餅雞狗竊盡山邊村攜來詐馬筵和入潼酪供鯨吞豈知靈苗有真味石銚合煮青松根爾來歷年已四百御園久廢名猶存筠籃四月定①商販茶户幾姓傳兒孫我思蠙魚橘柚任土貢微物亦可充天閽②朝廷玉食自不乏何

校注：①走　②閶

用置局宂黎元追思興也實禍首幸保要領歸九原山靈曷不請於帝按文青律咎其魂傳語後來者毋以口腹媚至尊

仙掌峰瀑布　　查慎行

接筍仙掌峰入望初聯綿兩崖谺然豁一瀑垂蜿蜒不從仙翁指間出却穿左脅下赴六曲為奔川行人衣沾芒屩滑柱杖直上孤雲巔崎嶇邱前石徑轉胡麻小澗當橋邊尋源初自稻田發三里五里斷復連淺處生菖蒲深處得種菱與蓮千年老蟾蜍爬沙亦頑仙仰天噏其舌噴水一竅清而圓始知山前雷轟

礅激千丈瀑布水即是山背涓涓泉匏樽便向道人借我嬾欲住清涼天

登龍山北極樓放歌

國朝　熊爲霖

巍巍獨立當天中飄輪斡運開溟濛混然元氣結樞紐風雨不動蟠臥龍龍頭圉蠢蟠初起屹屹神威五雲裏萬山蒙雜一山尊北極樓名洞元始飛欄綉柱摩諸天嵓巒面面紛盤旋參差拱抱揖且跪二十八宿森森然根角羅縷誰記詳姑爲約擬譚天章近象太微遠天市鈎陳華蓋擎硍砊樓頭直枕瑶光卧呼吸會通天帝座秉圭植璧五諸侯峩峩喋喋羣趨質

環峰夾水開天勢一綫天河落平地黃姑織女河西東轉向南流作之字天船積水排雲泡罕車上建天旗高雷堆貫索結不解囚鑠與鬼拏鯨龍羽林壁壘整軍竈天駟犇屯疎黃道天弧天角團牙兵夜夜松濤肅嚴號或如天廟張球圖或如文昌司天書雜爇玉檢共鋪設或如九子搏流珠匏瓜歷落大尊伍南極老人頗傴僂大者天廩小天倉坦者天床突天杵孰爲琱鑄窮天巧有象無名眼中飽甘石之經狹所云山靜無言默天老我爲四望轟豪吟天風爲我吹衣衿戛然邈與人境隔藤蘿古木攢繁陰揩抹星躔

拂天紙看破烟嵐生脚底桑麻萬井岑蠶房下界嘈囋閧蟲豸閩汀山水古奇絶北望龍光仰　龍闕坐擁屏藩峻極天聰爲神京壯雄節

李陽冰般若臺篆字歌　　國朝黃任

海山夜黑風雨吼鯨吞鼇擲蛟螭走快劍斫斷生盤拏掛上神峰大如斗陳倉石鼓多差訛峋嶁磨崖難晰剖史頡銷沉史籀死六國破體紛芻狗上蔡丞相變簡易嶧山之碣小斛斜永元諸儒競祖述說文獨推許祭酒後來歇絶六百年紛紛作者誰其偶有唐大歷李少監千秋擅名掛人口斯翁之後直小生李陽

氷雲齋錄之後直至小生此言不作亦不苟君家侍郎三墳記片石人間電鼎卣外此落落難購求傳者十遺其八九我邦薛老峰頭石虬龍二十四纏糾石上共二十四字圓以徑尺深徑寸量度不實見者扭骨屈肉强無折波長戈短刃屹相受玉筋雙垂折釵腳金鼎半沈覆鐵鈕何年颶忽鑱高青牛鬼蛇神脫跟肘天教斑駁南山阿不作盤敦狎座右我來摸眼昔畫肚翻恨摩挲不及手藏火礪角敢嚮邇山鬼呵之野狐守華岩勒以增寶光香臺銷歇亦無有山川鍾護蟲魚文雨淋日炙不得朽文字千秋面壁青此是西來無量壽

校注：①冰

萬石灘　黃任

萬石灘頭石環抱十丈懸崖折以輿梢師吮嘷取徑道機不敢觸翔敢噪衝濤滅頂心口告乞靈願劾寸進報是時麥秋正淹滂憤盆建瓴恣爲暴十夫工力比夏界一纜覓機狂瀾倒石幢峩峩漸嚮導灘中有大石柱刻南無阿彌陀佛六字此中大有津筏造舟子再拜神所勞酹酒江天稱佛號

九日同人集越山　黃任

高天無雲流蔚藍千峰潑染空青涵秋山亦復愛我輩故逞霽奕招朋簪在昔越王初啓宇石樽九日供

醉酣越王巳殁越山出越山山上瓶罍擔遊人指點越王墓一坏靈爽空門參漁燈滅來照佛火松栢伐盡生優曇冶池劍氣亦銷寂干將一去空寒潭二十九勝沒秋草三十六樓沉暮嵐諸古巔頭人跡少十圍老樹松桻楠華林廢刹剥紅塵但有鐘簴無經函就如茲辰競登覽此地什百纔二三裙屐絲竹衆年少選勝都在烏山南山前山後挛梓樝如潮如堵如叢蠶而我數子愛涼踽銷欹何有來搜採雁鳴寒葉蟬咽樹平淡中有絢爛含譬彼法物半殘缺古音古色吾則既王氣夕烟消半醉覇圖廢堞①圍高談嗟我

校注：①堞

十年墮世網覊紲有如轅下駒歸來蓬首復繭足如此束縛非所甘一把茱萸兩把菊強健不減狂猶堪天風慣落短髮帽蕭蕭霜雪吹鬍鬢平生好古到此晚往不可救來豈慚山石犖确暗歸路芒鞵乍踏何山論涼颸入樹月滿地何處清磬飄暮庵

下灘行　　國朝何瀚

萬物有數在二五險夷不由人棄取溪行懼有灘山行豈無虎平波是安車傾覆多乘輿風檣似走馬馬蹶人何如坦途往往風濤起車馬舟楫原無殊古人有時亦多事我生權豈在匏𧮰先天後天卜且栱每

於坎壈占利涉石爲階級山爲隄活潑潑地何震疊君不見汪洋大海中萬里破浪乘長風遊龍視之蝘蜓耳此心此理將毋同

喝水巖

國朝 吳廷華

老僧誦經若流水乃怪水聲喝水止喝水水亦知掉頭萬籟無時不聒耳石梁懸瀉天下奇懸崖瀑布非尺咫憑空直瀉萬丈潭大聲時發深潭底此中乃號清淨門古道場開人累累可知不見與不聞固是釋迦大宗旨一泓養此活潑潑無事輒令活水死老晏一喝有因緣此水乃得大歡喜昔聞在山泉水清出

山混濁紛不理自得此喝識本來滴滴歸源達無始舊時谿壑任空空澄淵乃在方寸裏溪東一水出旁門今人誤認此水徙老夫入山喜饒舌隨波逐流那解此無波古井如是觀還請吾師豎一指

歐冶池　吳廷華

越王山畔鑄劍池相傳鑿自春秋時越王允常聘歐冶就池令試新爐鎚我聞閩本芊蠻地熊渠子孫世相嗣允常自在浙水東安得入楚煉白虹又聞允常劍只五越王八劍定誰主硏開巨闕今尚傳開爐當在無諸年未必功出歐冶子或有良工仿其藝此池

因以歐冶名月夜彷彿爐火明有人掘得古匕首彩
虹五色起牛斗

九仙山　　吳廷華

東海仙人姓何氏初生傳是九官子上天下地俱茫
茫那得湖頭覔①九鯉獨具隻眼推長公相率來往深
山中龍津井水寒且冽飲之一一成青瞳道人方喜
眇能視把書識得神仙字瀛②洲方丈瞥眼昇此山至
今蓍靈異我年五十老眼昏霧中空對桃花村有心
欲覔津水飲空山何處求其源敢借鯉魚作前導得
水一治眸子眊囊中我自有大還那復入山問丹竈

校注：① 覓　②瀛

光餅　㮾城市有光餅相傳爲恭懿戚繼光公行軍時所作故名　吳廷華

餅師曉爇紅鑪炭光餅羅羅出火熯初疑穿破沈郎錢餅有孔如錢黃色還如壓匾韓嫣彈聞昔南塘戚將軍禦倭遠走東海汧三軍千里裹糧來徵發往往悞朝爨特作此餅散軍中一串隨身掛鎧釬干戈衝斥任鯨吞臨陣含餔和血汗身經百戰兵不饑士氣激發倍饒悍以此克奏保障功東南半壁推屏翰將軍去今二百年餅式依然傳里閈此餅因冐將軍名婦豎知名日相喚我生太平不知兵出謀不翅肉食漢朝來市得數十枚一時恣啖早過半朶頤最喜得眞味入

座無事求鹽蒜有時爲客添肥甘畏食呼童割膴胖
飽餐聞聽餅家謳鼓腹遊行樂無算走筆書成光餅
歌饌經補作新公案

閩風　吳廷華

閩風生女半不舉長大相期作烈女夫死不許稱未
亡鴆酒在樽繩在梁女兒貪生奈逼迫斷腸幽怨填
胸膈族人歡喜女兒死女兒死傳族姓氏十尺華表
朝樹門夜聞新鬼求逐魂

番薯　吳廷華

閩疆千里號瘠土山海之中半沙鹵老農緜來生計

窮年豐不足給二驩朱藷種自呂宋移磽确皆堪作
園圃蔓長根實本易生蕃衍只憑一宵雨攜鋤發土
廣收穫圓者如瓜大如股適口不下玉糝羹堆盤遠
勝紫茄脯蔓菁蘆菔皆臺輿誰令濫厠園蔬譜海濱
菽麥未經見仗此不知饑饉苦老夫曾從海上來眼
見窮民腹常鼓年來隨衆恣飽啖食貧不翅居奇貨
乃知造物廣生息尋常蔬菜非小補行當移種歸西
湖遍植沙堤與山塢村居風味此最佳等閒不與羔
豚伍

皷潭　吳廷華

皷溪潭水流泚泚沙淨泥澄清見底我來何處覓老皷惟餘百尺空潭水提劍曾傳旌陽令投璧不少澹臺子此潭乃成逋逃藪化作小蛇不滿咫水中遁跡深復深蜿蜒不惜雜泥滓風雨偶一吐光怪茫洋元間霧五里自甘蠖屈不求伸曝腮毋笑龍門鯉生平好作燃犀遊照見老皷皷不喜試呼赤壁洞簫來中夜嗚嗚舞欲起

遊鼓山　　國朝李開葉

峰排石鼓高插天萬磴松花寺湧泉居山僧老能不俗五百八中一自足我與騎龍上帝鄉路轉靈源水

一方不識何人唱水去水迴龍吼雲生涼天門千尺丹梯步古洞層霄白玉柱潮音遙送海東來蜃蛟樓閣壓烟霧剗藤扶我步巔峰摩空萬仞削芙蓉星辰摘弄天倒影驚揺雲漢下亂龍悲風何處來天地片石摩挲捫古字萬里風濤去國心茫茫天海孤臣淚趙忠定寓福州登鼓山有天風直送海濤來之句朱子書天風海濤四字於步巔峯紫陽起挽百川東波澄大海迴天風孼霄鼇柱巉巉立一畫千年萬怪空

武夷山歌贈崇安吳明府　國朝　鄭方坤

君不見武夷三十六峰連脽尻下有清溪蹷緆流滔

滔紅裀紫褥盛遊宴洪崖肩拍麻姑搔山中日月巧歷不可算至今絶頂彷彿鳴笙璈仙靈未寂仙吏至洞府幸不逢腥臊使君今吳質壇坫麾旌旄分符昨者臨此土東帶暫屈柴桑陶冬、日之日陰雨膏尨無宵吠雁無嗷村民賣盡劍與刀彈琴而治吏不騷公餘茗戰各分曹陸經蔡譜辨錙毫櫂歌十闋和前哲似聞千巖萬壑簌簌飛松濤君不見錢塘湖草亂青袍勾留大有詩中豪鈷鉧潭西渠澗亦絶勝不逢元和司馬終蓬蒿山川自昔邀彩筆奚啻華袞之榮褒我羨使君襟期瀟灑異流輩且以並賀茲山遭

九重粿　國朝鄭方城

碾米成灰揚井波雷鳴瓦釜騰龍梭以湯沃雪石髓滑作甘更比餦餭多餽塵拂拭器必潔藉以青箬兼圓荷層層銖累薄者厚詎徒三疊陽關歌濃淡相間色不亂派別何異江淮河頗憶賣餳天氣好又看絲椶投汨羅南中土俗足風雅此地但見牟牛馳郎如是物象陽數亦同畫餅描嫦娥義各有以未云鑿雅懷令節匆匆過吾聞九月題糕字無妨稍脫其臼窠東坡玉糝出新意我法自用將如何寒具防觸捲絹素勿令痕類溪邊莎鄉味不避嘲饕餮五臟之神皆

悦和

白馬三郎射鱔歌　　國朝　林衡

潮海鱷魚潛惡溪驅之乃有韓昌黎文人片紙役神鬼猛士寸鐵戳蛟犀閩東廣應廟前水相傳大鱔潛塗泥亂曲三丈長蛇蟺閩民遭害走且啼三郎王子挾長矢彎弓立射大鱔死人馬俱爲鱔所翻與鱔俱死民害止吁嗟乎殺身飼蟒身非愚壯氣千載軒着鬢爲民功德在萬古局促筵彼轅下駒迄今廣應廟前過潭水粼粼日色暮蒼凉爲憶往時事猶見三郎白馬渡

歐冶池鑄劍行　　國朝陳作楫

濃雲霮䨴冶山麓雷雨驚飛流碧玉雙龍蜿蜒氣如虹震宕波光千丈綠歐冶當年鼓鑄時雨鳴風嘯煙光簇赤堇精流白虎吼螭盤蛟舞飈相逐寒芒隱隱若芙蓉斗間騰躍盪心目從來異物必有神霜鋒忍受蒯緱束劍成應自走雷霆飛向青霄伴銀燭至今池水吹參差靄霧迷離劍光沭紫氣終當燭茂先冶城遠擬豐城躅

建陽城外謝疊山賣卜處　　國朝紀昀

一聲白雁江南秋六橋烟冷芙蓉愁霹靂夜繞鍾南

塔杜鵑飛上冬青頭王孫芳艸飄泊盡江海猶有孤臣留壘山心事比信國竄身避地來閩甌垂簾聊作成都隱采薇亦是西山儔饑魂何處覓舊主殘碑終古隣山鄭韓陵片石堪共語詩人宜向奚囊收手披邑乘六七過竟無一語當何由陶潛大書晉徵士綱目實繼麟經修紫陽家法今尚在後儒胡不承箕裘我行過此三嘆息徘徊俯視漳灘流河聲亦似氣鬱悠寒濤澎湃風颼飀

建溪　　國朝張學舉

仙霞縹緲摩天高千山萬山森蝟毛鑱嵯削壁窮飛

猓神丁何年斤斧操中有一線蚰蜒濠盤渦東峽流
滔滔怪石猙獰供洗淘人啼豕立而紛撓名灘百二
不受篙孔窄僅足容輕舠逆挽分寸九牛勞一落千
丈離鉤撈太古雪噴風相遭雷霆拍格龍腥臊舟師
眼快窮秋毫不然撞磕無堅牢夾溪箐密聲蕭騷瀆
雨漫漫膩如膏山鬼跳逸城狐嗥猩猩能言求其曹
此非人境來遊敖客何爲者首徒搔且須推篷傾醇
醪忠信可仗休勞忉世間無地無驚濤遠涉奇險寧
非豪

遊鼓山喝水巖

國朝王朝屛

閩山石鼓故無匹遂洞層巒幽且仄楚鼇橋上探靈源國師之巖更奇特开昔唐代神晏初開山山窩劈澗水潺潺安禪習靜厭喧聒一喝東從永不還水泉東徙在何處石龍淙淙口中吐小亭坐對沁心脾傾杯酩酊迷歸路捫蘿緩覓故道行壁間題咏聊置評晦翁壽字周岩際鬼神呵護尤晶瑩自晡席地坐不起忘歸石畔重徙倚酒後耳熱趣横生放論古今空眼底王子敬美昔曾來悵望枯澗幾徘徊謂是涸轍減佳致安得喝之令復來我思物理盈虧皆有數東水何必更西注天風夜半海濤翻霎時萬壑齊奔赴

道山古榕門歌　　國朝　鄭際熙

古榕亘山高峨峨巨靈挽髻盤青螺層巒疊翠解飛動駭目但覺翻滄波我聞榕城古海國海氣蒸山山海色三山便是蓬萊宮變滅空濛轉深黒蒸凝鬱律蟠榕根老根糾結通山門崎嶇仄徑苔蘚滑門裏門前割曉昏飛泉罥樹崩騰下跨山穿谷如走馬山巔遥矚海門通濤聲一氣向天瀉

詩聯句

觀造竹紙五十韻　　朱彝尊　查慎行

信州入建州篁竹冗於篠朱居人取竹紙用稱不用

老查逴惜簫笛材緣坡一例倒朱束縛沉清淵殺青
特存縞查五行遞相賊伐性力操矯朱出諸鼎鑊中
復受杵臼擣查不辭身糜爛素質終自保朱波水厜
汰淘盈箱簀旋攪查層府細簾揭餤餤活火燎朱舍
麤乃得精去濕忽乾燥查箄來風舒舒暴之日杲杲
朱舊籠光向北適用各吉好查緬惟遂古初書契始
倉頡朱自從史記煩方冊布豐鎬查中經祖龍燔孰
敢撲原燎朱漆簡及韋編殘灰跡同掃查當時禍得
脫賴爾生不早朱漢代崇師儒家各一經抱查戳緝
蒲柳姿刀削詎云巧朱如何翔物智乃出寺人造查

麻頭魚網布棄物收豈少朱後來逾爭奇新製越意
表查山茁割藤芟水澁采苔藻朱桑根斧以斯蠶繭
機不紋查澄心光緻纖鏡面波晶晶朱砑宜金粉膏
繪作龍鸞爪查桃花注輕紅松花染深縹朱鴉青密
香色一一隨浣澡查十樣盆部箋萬番傳辦橐朱紛
然輸館閣遜矣來海島查要爲日用需若黍稷粱稻
朱惜哉俗暴殄塗抹太草草查俗詩蛙蟈鳴俗書蛇
蚓繞朱俗學調必俳俗文說多勦查流傳人有集刷
印方未了朱積穢堆土苴餘殃毒梨棗查或汙瓜牛
涎或供蠹魚飽朱或爲肉馬踏或被饑鼠齧查黏窓

信兒童覆瓿付翁媼朱遭逢幸不幸所繫豈纖秒查平生嗜奇古卷帙事研討朱祕笈藉爾鈔籤金匪我寶查響搨溯籀斯斷碑拈洪趙朱提攜白刺史著錄庶可考查由拳法失傳將樂槽苦小朱楚產肌理疎晉產膚滓楄查物理相倍蓰美惡心洞曉朱非無雲霞膩①愛此霜雪皎查小疊熨帖平捆載赴遠道朱頎恐壓歸裝又滋征榷擾查

坐竹簰入九曲聯句 朱彝尊 查慎行

連峰六六收蒼靄查雨餘湑漣碎石街朱挈我栗杖攖毛毿查蘭湯渡口上竹簰朱篙工初指一曲涯查

校注：①膩

姸名幾輩爭磨崕朱嫓婷玉女峯最佳查野花簇髻松搖釵朱當年武尸集神嫣查歌絃鼓板金管鍇朱高張雅奏無淫哇查子禽小賊定爾儕朱羣仙一散後會乖查黃心老木委蛻薶朱爾獨對鏡留形影查千尋鐵障鎔頑鍇朱大藏小藏肩背挨查山魈獨腳帝所差朱洞門石扇呀然闢查鑿舟力負何劻勷朱其中瑰木類積稭查叉類羽鏃抽鞞轂朱水光汎汎聲喈喈查冥冥微徑不可階朱欲往金井迷鬼艾查深潭龍臥波淙瀼朱誰歟釣者貪鰤鮭查茶園新芽出舊荄①朱僧籃道笈采摘皆查可惜不逢紅粉娃朱

校注：①荄

題詩古巖平不欹查精廬小於頁殼鏰朱豈若大隱屏之匡查祠宇百世人模楷朱大書照耀銀泥牌查學達性天

聖德諸朱屹然天柱高崴嵬查勢如拱揖趨庭堦朱須臾路迴仙掌排查神皋下上車轉輦朱竹寮桃磵雜樹槐查龜浮獺控形膘朧朱白雲莽前雙眼揩查俯視九曲瀠青綃朱新村村落尤可懷查新苗活水通荆柴朱穀犬跳聒雞膠喈查況無蛇虎猵猔豺①朱何時買地營茅齋查畊耰漁弋與子偕朱

詩 五律

校注：①豺

初到汀州　　唐　釋靈澈

初放到滄州前心詎解愁舊家容不拜臨老學梳頭
禪室白雲去故山明月秋幾年猶在此北户水南流

侍郎巖　　宋　羅從彥

濟貝遊丹洞穿林惹翠雲遄來多野趣殊覺少塵紛
笑日花迎客臨崖鳥喚羣直機皆自得此道與誰聞

題蓮花峯詩　　宋　朱子

羣峯相接連斷處秋雲起雲起山更深咫尺愁千里
流雲遶空山絕壁上蒼翠應有採芝人相期烟雨外

雲門山詩　　明　林鴻

龍宮臨水國鳥道入烟蘿海曠知天盡山空見月多鶴歸僧自老松偃客重過便欲依禪寂塵緣可奈何

訪吳山人隱所　明　鄭善夫

脫屣吳居士尋君江水遙雲房生夜氣薜牖散春潮榻靜聞空籟情高夢九霄從茲畢靈寶不赴小山招

登清泠臺詩　明　鄭闓

高臺臨絕頂我輩此時過落景空山滿秋聲晚樹多宿雲依澗集野鳥向人歌薄暮歸城市塵氛奈君何

過分水關　明　張經

危關當峻嶺縹緲白雲浮閩越地初隔東西水自流

崖深長作雨樹古易爲秋忽聽鄉音近歸心落半洲

別業　　明　林如楚

別業雲深處新秋客到稀疎林發清籟古木駐斜暉
課僕收紅稻尋僧入翠微山中多勝事麋鹿可相依

九鯉湖　　明　江以達

絶磴臨無地尋泉合有源千峰迴鳥道雙劍闢龍門
散落珠簾掛空明瀑布翻悠然坐危石相對欲忘言

泛舟西湖登大夢山詩　　明　曹學佺

山色城中滿看山亦出城却憐春欲盡正值雨初晴
坐得野亭曠到來湖水清詎須問往不於此已忘情

藤山看梅詩　　明　謝肇淛

不識山中路逢人卽問梅繁枝圍屋隱老樹壓牆頹瘦藉輕烟補開須夜雨催春光未衰謝攜酒賞千回

但得看花地何須問主人山中一夜雪江上隔年春徑細香難散寒多色未勻無端風底急撩亂白綸巾

山氣曉冥冥長林玉作屏半遮流水白時雜數松青地主供花酒人家結竹亭客來香可醉盡日不能醒

登烏石山　　明　徐𤊹

絕巘分青靄高樓接絳霄鐘聲多近寺墨蹟半前朝徑小疑藏洞山窮忽遇橋憑欄時縱目滄海望中遙

登旗山勾漏洞詩　　徐熥

溪水何逶迤數里入鴻濛斜日猿聲外殘雲鳥道中亂峰諸洞隱萬竹一泉通趺坐松間石塵心覺盡空

丹成不記年古洞白雲邊衆水爭趨壑孤峰欲接天路危逢亂石山盡見平田日暮休歸去還期遇葛仙

三君子堂　　明　董可久

松徑蒼無際明嵐雜紫煙蟲聲秋雨外牧笛夕陽邊怪石隨高下幽人自往還三君如可作拾履我欣然

寧洋放舟　　明　謝亦驥

茶潈潈中水放舟只倒拖危灘一線小峭壁百尋多

將伯須呵助安瀾何處歌由來談險阻偏不在汀河

重登超山詩　明陳鳴鶴

磴險全依竹橋危半引藤烟霞前日客鐘鼓隔雲僧
疊嶂已千折孤峰更一層不愁歸路晚猶有過山燈

古靈祠詩　曾士中

此地稱才藪淵然滙百川文峰凝海色瑤草斷橋煙
日落紅生浪嵐飛緑拍天酣歌聲莫促恐動老龍眠

學海流泉

投老貪山水支筇興未闌毎過虛洞裏莫辨是人間
宿雨沾衣濕重嵐變石斑野雲如愛客飛去復飛還

曲洞雲封

寂寂橫塘畔荷香送晚凉水光藏隻鷺花片起雙鴦
落日開①芰鏡清風入粉房歌聲何處發莫是採蓮航

荷池宿鷺

薄暮晴烟起風搖翠影重半林都變海幾樹欲成龍
天濶青能限雲空白不容行唫猶未已日夕最高峰

松嶺濤聲

第一峰前景偏宜夕照看瀑花當面落蘚葉上衣寒
萬壑蒼霞滿羣山暮影殘悠然枕芳艸待月掛闌干

一峰晚照

校注：①菱

觀到亭中止詩從何處尋滿斟一樽酒細論百年心
山水憐緑鬢乾坤老布衾無人窺此意林下有知音
止亭光風

早發竹崎　國朝鄭翡

百里溪山路帆懸重遡洄猿聲暮雨集茆屋曉煙開
殘夢千峰斷春花兩岸催澄心看去浪客思與方纔

南浦晚泊　國朝何䊷子

返照入蘆花編茅數酒家漁燈明遠浦暮樹隱寒鴉
月意窺舟冷風聲拂雁斜有懷渾不寐午夜興猶賒

登鎮海樓　國朝張崙

衆峰何處合天際越王臺海靜魚龍夜風含鳥雀秋
關河隨地轉砧杵入邊愁目極雲霄外烟波一葉舟

建溪舟中　國朝戴炳幾

峰色殊無限寒風欲剪芽暗溪魚觸網近樹鵲成巢
露下山泉滴燈開石火敲舟家奚所樂水酒雜山肴

霹靂巖　國朝羅槃任

鬼斧開青壑倏然一徑幽寒花纏石罅瀑水浸山樓
天奧疑風雨巖深失夏秋有顛能拜石不負此靈邱

十七夜集于山草堂用杜韻　國朝黃鷟來

草堂今夜月讌賞共閒身白滿四山樹清懷千里人

拂雲金桂曉浥露綺筵頻相送柴門外光華似昨新

自石峽登舟至汀州即事雜詠　黃鷟來

粵地踰山盡重登小艇來險灘穿石過孤嶂劃天開久客心多繫深交老益才莫愁前路遠秋氣日佳哉

過嶺人家密誅茅傍水潯籬花垂屋暗秋氣到山深灘惡常飛雨雲多不出林悠然千古意坐對夕陽沉

一溪千百樹禪語曉來聞暖日薰殘葉高峰補斷雲水鷗閒自適崖鹿過難羣擬就襄陽隱生涯出處分

懸空兩石壁左右夾清溪一線天微白千林日未西淺深花異色高下稻分畦絕似桃源路舟人入恐迷

亂石迴波瀉連灘百尺濤迸舟衾枕濕揮面雪花高
作意蛟龍橫招羣鸛雀號驚魂棲晚色艱險戒吾曹
鄉路行多日今朝始上杭黃雲秋野濶丹橘露秫香
沙鷺衝人過田烏引子翔茫茫感身世生計羨漁郎
長天一鳥還孤棹倚沙間野曠星垂地林疎月在山
夜深機暫息秋老客能閒何日休行邁千峯對掩關

重過九龍灘　黃鷟來

夏天曾過此飛沫濺巖花崩動翻龍窟巉嵕履虎牙
轟雷終日鬪觸石一舟譁苦憶垂堂戒艱虞未有涯

李家庄聞臺警　國朝何瀚

羽檄風馳過傳聞旅客驚雞籠雲外徑鹿耳水中城宵旰煩南顧門閭念北行一鞭楊柳驛惆悵不勝情

梁野山　國朝王琳

禪榻梁山上肩輿路幾程殘花四五樹啼鳥兩三聲雲向山腰起人從樹頂行老僧如有約兩兩路傍迎

清流道中即日　國朝劉坊

人家雜芳樹高下置其間野水忽平地孤城擁亂山雲生東華迴月過北溪閒萬古樊公廟淫祠才可刪

渡臺灣　國朝吳廷華

君問臺灣路滄溟地欲浮十更約千里（海舟以更計里更約七十里）

餘里八宇只孤舟旁矚金門島橫衡黑水溝相傳舊疆域隋號小琉球

出海知前路指南還向東直乘萬里浪怕趁十分風
鳥雀渺無影魚龍自有宮年來頒清晏飛渡見神功

照淡灘　　國朝　李開葉

最是銷魂處溪行嘆路難波馳飛驟逐地坼怒龍蟠
不競千流息憑虛一葉寬誰將巖壑意天海砥狂瀾

陳古靈先生祠看梅　　李開葉

亂木山含意寒花雪綻肥早春常獨步晚色有餘暉
風力千番定天心一點微靜觀應共得光霽想依依

李忠定公祠　　李開葉

十事興唐室其如宋室沉君庸嘗膽意天負枕戈心馬角魂銷盡龍髯恨灑深河山祠屋在丞相淚沾襟

宿城西開化寺　　李開葉

湖寺羣山繞禪心一鏡開點珠荷綠淨濯錦荔紅堆潭影蟾光下鐘聲鳥夢催清虛生遠想天海絕塵埃

秋日遊歸宗巖五首　　國朝　鄭方坤

出郭三十里登臨興不窮樽攜百末酒帆挂一江風黃葉封秋寺霜鐘起暮鴻入林幽取徑身在畫圖中亂石開青冥何年闢五丁隙纔容日影守或仗山靈

傴僂因前進廻環且暫停吹噓足天籟洞口剔殘銘
百尺香臺上悠然信短筇危欄臨一切秋氣散諸峰
天半雲霞落宵中笙鶴逢解衣試磅礴空濶盪心胸
峭壁接天閶驚看白練張潺潺發琴響滴滴助茶香
信有天珠落能生六月凉老僧聞絕頂丹竈未全荒
幽賞曷云已夕陽落暮田生憎杜宇喚莫穩白雲眠
邱壑身將隱樊籠事可憐惟當留後約玉版與參禪

秋日登明誠堂黃石齋先生講堂　國朝王道

肅肅明誠地空餘芳草肥先生誰共坐四子侍深幃
太極圖猶是乾坤事已非寒蟬吟古木應惜夕陽微

題雲居石石鼓　國朝柯起東

雲居一片石仙侶好横簫宿雨纂痕蝕微風石髮嬌

山秋清欲洗葉脱不須樵發簇有漁仲應將此一敲

喝水巖　國朝孫承宗

岧嶤古刹此地是登臨水轉龍頭瀉山環鳳尾陰

浮雲留古洞落葉響空林坐聽疎鐘起悠然清浄心

烏石山　國朝張鶴年

極目危峰遠孤城俯綠灣江光初澹樹月色欲浮山

鴻雁爲誰去風花長自閒中華多勝地却憶武陵還

三山釣龍臺　張鶴年

煙樹無諸國西風風匝地迴數番紅雨盡無限白雲來

山海朝遺廟江天到此臺雄圖成底事都入鷓鴣哀

洪山　張鶴年

日落洪山暮烟光上野樓遠蛩移岸月獨樹定江秋

長劍思雙影青袍戀一舟六年悵行役短鬢淚空流

西湖二首　莊九畹　女史

翠岫涵晴爽霞光落暮汀薄煙迷雉堞遠景入丹青

隔水舟爲渡無籬竹作屏我來徂暑候紅荔壓危亭

斷岸皆環水波清菡萏紅豐碑興廢外蓬島有無中

懺悔依西竺瓣香禮大雄孤山憑騁望非色亦非空

藝文十四

詩七律

背山西爽二亭　宋　姚東

華亭百尺跨嶙峋照眼風光自吐吞間數炊煙分聚落坐收奇觀入壺尊岡巒繞戸雲生柍鐃柝無聲月在軒更有何人佩黃犢耕鋤已遍落霞邨

送鄭夾漈應聘　宋　鄭僑

別墅生涯富古今凝旒夢卜苦追尋一封細札三家

布萬卷新書四海心北闕龍吟清晝永東皐猿嘯白
雲深滿懷經濟今休蘄聞道蒼生渴傅霖

題九仙宮　宋　朱孟常

三神山裏秋將半九鯉湖邊客再來人世萬年如幻
影林泉千古絕氛埃碧霄獨鶴摩新月深洞羣龍護
震雷莫說傅巖霖雨事夢魂無復到金臺

西湖紀遊詩　宋　陳俊卿

鑿開千頃碧溶溶頳上錢塘彷彿同梅柳兩堤連綠
蔭芰荷十里散香風波涵翠巘層層出潮接新河處

處通興頌載途農事起從今歲歲作年豐

方廣巖詩　元　林泉生

上方樓閣倚空明磴路如天鳥亦驚屋上石巖常欲墜簷前瀑雨不能晴龍湫千古風雷氣山殿六時鐘磬聲最愛白雲飛不上半山飄泊伴人行

籌巖詩　明　王恭

籌峰迢遞出高林苔徑蒼蒼洞穴陰獨樹斷雲孤鳥下亂山殘日一蟬吟雙溪鹿過泉應碧丈室僧歸月又深幾度欲攜招隱興蘿花開處息塵心

龍潭夜坐　明　王守仁

何處花香入夜清石林茅屋隔溪聲幽人月出每孤往棲鳥山空時一鳴草露不辭芒屨濕松風偏與葛衣輕臨流欲寫猗蘭意江北江南無限情

巖前勦寇班師紀事　明　王守仁

吹角峰頭曉散軍春回萬馬下氤氳前旌已帶洗兵雨飛鳥猶驚捲陣雲南畝稍欣農事動東山休作凱歌聞正思鋒鏑堪揮淚一戰功成未足云

登鼓山觀朱子書　明　王世懋

靈鷲何年廛海來振衣今日陟崔嵬青山忽放雙江合氣霧徐將萬壑開水上鞭鼇秦帝石空中結蜃越王臺捫碑共仰先賢蹟覓句誰憐異代才

題霹靂巖　明　徐中行

仙臺高與碧雲平風馭泠然落太淸石室晝開丹竈色天門秋度紫簫聲題詩此日鴻濛坼把酒千山海月生況有同心堪坐嘯風流誰似謝宣城

鄭介公故居　明　葉向高

上相宜麻出禁城紛紛新法盡逢迎蒼生幾下監門

淚青史長留抗疏名啼盡杜鵑應有恨歌殘鴻雁不勝情只今多少流民在猶向清朝望太平

登鼓山　葉向高

屴崱峰高俯十洲白蘋寒渚海天秋潮聲迎向巖前落蜃氣遙從島外浮平野著烟迷故壘夕陽紅樹帶殘流摩巖讀遍前朝字乘興還登最上頭

雨中宿鼓山下院同徐興公周喬卿蔣子才

明　謝肇淛

上方寂寂鎖蒼藤門掩雙峰最上層半嶺松濤千嶂

雨數行香篆一龕燈寒潮應月喧殘寺獨鶴眠雲伴
老僧塵夢欲醒鐘磬動頓令心地冷如冰

道山樓　明　張鳳來

飛樓縹緲凌虛立遠樹蒼茫逐望低二水淨涵天上
下高峰遥接蜀東西人宜高會情偏豁景逼深春鳥
亂啼更上危樓望京國紫霄清切五雲迷

東華山　明　裴汝甲

萬壑濤生白晝寒巖松擁翠拂林端山迎秋色門前
滿寺去鐘聲雨外殘卽事參禪成頓悟聽泉留客足

淸歡從僧少借蒲團坐遥看雲飛落雪端

草倉遺蹟　明 黄槐開

丞相祠堂寄草倉壁間留句照斜陽一麾出守三持節千載行人幾斷腸蟬咽暮雲悲舊國馬嘶寒雨泣空廊採蘋薦罷重回首山鳥無聲水滿塘

瀰湧巖　明 葉元玉

金蓮山寺萬松陰流水花開自古今幾髮淸螺撐佛頂半巖秋月印禪心滿天風雨龍歸洞入座笙歌鳥隔林駿馬神鷹無覓處一聲雞犬在雲深

龍巖洞　　明 裴應章

混沌誰人一劈開清虛海上小蓬萊雙龍噴雪侵泉玉七月飛霜凛栢臺石壁題痕蒼蘚合洞門封處碧雲迴嶺頭忽聽雷聲動漸雨催詩不費裁

自題紡綬堂　　明 曾異撰

小徑新開當小園朋來拜母共清尊老思愛日心徒違賤毁傷時舌未捫歲月又看金作勝行藏依舊席爲門蕭然負甕澆粗糲慚愧燈前一石髡

雨泛西湖　　國朝 鄭烱新

白雲千里冪青霄漠漠寒煙鎖六橋天外樓臺吹蜃氣鏡中歌管送蘭橈孤山鶴去梅誰主古甃龍回柏未凋南北兩峰愁一抹捧心西子更魂銷

九日登越王臺有感　國朝 許友

爲言度厄入山眉滿摘茱萸上酒卮煙火數村霜葉亂沙汀一抹暮帆遲鷓鴣有意悲芳草宮殿何心動黍離薄醉只餘雙眼在半山斜日讀殘碑

九日同林元之鱔潭懷古　國朝 陳應邦

苔蘚重封石上名松杉依舊夾濤聲秋高白馬空潭

泠日暮黃花古殿明征鴈一行棲遠渚寒烟萬井起孤城龍山覇氣銷前代歷落西風短髮生

登鎮海樓

國朝　林蕙

峨然天半倚高樓萬古風雲兩眼收艸色不隨越殿暝春聲如帶漢宮秋塵埋劍氣人何處日落江心水自流矯首可勝興廢感淡烟輕翠遣閒愁

閩南懷古

林人中

覇業雄圖久已銷斷蘆王氣自蕭蕭榕陰北去難踰劍汀水南流盡入潮螺女江寒收網罟錢妃廟古走

漁樵當年勝事誰親遇試釆方言慰寂寥

寄臺灣姚總兵二首　國朝李光地

勲名已結九重知借寇三年意不貲宵旰無踰滄海郡恩威獨倚武臣帥更番樓櫓趨韉下絶島桑麻亞戟枝從此甌閩東漸遠如君何用賈捐之

歴鎮巖疆望翕然量移海外績堪傳南中須得張嶷久交趾未容英國還同事更欣來棨戟休居何幸息風烟迢迢隔島遥相視盟府高勲掛簡編

登屴崱峰　國朝周亮工

滄波淼淼淡秋雯遥拍螺鬟逐嶺分萬磴松篁開岫

月半山鐘磬落溪雲閒看老衲心無外悔到深山意倍紛欲滌塵襟衆妙偈泉聲未許靜中聞

夜登杭州城樓有感　周亮工

秋老滄溟夜無鯨依然刁斗舊時聲艱虞剩有囊書坐饑餓慚看負楯耕象洞雲迴迷鳥道龍巖雨過謐獠城郊坰半是槃籃簍十載汀南未罷征

建陽　國朝朱彝尊

徽公舊是建陽居竹樹清疎畫不如講席至今留未改人情大抵好相於得觀雲谷山頭水恣讀麻沙里下書此意殘年仍莫遂扁舟欲去轉躊躇

白雲廨院　國朝潘耒

暫歇籃輿步石梁院門古樹綠千章僧來雲衲衣衫潤客飯松陰几簟凉百道飛泉歸石澗一聲清磬出新篁人生豈合埋塵土世味何如道味長

尋道山亭故址　國朝查愼行

芒鞋布韈記曾經誰識蓬池舊謫星雙眼參差收七壇百年興廢閱孤亭雲煙繞閣山形秀浦漵通潮海氣腥好在南豐碑一統苔紋因雨洗猶青

九仙山平遠臺　查愼行

跨鯉人遥片碣留居僧指點說丹邱平生不信神仙

術垂老宜爲寂寞遊千里帆檣來域外九霄風雨過
城頭劇憐野意亭西路好景多歸　萬歲樓

喦山同年邀遊城東湯泉　　　　查愼行

萬壑千峰赴海瀰却從海眼發溫湯名同繡嶺寧愁
汚派別曹溪自有香身外塵埃供洗滌人間炎熱變
清凉依然沂水風雩意童冠中間耆老狂

汀州謁謝忠愛公　　　　國朝熊爲霖

書生韜畧秘心傳保障全汀鐵甕堅撫汝瘡痍存赤
子掃除烽火靄青天渡河淚盡呼宗澤仗節年輕想
謝玄酹酒祠堂深再拜盡旗風雨欲淒然

梓里名卿嶽降神甘棠滿地報明禋虛櫩鼯鼠松楸
老半壁河山玉馬嘶不分塗泥涴軒冕可憐俎豆黯
風塵幾時掃却青苔篆靜鎖幽壇秘九眞

朝斗巖　　國朝　黄冲天

一汀勝景倚盤桓劇愛幽巖闢大觀一線青天開鐵
壁半空列宿拂珠冠仙逢鶴語千年事石潤松陰六
月寒五四可亭還有可可人身在畫中看

遊困關白雲寺　　國朝　黄道謙

白雲深處絕塵埃萬壑松風滿徑來巖際波濤驚雨
落山中樓閣倚天開詩成題咏頻摩蘚輿到停橈更

上臺長嘯一聲霄漢近函關咫尺是蓬萊

遊桃源洞　　國朝　陳登禧

遊人到處失西東忽爾巖光一線通何等桑麻忘世界悠然雞犬覺仙風溪頭流水秦時綠洞口桃花漢代紅人自古今春自老無勞漁父入村中

過閩王墓　　國朝　林　侗

琅琊高塚擬皇邱千載棠陰上相遊門內飛熊推玉馬軍中關虎懾金牛瑚戈寶冊分封日班劍鳴笳賜葬秋天半蓮峰橫翠黛西風夕起片雲愁

登劍津城樓　　國朝　丁　焯

澄潭龍老已千秋夜夜寒光動斗牛有客攜琴瞻碧漢何人說劍向滄洲孤城削壁全臨水八面無山不到樓取次高懷生遠趣一聲長嘯起驚鷗

重九遊玉泉巖　國朝　吳鉽

天高風急鴈聲催縱目危登九日臺髮短杜陵身尚健杯傾彭澤菊初開寒泉響帶秋聲入暮色山啣野月來扶杖徘徊塵慮淨不知落葉滿林隈

仲秋鎮海樓眺望　國朝　李馥

玉露凋零八月天無諸城角樣樓懸眼中滄海晴光濶衣上風雲爽氣鮮金鎖水横西峽渡蓮花峰繞北

門煙凭高不盡登臨興虛閣巍巍自昔年

冶下懷古　國朝 鄭霽

無諸啓宇越王城獨眺逢秋百感橫烏石巃嵸扶塔影龍江螺浦捲潮聲煙籠萬竈青榕老露落千秋紫標濟鑄劍人歸池尚在斗牛星上最分明

泛湖　國朝 陳潤

孤舟遠渡萬峰遥老去躬耕半學樵三載齊門空挾瑟一朝吳市罷吹簫蒹葭人散西江月楊柳家居南浦橋愁見東山猶不起碧雲秋水怨迢迢

李忠定讀書樓　國朝 林豫吉

河東河北水分流塞馬邊旆滯日愁鬼哭塵沙留一

聖人亡風雨見孤樓詩書此日君親志慷慨他年戰守謀誤國由來多白面如君萬卷可無羞

丙申初秋鼇峰書院有感兼示諸同學

國朝　蔡世遠

憶昔鼇峰吟弄時先人曾此設皐比晨昏最極天倫樂趨立常忘日影移兩弟侍書輪檢閱一堂聚講判危微析薪弗荷今何怙手澤繙來涕淚垂

閩州學業本師朱鄒魯名邦澤未孤道脉傳來今孰繼鄉根立定即吾徒光陰冉冉駒過隙羽翰翩翩鳳

集梧努力諸君加遜敏靈修覺我在前丞

鼇峰書院九日偕林肅齋同年併諸同學泛舟池中兼陟假山觀眺步袁子楚韻

高閣風清日未斜登臨不倦興方嘉三山星聚多名彥千里雲深是故家臺畔欵傾横古石秋容淡蕩寄黃花且須細認源頭水莫把雄心問泛槎

過于山維摩室　國朝　張遠

連朝懷抱托林邱雨過維摩寺裏遊海國樹殘多作雨閩山蕭瑟獨宜秋螺江溯浪通南郭鼇頂分雲上小樓我亦談空病居士天花亂①落石牀幽

校注：①亂

柘浦山行　國朝　陳子威

輕舟曉到柘城邊南浦橋西一整鞭鷗夢尚懸溪上月馬蹄已踏嶺頭煙巖垂藤影全侵澗雲捲峰尖半入天幾處東風啼杜①守聲聲咽下百重泉

仲秋鎮海樓眺望　國朝　藍漣

畫棟飛甍嵌碧巔南浮海氣浸平川暮潮城郭千村雨落日樓臺萬井煙紅蓼作花秋漸老銀河溥露月將圓白頭誰假登臨興日斷歸鴻手撫絃

漁梁　國朝　范俊

清溪舊復浣征衣塞上兵戈尚合圍沙磧十年孤劍

校注：①宇

去雲山萬里一人歸寒林雪掩青楓寺荒店烟籠白板扉此去無諸城下路應憐春草滿漁磯

過相國葉文忠墓下　國朝　林衡

四顧蒼凉栢葉森溪山無故欲沾襟七年相業叨清晏十疏平泉老嘯吟寃獄何緣興北寺黨碑空自說東林夕陽再拜吞聲去凄絶筠篁野鳥音

仲秋鎮海樓眺望　國朝　楊應翰

城北高樓接海天雲山青削畫欄前六鼇遥亢參差石五鳳齊分次第煙秋老蒹葭浮落鴈風翻楊柳咽殘蟬無諸故壘看何處今古興衰總逝川

登榕城北嶺　國朝　陳琮

夾道松篁午轉幽捫蘿盤石上高頭人披北嶺千峰月目盡南臺一路秋雉堞遠環平楚界虎門橫截大江流平生胸次期湖海笻挂山巔竟日留

鎮海樓懷古　國朝　陳文遴

踞山蟠郭勢橫空聳立危樓鎮海東霸氣久沉歐冶劍雄圖猶憶越王宮洲浮螺女蒼烟外臺峙龍江斷靄中惆悵翠濤亭不見銅駝荒草泣西風

國朝　張文炅

海天城郭澤桑麻咫尺平臺俯萬家北拱五雲聽鳳

嘯南來勺水濯龍沙樓頭烟霧凝鼇柱池上芙蓉拂
劍花此日登臨思勝事青青山色接蒼霞

過黃勉齋先生墓道　國朝林佶

先賢遺塚草芊芊五尺殘碑枕墓田離郭未能餘一
舍具行已是近千年南來道統從關洛北望神州委
澗瀍我欲挑燈論往事碧簾山外有啼鵑

榕城懷古　國朝張崙

無諸城畔水淙淙古寺僧荒月下鐘歷盡風霜千尺
劍看來天地一孤筇江河戰老魚龍陣草木煙迷虎
豹蹤漸漸空階飛落葉至今誰是歲寒松

李忠定祠　張崙

汴城宮殿草成堆南渡衣冠骨亦灰大地江山移日月荒祠俎豆挾風雷陰魂尚殞徽欽淚刼運偏生將相才樵水龍湖香火在好教桑梓掃春來

袁襄愍公墓　張崙

城頭鼓角靖妖氛寵錫深酬百戰勳碧玉傳封纏鳳彩寶刀宣賜隱龍文三邊烽火通燕市七國旌旗結塞雲薏苡傷心坏土淚夕陽衰草對江濆

遊鼓山寺　國朝　楊文乾

積翠千重石徑斜公餘偶爾到僧家出山活水鳴清

澗繞寺蒼松映晚霞足下生雲情是幻耳邊啼鳥興偏奢直禪別有真空境笑語浮屠莫浪誇

曉登鼓山最高處觀日出　楊文乾

紅光湧耀浪重重照徹乾坤色更濃白虎有巖皆斂跡烏龍無水不潛蹤回看萬象隨時現俯視千山到處恭乘輿欲遊三島去謾言此地最高峰

奉和遊鼓山寺　國朝　高其倬

青峰影裏綠溪斜佛閣凌空衲子家地擅林泉延杖履客於襟韻帶煙霞遲留蓬閬因緣在扶植生靈願力奢自識神仙無上訣鹿車小果未須誇

奉和曉登鼓山最高處觀日出　楊文乾

危磴盤盤上百重五更寒重興偏濃海天初見羲和影雲嶠欣留謝傅蹤境地高時羣岫小光明遍處萬邦恭公秩元化同喬嶽寧數東南第一峰

道山亭懷古　國朝張煒

山亭一望海天空蓬島微茫在眼中黃纛圖銷金蟒地白楊煙冷水晶宮蜃樓隱現滄桑變螺髻參差潮汐通莫問當年歌舞地鄰霄臺畔夕陽紅

水口　張煒

水南水北勢迴環浪息東西兩岸間賈客園亭圍綠

篠居人屋舍架青山不離行過蛟龍靜溪雨晴閒鷗
鷺閒此去平川二百里挂帆明日抵江灣

夏五會飲晏海樓　　國朝　魏荔彤

扶桑宵半海光浮城郭風煙接渚洲徐福仙山多歲
月漢家銅柱久懷柔九天雨露瞻　皇極萬里蛟龍
護貢州巷舞衢歌歡未厭好邀冠蓋醉樓頭
筵上霓裳海上城歌殘檻外暗潮生江洲白傅琵琶
語花縣青莪絃誦聲四牡王臣天保定八荒禹甸地
平成仲宣當日風塵際應惜登高擅賦名

偕懷弟君可遊武夷二首　　國朝　何瀚

快同子季縱遊觀山水幽奇繪畫難涉岸兩開分洞壑竹篙一轉變峰巒紅橋再渡仙舟朽龍脊凌虛客騰寒高閣憑欄舒勝覽由來居易夢魂安

攜來長枕臥煙霞眼界翛然脫物華淺水有人皆駕筏深山無地不栽茶峰頭秋露神仙井溪尾春風貰客家却喜龍團今罷貢巖疆名產補桑麻

夾漈草堂　國朝　嚴光漢

夾漈草堂日月邊（堂邊有日月井）此間曾到是何年柴桑五柳青溪上和靖孤山綠野前後學不聞通志略樵夫已識讀書巔松風謖謖門長掩彷彿先生撫素絃

東寧雜咏

國朝 高拱乾

春臺廣廈衙虛署校義監軍職濫分無力椎牛頻饗士有時倒屣細論文平生拙處勤難補異域愁來酒易醺筋力未衰官味淡函關西隔萬重雲

尺檄如傳空谷聲（重洋間隔文移竟不易見）阻風經月少人行關山巳歷三千里檣櫓猶遲十一更（廈門至臺郡水洋十一更）地煖臘殘無雪到憂深鬢裏任霜橫眼穿何處天邊鴈京雒難忘故舊情

竹弧射鹿萬岡巔罟網張魚百丈淵幅布無裙供社餉隻雞讓食抵商錢文身纔起瘡痍色赤子誰將垢

儆前爲語縮符銜命吏遠人新附倍堪憐
誰言習俗亂絲同攬轡澄清乏寸功拊輯尚慙屏翰
寄更番何日戍樓空擬提片石安歸棹聊訂新編當
採風此去中原詢異事仙桃長對佛桑紅

觀海　國朝　周鍾瑄

浩渺無因遡去程仙槎客泛正須評輕浮一粒須彌
小包括恒河色界淸世外形骸杯可渡空中樓閣氣
噓成情知觀海難爲水更有紅輪向此生

秋日同雷翠庭宮諭登道山謁范公祠憇僧院　國朝　黃任

城隅東折女墻陰百尺飛樓出翠岑松勢健於三島鶴蟬嘶韻比七絲琴地存正氣秋能肅人有幽談徑便深莫戀滄江遠青瑣暫抛簪紱事登臨

臺江雜咏二首　國朝范咸

瀰茫徼外闢窮途飛渡横洋計不迂瀆瀁自來甌脫地屏藩藉此彈丸區靈槎好繫扶桑木赤石誰傳瀛海圖千樹刺桐紅似火錦官直欲擬成都

木城横拂綠雲堆二月寒蟬聲已催北塞罕傳鴻信至南荒終少鵲飛來銷磨刼火培元氣鼓吹勾萌養不才但使巡行阡陌好中天日月自昭回

秋日登鎮海樓呈諸同輩　國朝　謝道承

漢唐陵墓鬱嵯峨刼火灰殘見斷坡臺號釣龍荒草徧潮迎騎馬夕陽多千年故國供搔首百代遺風委逝波文獻凋零那可問登樓且自醉婆娑

延平城樓　國朝　李開葉

虎踞崚嶒此一關建瓴高屋俯千灣歸雲峽口三溪水橫翠峰前百丈山忠定謫來官舍冷龜山老去講堂閒垂虹閣向龍津倚燭漢星光隱照顏

就讀道山天秀巖　李開葉

松風惆悵舊山樓煙樹城南野寺秋松風樓李忠定讀書處何

處素昔藏石室多時瑤草拾瀛洲雙虹天豁江雲落百雉峰高海日浮早晚閒情來蔣詡與開三徑接羊求烏石山在郡城內曾南豐謂有瀛洲之勝改名道山

釣龍臺　　國朝　吳廷華

沼吳遺業已茫茫甌越何堪體自戕纔藉釣龍王八郡何如射鱔死三郎樓船才過成荒草史傳空令溯舊疆歐冶池邊明月冷當時長劍早銷鋩

寶皇閣　　吳廷華

忠懿家風竟背盟寶皇奉處逆芽萌九龍帳啓藩籬禍五虎山傳鷸蚌爭門閣門開殊可念馬來馬去竟

無成只今廢閣香何處早散寒煙伴月明

過石室謁朱子祠　　吴廷華

紫陽講席遍榕城石室還看奠兩楹隔院浮圖空有影方塘活水自然清爲瞻道氣存遺像若有春風坐後生六百年來溯餘澤一燈約畧望中明

謁范忠貞公祠　　吴廷華

蚩①尤旗見光如燭上相星沉土作圖沙漠不歸生屬國饒陽未入死常山故疆縱已隨身殉厲鬼終須殺賊還正氣相傳本私淑零丁洋水並潺潺

龍啓曾生海上塵敢隨逆跡亂天垠開門節度原終

校注：①蚩

世避位仙人自殞身苞蘖遇公眞與破檐戶庭有客各成仁謂從死諸公至今遺集懸星日不化青山雨後憐

西湖楊柳　國朝林國器

絲絲著雨帶朝煙十里延堤五里船曲徑鶯藏青草地斷橋馬踏艷陽天折來陌路誰堪贈夢醒池塘思惘然閒坐小窗春又去風流空自憶當年

榕城懷古　國朝葉繼榮

地傑才華自昔雄榕陰十里憶程公霸圖業創雙龍伏仙竈丹成九鯉空賽浦樓臺虛夜月冶城宮殿冷秋風繁華當日推南土千古興亡一瞬中

道山亭懷古　國朝許鼎

山亭無復傍層岑太守遺蹤不可尋斷碣歲深苔白長荒臺日落鳥孤吟江光曲抱千巒迥樹色遙連萬井陰我喜片椽山下結閒攜琴卷獨登臨

雜感　國朝張湄

高浹天墟括九州茫茫一水認流求風生鼇背重溟黑雷奮鯤身巨島浮針路向空難問渡鐵樵拔地不容舟林顏幾輩蟲沙沒落日蒼涼赤嵌樓

石倉泉傍看白梅　國朝葛經邦

清芬獨與素心宜洗淨鉛華立水湄對鏡有風吹霧

去開簾如月得天奇漣漪萬斛憑滋潤掩映千枝白
護持可比贈瑤堪永好良宵無寐鎮相思

釣龍臺懷古　國朝　李馨杏

佐漢雄圖事已非精靈廟貌尚依稀中原鹿逐分茅
土滄海龍歸剩釣磯芳草即今迷暮靄江流終古咽
斜暉登臨何用傷陳迹聞唱三聲報曉雞

西湖夜泛　國朝　林正青

平湖背郭灌千畦暝入遙天一縷西樹隱鐘鳴湖寺
逈月添潮白海門低簫笙暖日喧平岸旌旆迴風颭
曲堤回首霸圖留勝事虛舟起舞聽鳴雞

辛巳清和奉　命閩兵道出將樂聞說從前有
制府經過迄今八十四年因感而志之抑或
前身在望與　國朝　楊廷璋

代巡蒐事校英才夾道懽迎聽溯洄八十四年惟一
見七旬三歲復重來連城鐵嶺標華洞彼地有鐵嶺月華洞水
繞龍湖動地雷敬仰龜山講學處祠高崇蔭映莓苔

辛巳春制府楊公卿　命閩師道出將樂此邦
父老爭覩威儀言先日曾有節使過此屈討
已八十四年而公年亦七十三矣故途中即
事有八十四年惟一見七旬三歲復重來之

何余感其事竊謂公之名德壽考自有感极
前身在望之語其實不虛爰次原韻
莊有恭
名世天生未易才與山雄峙水縈洄昔年今日同全
盛戡亂觀成感再來康熙丙辰耿逆始平則八十四年猶逆氛初靖時也公此日重來屬觀文化成之候雖同逢全盛不無感慨係之矣事異記臺光掣電人方
過洛動歡雷側闕軍禮三申後猶拂龜山講席苔
和前韻
汪廷璵
奮武出來倚相才軍容山鎮與川洄躔臨八座風雲
衛瑞繞三華旌旆來悟得前身通指月勒成新刻映

回雷崇文更訪龍湖勝屐跡曾聞到綠苔

和前韻　曹繩柱

節鎮勳名上相才晴霞高映海波洄朱輪舊歷金鼇重紫誥新啣釆鳳來傳道三生星在昴巡行八丈將樂山名令如雷鴻章合就摩崖紀赤字縱橫綴綠苔

和前韻　朱珪

奠海功歸命世才平瀾萬里靜濴洄辰旗代駐三華境亥史重占上相來此日觀民同好雨當年謀國尚屯雷戊午姚公方定計平臺因知勳德兼嘉會早勒瓔章照碧苔

和前韻　　　　徐景熹

電繞雲屯武庫才山城巖嶼水縈洄昔年立馬驚初見此日褰帷喜再來好事竟成雙合璧歡呼齊動一聲雷瓣香重謁前賢席石上留題洗綠苔

遊水口白雲寺　　國朝　鄭方坤

石壁翻江影欲沉登臨有興動微吟蘚花蝕徑能沾屐松頂蟠空漸露針十里尋僧黃蘗院一牀留客白雲衾桔槔遠向山厨瀉未息機心笑漢陰

登延平明翠閣　　國朝　林長楠

策杖重尋明翠閣凌虛突兀壯西甌九峰羅列窗前

現二水平分檻外流寒逼魚龍星影動氣衝霄漢劍
光浮放寬眼界開懷抱長嘯一聲天地秋

登南城樓望烏石諸山詠古　國朝郭　植

城頭聳立接烟霄寂寞雄圖百代遙人往銅駝悲落
日臺荒金蟒走寒潮飛仙去住空三島南宋興亡似
六朝只有梵王宮不改年年鐘磬送深宵

謁疊山先生賣卜處　國朝林應震

遯跡生涯此地秋汴陽宮闕付寒流先生閉榻成高
隱相國辭家不下樓野簌曉含江市酒春風夜落故
山裘橋西有路無人識小雨燈前獨木舟

友清軒新種梅花正開率成禁體四首

國朝 紀昀

衙齋深閉海城隈春色驚看數點梅前輩風流已陳迹幾年寥落又新栽（康熙甲申學使沈公種梅於此歲久無存俞子霽寰新爲補種數枝）寒燈久許邀君伴（次兒汝佶讀書於此）冷蕊渾如待我開（余回署後始作花）隔院桃花任撩亂祇因松竹耦無猜

小別山坳與水隈偶來使院作官梅宛然靜女粧初罷原是騷人手自栽地暖誰知衝雪放花遲轉得到春開東陽瘦骨多相似（沈君椒堤下榻軒中）料得形骸兩不猜

無須羯鼓爲催花隨意欹橫數朶斜冷署未應嫌廹

仄嚴扃猶與戒喧嘩此間賓客無塵事別院笙歌自歲華（閩中連年豐稔處處簫鼓相聞）待取焦桐彈對汝七分尚恐入琵琶

滿城火樹鬬銀花（時近上元）獨自霜枝帶月斜憐爾風標清有味消人意氣靜無譁頻牽詞客三更夢未厭哀翁兩鬢華（客年有最老者）一任旁觀嫌淡泊更如昨夜演琵琶

過官保翁青陽墓　國朝　張鶴佺

日暮邱山仄徑斜墓門寂寂泣棲鴉銀魚徒掛尚書袞石碣猶傳少保家雨洗銅駝荒草沒雲銷鳳篆女

蘋遮沙明晰遠今難合參落江天一望賒

越王臺懷古　　國朝　陳椿

釣龍臺枕大江隅江水蒼茫帶綠蕪城郭昔曾歸霸畧山川今已入皇圖片帆落日沉孤鳥畫角淒風起暮烏欲向斷碑探往事苔痕半已沒龜趺

古田四首　　國朝　張學舉

梳翠假紅疊更張罘罳細織雨絲長三稜慣穤朝雲態六扇宜分曉鏡光底用泥金輝韐匝却將水墨畫瀟湘紫姑不作人間技乘著天風瀉玉漿

突兀書空弄紫煙等閒莫侈巨如椽大文自秉山川

秀無畫能包象數先疎雨過時添墨瀋晩晴開處展
霞箋何當借入生花手爲祀雲官斗宿邊
混茫直接絶端倪萬壑羣山一覽齊秋色暗連溪雨
潤霞雯明襯海雲低飛泉幽澗虬龍臥峭壁疎蘿鸛
鶴棲膠葛夢天三十六從茲汲汲上丹梯
不辨風聲與水聲月中總作珮環鳴平分夜色珠常
定倒影天光斗自横擬挾琴高來駕鯉可能李白共
騎鯨洞簫有客移蘭棹倚和中流直到明

登紫瑱山　國朝張振華

瑱山環峙聖賢居拾級躋攀㭙岱如煙火千家容俯

覩風雲萬里任遐舒開顏猶覺陽春早積翠還宜宿雨餘雄鎮本來鍾毓富尚憑綬水作襟裾

登仙遊何嶺口占　國朝　鄭士仁

斯嶺重登越十年詩搜舊韻聳寒肩稚松忽挺擎天蓋老鶴還披賽雪綿燒葉依然留石鼎飲泉何用擲金錢奔忙多半緣尋夢笑問夢鄉醒孰先

夾漈草堂　鄭士仁

披茅舊講讀書堂著述心勞自晦藏夾漈泉流琴瑟響考亭天並日星光山憑翠靄居猿鶴竹護青雲待鳳凰一自先賢搜勝蹟儒風丕振世虞唐

登劍津明翠閣　　國朝　林遂

嵯峨高閣枕山巔極目蒼茫思渺然有客題詩青石壁何人倚劍白雲天峰依雙塔孤城迴地劃三溪一水連試憶化龍今古事荒凉落日起秋煙

遊鯉湖石門潦　　國朝　鄭樗菴

習靜空山獨杖藜石門陰入白雲西落花徑淺猿相引種藥村深鳥自啼梅洞幽幽羣帝馭松扉寂寂九真棲天台此去無多路悞問漁郎失舊溪

西湖晚眺　　國朝　林從直

波涵倒影鏡天空野意蕭涼一望中暮鳥亂啼西竺

寺夕陽孤照水晶宮堤沿十里秋蕪白嶼罩千株曉

柑①紅獨感香銷歌舞盡遺花峰下月朦朧

凌霄臺　林從直

鄰霄石壁鬱嵯峨有客登臨醉眼開百里山河通井

市千年城郭壯樓臺潮衝虎嶠隨南下氣接龍腰自

北來獨憶昔時金鰲地霸圖銷盡不勝哀

登岁巔峰　林從直

盤旋鳥道到峰頭水國微茫一望收華嶼髻青疑海

畫虎門濤白見天浮雲開松磴千林月風送山鐘萬

島秋更欲凌空題石壁振衣長嘯思悠悠

校注：①柏

越王臺懷古

國朝 王朝屏

越王臺上夕陽微樹色蒼茫鳥道稀月冷故宮芳草合苔封古堞白雲歸玉魚煙鎖沉歌管金鳳香銷褪舞衣回首當年興廢事黃昏幾陣野鴻飛

和及門楊鍾嶽遊閩中西湖 國朝 程廷栻

五載前聞湖上景今春始得泛晴空越王荒塚平山北樵子遺蹤烏石東草色侵衣芳塢碧波光映面夕陽紅眼看吾道南來日花柳前川續往風

春日木蘭陂觀漲 國朝 翁源濬

一篙新綠下蘭陂影入篷窗面面奇風起江[illegible]①吹浪

校注：①豚

後雨晴沙燕掠波時雙橋恰逐桃花漾數尺纔添若葉移相約溪頭須盡醉航船泛棹莫輕離

冶山懷古　國朝　張萬年

八郡封疆一望遥海天秋肅木蕭蕭萬家鱗次凝煙霧五劍虹光入漢霄坡麓池塘猶作雨臺邊馬瀆遠生潮冶山不改當年勝歐市環隅盡日囂

西湖即事　國朝　張世燦

西湖合注鳳山泉清挹湖光思爽然别島穩棲窺水鶴傍涯多著釣魚船雲亭寶刹涵雙影玉版龍章下九天最是褒忠祠貌古高風勁節思當年

釣龍臺懷古　國朝梁邦柱

傳來閩嶠介蠻氛誰闢江山勝蹟分芳草尚深停輦處豐碑猶載表年文龍歸潭外餘空壘燕繞臺前有斷雲今古廢興無限事昇平閒話舊時勳

西湖春泛二首　國朝黃慶

鐘聲隱隱出林煙夾岸桃花映水鮮廢苑仍圍高嶂月樂遊誰唱艷陽天每乘畫舫聞村笛愛倚朱闌見野田昨夜平橋春漲滿鳴榔多在大堤邊

遠城一片碧琉璃燕剪鶯梭出短籬野艇衝來雲漠漠板橋歸去雨絲絲亭飛別鳥孤僧立人隔微波送

酒遲好是謳思膏澤處藕花風裏水漣漪

螺江舟中　國朝　鄭際熙

虎崰①雲開五虎同螺江煙散一江空初晴日色舒還斂無力柳帆西復東唼藻鴆鶴交拍水鬭花蝴蝶對凌風韶光有意能隨客何惜棲棲嘆轉蓬

登通津門城樓　國朝　鄭際唐

千年雄蹟此高樓長嘯西風最上頭煙井曲通騎馬路登臨直作踏鼇遊海門有信還潮汐烽火無驚靜鎧登終古滄桑知幾變于城秋似治城秋

過仙霞關　國朝　郭趙璧

校注：①岫

雄關天險鎖峰腰越水閩山道路遙十里重陰雲漠漠半樓蹤影竹蕭蕭深秋鞍馬來孤嶺斜日肩輿過短橋却憶去年憑眺處滿天風雪上層霄

夜泊松溪　郭趙璧

寂寂山城對暮江停橈何事倚篷窓寒燈左岍家千里夜雨孤舟酒一缸險阻豈從今日始艱難未肯此心降偷閒却羨鷗鳧浴睡入蘆花影自雙

詩　五排

凌霄臺詩　宋　蔡襄

峭拔幾千仞孤高無四隣低佪傾北斗突兀起東閩

締結青雲上登臨渚海濵溪山來面勢歌吹徹穹冥
子夜看先日陰崖得後春三韓空瑣碎萬落自埃塵
使者風流在詩人格調新驪珠忽投我神筆動驚人
平昔持州契於今識路津去天知不遠咫尺仰威神

榕村重構

國朝　李光地

西麓委迤盡平疇曲水通開村名以樹跨峴勢因風
偃作雙橋斷聯成一幄同摧頹雷雨意韡韡鬼神功
久矣勞于役歸來老此中雲山皆接比軒棟盡朝東
石峻希巖築池灣擬頻宮遠條陵廣沚清泚度幽叢
無限晴光好尤令暑氣融精心藏秘冊餘事息微躬

是地方營構茲郊正起戎憂思忘後樂雖守那知雄
日霽今王會霜華旣病翁白駒馳不住青竹業何窮
昔夢榕陰綠斯晨荔子紅懷哉聊慰志時復叩虛空

五月十日遊成雲洞　李光地

買山三紀事卜築舊無能雜樹全荒徑孤齋未宿僧
宦遊如泛梗代網類牽繩責諾誠虛負移文固已曾
篠林喧虎吼繡壁蝕蟲甕淇澳青千个終南白百層
木棉松榦倚菡萏蘭香朋隔岸環三渚連潭曳一泓
○○花苜蓿荇藻葉荷菱烏馭東西軌蟾弓上下絙
谿風秋懸屑峽雨夜[illegible]崩信美知無度懷思夢不勝

深恩紓倦鳥老態劇寒蠅杖策拘攣去肩輿卷跼登
巨靈云旣許福地自然興禹蹟藏何極遷書寄有承
鬬將巖石洞付與谷雲騰餘潦橫猶漫初嵐直似蒸
南訛翻赤幟且比踏層氷

留題鼇峰書院 有序　　李光地

趨朝道經三山觀所謂鼇峰書院者此地闢自儀
封張公而海康陳公繼之二公皆以宿學清修建
棨於茲下車之日首注意於文事是閩學將興之
祥也陪讌講論竟日留此志喜

扶杖趨　朝命停車采國風諸姜齊稷下三峽待文

翁倡道中州傑尊師百粤雄有虔初秉鉞主靜日銷
戎媢學招耑素賢僚倚帳紅葱青環藻棁幽翳滿芹
宮我老迷非是羣徒質異同抗顏愁笏曳寫腹已攡
空白首慙嘉會虛心竚聖功作人　天子意巍羽戾
朝桐

安溪李相國鼇峰書院講學賦詩步原韻

國朝王　道

碩輔趨朝日談經見古風發蒙推洛下過化迅文翁
霽月依春爽臯比擁坐雄博淹開武庫清辨薄阿戎
窓草除穢綠亭花綻欲紅鳴鐘隨大小聽樂識商宮

諸子參純駁羣言較異同若河終底海如日麗當空百代源流合千秋羽翼功鼇峰多士集藹藹誦梧桐

詩 五絶

避暑草廬

明 馬森

月色誰家春江聲何處笛山齋人不眠松露窓前滴

夜光堂

明 曹學佺

入山如已深宴坐意疎豁長風作松濤瀟瀟起天末

自題太虛亭別業

明 董應舉

隱几坐寒翠微亭帶綠陰晚山相對罷風動壁間琴

鱟魚

國朝 朱彝尊

尾揷茨菇葉①臍攢螃蠏箝南庖鶩束手非止北人嫌

西施舌　朱彝尊

吳人輸一錢思覩西子類何如得網中宵分齧其舌

花蛤　朱彝尊

畧識味如螯寧知化非雀誰加水族恩特與繡衣著

西施舌　國朝查愼行

尤物佳名托依然住水鄉死難逃越網生只戀吳航

香螺　查愼行

螺女江邊產形麗味特奇客厨貪一飽空殼付僧吹

蟳　查愼行

校注：①葉

味美尤在鼇一①枚十錢買自從擘蝤蛑不憶分湖蟹

鱟魚　查愼行

介屬魚其名雌雄同一束爬沙苦無力安用十二足

花蛤　查愼行

入水化幾時登盤復充鱠刳腸誰見憐文采却在外

黄螺　查愼行

藏尾露兩角肉黄漫多腥時於蝸殼中自負楞然形

珠蚶　查愼行

珠蚶細已甚魚鱗鵝眼許海錯幸自多烹鮮乃及汝

福州雜咏　國朝　任紹奇

校注：①枚

無諸猶有墓餘善尚存碑衰草斜陽裏徒縈過客悲

名與金牛合澄浤水一灣無將大小別隹處可遥攀福州亦有西湖

兒奶謀堪寄靈神祐必多祈求諸最吉三十六宮婆兒生後祀女神索祐曰寄奶有臨水夫人三十六宮婆諸神

踏青二月二遊伴共相招迴望春臺館鞦韆影寂寥宋時多此戲

漁婦舟爲屋時乘早晚潮撩人常小泊窄袖弄輕橈

攢枝丹荔熟翠籠貯炎疆香味逾南海楊妃却未嘗

詩七絶

珍珠簾詩　宋 陳祥道

東風飄拂雨纖纖吹向空中草木霑記得傳宣三殿日恍疑天半撤珠簾

石盤原韻　宋 朱子

琴到無絃聽者希古今惟有一鍾期幾回擬鼓陽春曲月滿虚堂下指遲

鷲峰　宋 臧日常

望窮山下疑無路行到壺中别有天花露春巖朝帶雨月涵秋水夜聞泉

莘氏夫人廟留題　宋 文天祥

百萬貔貅掃彗芒家山萬里受封疆男兒不展撐天
手慚愧明溪聖七娘

詠九鯉湖珠簾　明 康佺期

縹緲珠璣錯落投丹霞爲佩月爲鈎何當一遇仙人
倦親看蓬萊十二樓

紫藤花菴卽事　明 董應舉

繞池閒草出墻花破睡新煎穀雨茶臨水平橋一雙
□①兩三聲送夕陽斜

方壺巖道中詩　明 陳鳴鶴

方壺道上忽聞鍾猶隔東西四五峰立馬鳥聲山色

校注：①鵲

裹一天殘雪落孤松

謁鄭烈女墓口占　　明 聶豹

閨幃巾幗凛冰霜一死能留姓氏香此膝未曾輕下拜爲娘千古重綱常

建溪棹歌　　國朝 查愼行

清流尾大艘仍艤杉板船輕一擲梭順水無風行更穩槳聲如鴈櫓如鵞

石根一道水瀠洄宜有腸如九曲迴問渡亭前齊閣櫂竹簰撐入武溪來

西江估客建陽來不載蘭花與藥材點綴溪山眞不

俗麻沙村裏販書回
年年三月杜鵑啼紅白花開似錦溪只作漫山桃李
看不知中有海棠梨
不爭白狗黃牛峽不數西江廿四灘天下無如建溪
惡水中刀劍是峰巒
北客南來飯好加川程三百少魚蝦建安腐乳甌寧
酒更有南鄉澤瀉花
連山苦竹賤如毛十節量成二丈高小泊南雅南口
子船船多換幾張篙
青天白日走雷霆黯淡危灘最有名擊電光中行十

出船頭一轉即延平
自從舟發崇安縣直到洪塘與海通君使一灘高一
丈幔亭合在半天中

武彝采茶詞　查慎行

荔支花落別南鄉龍眼花開過建陽行近瀾滄東渡
口滿山晴日焙茶香
時節初過穀雨天家家小竈趁新烟山中一月閒人
少不種沙田種石田
手摘都藍漫自誇曾蒙八餅賜天家酒狂去後詩
名在留與山人唱采茶

遊天心寺　國朝何瀚

古寺懷秋倚杖藜山村烟起午雞啼憑闌瞥見歸舟路南浦橋橫第一溪

過西湖　國朝許均

嵐光遙接寺門煙野艇歸來欲暮天兩岸椰花飛不定一聲水鳥夕陽邊

寅湖晚眺二絕句　國朝許殿輔

秋淨湖光浸碧絖青螺小影鏡中看晚風吹得垂楊瘦人似襄陽怯薄寒

人家樹影半扶疎堤上秋風老碧梧小艇無人拋桂

槳不將烟雨畫東湖

侍鶴嶠師遊朝斗巖卽和元唱

國朝 馬在觀

懸空卍字細闌干俯瞰雲山玉骨寒江上微波泛漁艇一聲欸乃響層巒

巍巍高聳接星台絶壁危亭畫鏡開下界茫茫煙景好輕風吹過栁陰來

毘陵潘中丞重濬西湖余暇日出遊感今追昔成詩十二首

國朝 黄仼①

杖藜去踏城西路一碧空明浸遠天四十年來無此

校注：①任

景故應日日上湖船

樂遊散後覇圖空漁唱菱歌起晚風大夢山頭一輪月夜深曾浸水晶宮閩主王延鈞城西造水晶宮與其后陳金鳳采蓮湖中后製樂遊曲官女倚聲歌之

稜道張燈夜未收冬郎垂老到閩州玉消珠盡長春冷誰伴荒遊上綵舟韓偓長春宮詩云淚滴珠難盡容殘玉易銷爲金鳳作也

三山別島署孤山一碧琉璃四面環我欲另開香雪界亂梅花照亂流灣孤山在湖中明太守江鐸結亭署三山別島四字

半薰花氣半蒸嵐又蘸波光上佛龕粥鼓魚鐘一聲響此間何可少精藍開化寺舊在城中已廢孤山建寺仍其舊名

丹荔千枝歷殿墻毎來開化寺先嘗雪霜肌肉丁香骨傳說當年十八娘荔子十八娘瘦細腰核縣藥一串數十粒相傳王氏十八娘手種故名

湖西要慶高低勢築堰關心在溢乾解識勤民趙忠定一篇鴻筆紀澄瀾趙汝愚建澄瀾閣尋燬明徐中行江鐸重建之馬森爲記

瑯瑯拓國夾城開遂使三湖半草萊六十九渠忠惠力辛勤曾復五塘來東西湖汙淤蔡端明開六十九渠復古五塘以溉民田

當時易費水衡錢水利曾興六百年一萬四千餘畝地可能艱食到桑田西湖水利民田閩縣三千五百九十八畝候官一千六百八十三畝懷安二千三十畝東湖水利民田懷安七千九十四畝

草浚南湖跡亦銷通仙門外不通潮熊兵湫塞泥門閉剩有濺濺出椰橋熊兵泥門二橋皆導西湖之水入南湖者今南湖已塞二橋亦廢惟椰橋尚通舟楫

西湖東斷到龍腰只隔琴亭二里遥每到浮倉山下望無人能識十三橋浮倉山在東湖水中樊紀造十三橋以通嶺北諸溪水于東關琴亭其一也

落霞孤鶩看齊飛起廢新銘換舊題一自河陽壽桃椰邦人不羨白蘇堤

社寮雜詩二十六首　　國朝　吳廷華

五十年來渤海濱生番漸作熟番人裸形跣足鬅鬙

髮傳是童男童女身郡志相傳秦時方士留童男女於此土番皆其所遺

隴人短髮剪來多不用高盤髻一緺海上原隣東印度居然退院老頭陀後隴番多剪髮作頭陀狀相傳有異僧教之至今人多壽無疾病

珥璫漸貫耳輪寬看際垂垂兩肉環待得周環容徑尺便誇氣槩向人寰穿珥貫耳漸使之大有中可容斗者人以為豪

僂羅采色次浮誇點綴都憑草木華天為癡頑偏愛護一年無日不開花土番喜花遇花則采垂垂滿身如瓔珞然　臺地暖四時花不絶

幅布聊遮尺寸膚凌寒原未見號呼如何楕柮煨偏

慣相對南熏尚擁爐土番身上下布一幅蔽體而已日煨榾柮冬夏不輟如飛步履敢從容鯉躍猱升去絕蹤笑數平生輕捷處超騰九十九尖峰九十九尖峯在蔄霧拺東南山內首稱峻削刻期捷羽走猫鄰雨夜風晨往返頻一道官文書到處沿途響徹卓機輪未受室謂之猫鄰又謂之猫達專司鋪遞卓機輪鈴鐸之屬又日薩鼓宜佩之行則有聲

春郊漠漠水湯湯莫問當時射鹿場牽得駿尨朝出草先開火路內山旁外山皆墾成田園射鹿皆於內山焚林逐鹿必先開火路防燎原也番謂射鹿爲出草

倒單生齩各紛拏鮮炙餘烹腊作豝功令只今禁承

餫省教計腿付頭家縱犬逐鹿活擒者謂之生獻獵擒者謂之倒單承番餉者謂之社商又日頭家督番射鹿計腿易以尺布禁革後鹿脯皆番人自市矣

纔過穀雨覓猫螺嫩綠旗槍映翠蘿獨惜未經嫺著戰春風辛負採茶歌猫螺內山地名產茶性極寒番不解飲

早起樵蘇遂谷東佳材一槩付新翁知音怕惹中郎賞不剩荒厨焦尾桐內山多楠樟香木番人亦知其佳恐有司科取砍以爲薪

霞籃漆籠滿蝸廬家計休嫌長物無還似老僧新駐錫纍纍東壁大葫蘆編竹爲霞籃如內地筐筥而制特精巧土番喜貯葫蘆以多爲富有大如甕者

十萬官糧三百囷愼防侵耗及紅陳島民倘隸司徒

職合署倉人及廩人鳳邑倉糧多存八社番以死守之
臨流架竹作浮田犁雨鋤雲事事便萬頃滄溟倘移
試蜃樓藏盡○農年水沙浮嶼有架竹水上布土下種者謂之浮田耕獲不異常畝
嘉禮初成笑語闐車蟓鹿腊滿長筵原知有賺期生
女果是新增打喇連番重女而輕男以男必出贅也謂之無賺以女必招贅也謂之有賺打喇連番人謂婿也
秦贅何從問肯堂鬮中瓜瓞蔓偏長諸姑伯姊家人
聚不見男行見女行男必出贅惟女守室中故男散而女聚
繡褓文衣製未便生兒隨母浴清泉十年新學唐人
俗五色絲穿長命錢土番生子必隨產母浴于水謂可去災

琴瑟更張意已乖蕭郎歧路爲誰排回頭斷齒追歡日尚賸親磨鹿角釵夫婦不相能則離異不復顧上番多手制鹿角釵爲聘番女成婚則去二齒以別處女

底六朝來待客忙抱瓜獻韭總尋常殷勤含米供新釀一盞盈盈白玉漿番謂美婦爲底六番女嚼米釀酒頃刻而成色白味酸謂之姑待酒

搏飯何須匕箸嘗茹毛飲血俗相當從來不設烹魚釜帶甲生咀鮮蠣黃搏飯食之不用箸魚蠏蠣蛤生食之

出浴前溪笑解襟落潮水淺上潮深臨流洗得沉疴去大藥曾投觀世音番人喜浴雖疾亦然謂觀世音投藥水中浴之則愈

墩寶門邊淡水限溪流如箭浪如雷魁籐一綫風搖曳飛渡何須蟒甲來北淡水港水流迅急番人架籐而渡去來如飛蟒甲小舟也

一拳浮嶼湧青蒼砥柱中流廿里長添箇瓊樓併玉宇蓬萊端在水中央水沙浮嶼在水裡湖之中一峰孤擁四面溪流番人結社其麓所疑異界①

金飾脂塗舊髑髏爭相雄長在操矛而今漸曉秋曹法不掛人頭掛獸頭土番殺人取其頭骨剔淨飾以金脂其口懸之門闥以示武近亦畏法取獸頭懸之

軍聲到處疾如雷石峽重重一旦開鐵騎橫通三港路將軍真個自天來石峽係山壁立中橫小道通南北港山頂林樹交密阿嗇于樹

校注：①境

頂置巨石小道密揷竹箭渭濱司馬恩紹

北社社首胡斯賴爲之通道乃達南港。

四月二十二日與朱君觀察東郊勸農事畢偕

登鼓山紀遊十首　國朝　曹繩柱

拂拂清風引畫旗嘉年彌望碧成圍勞農預識豐年樂乘興還應上翠微　勸農

踏石穿雲陟鼓山澹煙輕雨護禪關老松只愛濤聲靜遠岫從教黛色閒　登鼓山寺

卓錫斯須便湧泉阿羅指點證金仙天功亦擬貪人力爲問癡龍何處眠　羅漢泉

方塘半畝湛清漪魚躍悠然巨壑期不置釣竿惟置

餌我知魚樂共熙熙　放生池

石壁嶙峋夾峙開斷溪千尺沁莓苔當年一喝渾成趣省却潺潺聒耳來　喝水巖

泉源是處溯靈湫石罅涓涓自在流潤我良田千百頃慈雲願力眼前收　靈源洞

仄徑欹厓著一亭溶溶新水浸輕雲欲尋岩巔峰前路石磴盤松濕不分　水雲亭

遥看絶巘最高頭雨歇雲封阻勝遊聞道晴空澄碧海青螺兩點辨琉球　望岩巔峯

勝侶清華喜共陪凌雲健筆賦蓬萊蒼厓待勒風濤

字東壁先瞻靄景開

歸途雨霽

行行暝色隱煙鬟鼓角嚴城夜叩關猶向鑑亭勞問

字臨池剪燭話青山

暮歸水部門同石君過楸園龕峯講堂劇談勝遊而散

國朝林蕙

鼓山道中

萬松引客陟層巒絶磴千盤不覺難遙望山門雲際渺半天空翠落衣寒

國朝廖必琦

重建鄭烈女墓表依聶雙江謁墓原韻

片石巋然幾雪霜荒烟埋没也聞香于今芳躅重昭①[illegible]始信幽貞迥越常

校注：①碣

國朝　鄭文炳

貞操凛凛擬冰霜石闕長留姓字香道上行人爭下
拜千秋誰不重綱常

國朝　俞荔

栢臺秉簡氣凌霜特爲貞魂薦瓣香一碣留題眞不
朽滄桑雖變石如常

國朝　鄭喆

愁魂零落幾星霜古道梅花依舊香白是幽貞垂不
朽埋羞臺畔總尋常

國朝　鄭士仁

生前骨格皎於霜未字懷貞巾幗香振古以來皆有
死吾家賢女獨逾常　國朝　鄭帝眷
留題墓道表懷霜拭拂重堣墨蹟香屏盜有碑今再
見應知貞魄動空常

建寧　國朝　張學舉

城郭千家枕翠微臨江門外雨霏霏銜魚一鷺如相
①引只傍輕舟側翅飛

品荔　張學舉

陳紫離離雜宋香端明舊譜襲餘芳閩天炎夏多雲

校注：①引

雨中爲娉婷十八娘
色香最在露初乾欲擘先疑沁齒寒我記歐公詩好
句絳紗囊裡水晶丸

嶺外　　張學舉

嶺外從來霜雪稀初冬日日弄晴暉楓林不肯留纖
綠都作春花點翠微

乙丑小春得古石盤上刻紫陽夫子題詩一首
斯詩立言警切寓意深遠讀之易盡味之無
極因移置小齋處久賞玩喜不自禁謹依元
韻口占　　國朝　戴程劍

乞歸五載俗緣希盤石相逢慰夙期況有先賢佳句
在移牀心賞莫教遲

木蘭秋泛　國朝 林麟焻

李侯祠畔幾株花錢女洲前一抹霞踏遍水門三十
六不勝秋思滿蒹葭

西湖竹枝詞　國朝 鄭際唐

雉堞參差聳麗譙年年流影入湖遥果然八百年當
盛亙物新來也自饒（郭璞拓子城曰八百年後此地當大盛）
春水湖深處處流白沙細石瀼寒洲謝家許事宅何
處指點荒林繫釣舟

青箬人隔綠楊陰土字秧歌太古音但得桑麻成樂
國輸他鍋子但銷金杭州西湖士人呼銷金鍋

雜記一 祥異

太虛之表二曜列星布宣四氣積分漸餘散而罔紀則爲之置閏歲時乃成易象陰陽奇偶錯天地萬物之變象爻既定别作雜卦剩義以明何也舉大者不遺細取精者其用宏事物之理其致一也通志體裒正史而尤切於時俗故稽郡邑叙山川綜政化彙人材論次既畢則以雜記終焉豈好奇而愛雜哉流火祥桑鷁飛星雨經訓書之輿人之謡韓薄之近事列諸史傳子

雲博識爰採方言張說摛文聿脩廣記是皆莊
論之所不及特書之所未詳後世三復其書益
亦多聞之助而鑒戒之資也不然巵言謏詞君
子鄙之久矣續志雜記

福州府

乾隆二年八月十五日夜颶風海溢南臺江水浸大

橋

四年春屏南縣虎爲虐至秋始息

八年彗星昏見西方

十二年古田縣大水

十五年八月初八日夜大風雨水淹貢院號舍

十六年七月閩縣侯官長樂福清連江羅源俱大
風雨

十八年春三月閩縣侯官長樂福清俱大疫

二十五年秋八月十五日樣樓災

二十八年總督署產五采芝

二十九年夏四月閩清縣水漂田廬

興化府

乾隆四年夏四月隕霜

十二年夏六月二十三日僊遊縣綵雲見西方

十四年正月二十二日大風雨

十八年自春徂夏大疫

二十二年大旱饑

泉州府

乾隆七年自春徂夏不雨無禾

十三年惠安縣大風海水驟漲傷田稼

十七年同安縣大風

十八年大疫

二十二年大旱饑

二十三年大旱饑

二十五年同安縣大水壞田廬

漳州府

乾隆元年雨雹

七年正月不雨至四月

十四年春旱至秋七月乃雨

十七年三月二十九日雷震死數人七月大水漂

没廬舍十二月平和匪類蔡榮祖謀襲郡城事洩

被獲與其黨四十二人俱斬於市

十九年五月大雨水淹田廬奉文賑恤九月海潛

潮湧傷稼

二十二年旱

二十三年旱渠港皆乾

二十六年正月海澄縣新路口災

延平府

乾隆八年十一月彗星昏見西方

十五年秋八月大水

二十九年夏四月大雨沙縣永安縣水淹田廬民

畜漂没無算

建寧府

乾隆四年夏四月浦城縣　文廟尊經閣燬於雷火

五年府城鼓樓災
八年閏四月浦城縣民家豕生豚一頭二身二尾八足
十三年春正月匪類魏現聚衆謀逆官兵討捕之六月伏誅
十五年大水
二十九年大水
邵武府
乾隆二年三月十八日有火大徑尺觸天自西而南墜下有聲轟然

八年夏四月大水六月建寧縣西鄉雨豆

十四年四月邵武光澤二縣大水壞城垣廬舍

十五年六月建寧縣大風晝晦有蛇從城北後山隨雲飛去

十八年夏四月大水建寧縣　文廟有白雀數千飛繞

汀州府

乾隆二年歸化縣雨雹大風

五年永定縣大水壞田廬

八年正月寧化縣大風飄居民屋瓦

九年正月清流縣災四月又災
十四年八月清流縣鐵石磯災燬巡檢司
十五年正月長汀等縣大水八月寧化縣大水
十六年夏五月寧化清流二縣大水秋七月颶作
拔木飄瓦
福寧府
乾隆二年八月十五日夜海水溢寧德縣大風雨是
歲歉
七年七月寧德縣大水
八年寧德縣大旱饑

九年十月初十日火燬鼓樓延龍波東西政平上下萬安五境越日乃息

十四年四月壽寧縣災焚民居百餘區

十五年七月寧德縣暴風雨溪水溢人多溺死八月初九夜大風雨東門城樓圮福安縣大水

十六年五月壽寧縣星墜有聲七月八日大風雨山崩水湧漂民居無算福安僊嶺山鳴連日雨溪漲漂沒廬舍是年饑

十七年饑匪民陳士樂倡刼富家粟論罪有差七月雷震死牛三十六隻

十八年三洋柘洋等處羣虎爲患二十一年始息
二十二年五月寧德縣南山鳴
二十四年府治產芝
二十五年三月二十八日災焚民舍百餘區

臺灣府

乾隆十二年臺灣鳳山二縣潮溢壞民田
十八年大旱

永春州

乾隆七年永春州德化縣三月不雨至五月乃雨
十三年正月朔　文廟慶雲見

十八年四月大田縣大水淹仁美周田二鄉民畜殆盡

龍巖州

乾隆七年旱

十七年龍巖大水

二十二年大雨水淹田廬

二十三年大旱

二十六年六月大水壞城垣

雜記二　叢談

福州府

魏景元元年吳主黙[①]亮爲候官侯遣之國注晉志曰建安郡故秦閩中郡漢高祖以封閩越王及武帝滅之徙其人名爲東冶後漢改爲候官都尉吳置建安郡以候官爲縣屬焉宋白曰漢武帝元鼎六年立都尉居候官以禦兩越所謂南北一候也資治通鑑

陳大康元年建初里人嚴光之子恭商於維揚舟次市黿五十而舍之光家居一日有被黑衣五十人送緡錢五千曰君之子恭揚州所附還也及恭回驗之實未嘗有乃悟贖黿之事遂舍宅爲寺閩中考

校注：①黜

王十八娘天寶閒宮人與太眞寵相亞馬嵬堆玉十八娘亦歸晉安故里明萬歷閒與閩人東海生冥會歌菩薩蠻詞云妾身本是瑯琊種當年曾得君王寵傾國鬬紅粧人稱十八娘絳綃籠玉質纖手金盤擘驛路起塵埃驪山一騎來見慢亭集按東坡荔枝詞有骨生肌香恰是當年十八娘之句或以爲十八娘卽荔枝也詞苑叢談

道山有薛老峰薛老薛逢也咸通中爲候官令與僧靈觀遊創亭其側人書其峰曰薛老云按逢有元日田家詩南村晴雪北村梅樹裡茅簷晚晝開蠻

榼出門見婦去烏飛迎路女郎來想閩中詩也但唐書本傳未見逢令侯官爾閩書

林傑五歲與父同遊王僊君壇作詩曰羽客已登雲路去丹砂草木盡凋殘不知千歲歸何日空使時人掃舊壇年十歲方秋初忽有雙鶴盤空而下忻然下堦抱得一隻父恐非常令放之鶴升而去是夕得病而卒鄭立之以詩哭之曰才高未及賈生年何事孤魂逐逝川螢聚帳中人已去鶴離臺上月空圓古今詩話

韓偓流寓閩中所作詩僅傳南臺懷古一首後卒於

閩其子寅亮與鄭文寶言偓捐館日溫陵帥聞其家藏箱笥頗多而緘鐍甚固發觀得燒殘龍鳳燭金縷紅巾百餘條蠟淚尚新巾香猶鬱乃偓爲學士日視草金鑾夜還翰苑當時皆宮人秉燭以送悉藏之又文寶少遊於延平見一老尼亦說斯事尼乃偓之妾耳第未考偓葬於何所也筆精

周朴𡋾末詩人寓於閩中僧寺假丈室以居諸僧晨粥卯食朴亦攜巾盂厠諸僧下畢飯而退率以爲常郡中豪貴設供率施僧錢朴即巡行拱手各丐一錢有以三數錢與者朴只受其一得千錢以備

茶竈之費將盡復然僧亦未嘗厭也性喜吟詩尤尚苦澁每遇景物搜奇抉思日旰忘返苟得一聯一句則欣然自快嘗野逢一負薪者忽持之且厲聲曰我得之矣樵夫瞿然驚駭掣臂棄薪而走遇巡徼卒疑樵者爲偷兒執而訊之朴徐往告卒曰適見負薪因得句耳卒乃釋之有一士人欲戲之一日跨驢於路遇朴在旁士人乃欹帽掩頭吟朴詩云禹力不到處河聲流向東朴聞之遽躡其後士促驢而去行數里追及告之曰僕詩河聲流向西何得言流向東士人頷之而已全唐詩話

唐乾寧三年狀元沈崧閩縣人仕錢鏐父子拜相與羅隱契厚崧爲文摹寫徐庾隱墓誌崧筆也駢儷詳正未作兩銘一誌兩銘此爲僅見崧集不傳余所見者但此篇耳志云隱曾祖羅僊字童知仕福清縣令福州志失載 筆精

閩王繼鵬元妃梁國夫人李氏同平章事敏之女繼鵬寵春燕欲廢夫人内宣徽使參政事葉翹上畫①極諫繼鵬批其疏後曰春色曾看紫陌頭亂紅飛盡不禁秋人情自厭芳華歇一葉隨風落御溝放翹歸永泰梁國竟廢 金鳳外傳

校注：①書

李倣怨陳金鳳負已謀所以奪之寵乃盛飾其妹春燕進於延鈞春燕時年十五婉媚絕代因冊爲賢妃明年元夕延鈞召前翰林院承旨韓偓宏文館直學士王倜右補闕崔道融吏部郎中夏侯淑等觀燈宴樂命各賦大酺樂偓感長春宮失寵賦詩□淚滴珠難盡容殘玉易銷倘隨明月去莫道夢魂遥延鈞爲動念因返駕長春宮金鳳外傳

閩王延鈞度民二萬爲僧由是閩中多僧綱鑑紀事本末

永福澄潭山去城六十里五代時陳嵩居此嵩嘗出遊有辭父墓詩云高盖山頭日影微野風吹動紙

錢飛墳前滴酒空垂淚不見丁寧道早歸萬首唐人絕句又作陳去疾詩按明一統志載此詩於南安縣高蓋山下以爲歐陽詹作閱歐陽集不載乃知纂脩當有考也閩書

蔡密學知福州日令諸邑道傍皆植松自大義渡夾道達於泉漳人稱頌之云夾道松夾道松問誰栽之我蔡公行人六月不知暑千古萬古搖清風三山志

鄭俠少隨父官江寧讀書清涼寺閉戸苦學時王安石以舍人居憂聞而奇之使其徒楊驥往依俠學

雪寒俠讀書過夜半拉驥起登閣望雪酬賦浩然他日驥爲安石誦之安石歎賞其漏踰書卷盡春逐酒瓶開之句閩書

鄭公俠性清儉布衣糲食終其身州倅許景衡過公廬見其飲具皆白鐵既去遺以銀器辭曰不鬻則質之非貧家所常蓄也然喜賓客誨誘學者孜孜不倦客至無貴賤輒留與飲率不過蔬菜一肉適飽而已且爲陳古今忠孝之道聖賢立身之本家雖不裕於財嗇用而廣施未嘗有靳吝之色建康志

宣和元年一拂先生鄭俠忽夢有客稱鐵冠道人遺

之詩視之乃蘇子瞻也先生與子瞻同貶嶺外其詩云人間眞實人取次不離眞官爲憂君失家因好禮貧門闌多杞菊庭檻盡松筠我友迁疎者相從恨不頻簫而歎曰吾將逝矣作詩二首授其孫而卒時年七十九侯鯖錄

西塘先生集九卷宋福清鄭介公俠著萬歷中其鄉人葉文忠公向高得秘閣本刻於金陵按先生集南渡後凡三刻今本乃第四刻也先生爲人所謂浩然之氣至大至剛其詩文亦如之大抵似石守道而無其怒張叫呶之習有德之言仁者之勇彷

彿見之古詩如古変行呈子京等篇在樂天東野之間近體和荊公何處難忘酒一章令好邪九原之下猶當慚汗先生子壻即艾山林光朝也居易錄

古靈先生陳述古書法在蔡君謨之右學柳誠懸酷肖也烏石山平遠臺鼓山臥龍俱有題名鐫之石壁皆徑五寸鮮有知其妙者筆精

政和二年林瑗與衆砌永安門州產榕木河堤官廨多植之治平四年張郎中伯玉令通衢編戶濬溝六尺外植榕為樾歲暮不凋熙寧以來綠陰滿城行者自不張蓋政和中黃尚書裳時補其缺今定

安宜與新河尚無恙東南數里僅存數株矣三山志

林槩福清人徙居吳門嘗爲省試第一載國史儒學傳其子曰希旦邵顏相繼登科希爲樞密謚文節旦爲殿中侍御邵爲顯謨閣直學士謚文肅顏爲光祿卿希之子虞中詞科旦之子處亦登第邵之子攄賜出身爲中書侍郎近世儒門之盛必推林氏云中吳紀聞

徐遹博學尚氣崇寧二年爲特奏名魁時已老矣赴聞喜宴歸騎過平康同年所簪花多爲羣娼丐取惟遹花獨存因戲題一絶云白馬靑衫老得官瓊

林宴罷酒腸寬平康過盡無人問留得宮花醒後看（宋稗類抄）

熙寧閒福州洪浩居太學累年其父以詩寄之浩得詩感泣遂揖諸生歸聞而歸者十五六焉逮紹聖閒始著歸省之令然猶九年爲限崇寧二年推行三舍有司以學法進呈徽宗曰興學校以厚人倫申孝弟而學生有祖父母父母不得省視立法有九年之久考之人情頗爲未安因改爲三年之限（上庠錄）

獅峰蕭公國梁登科是歲第一人本丞相忠定趙公

故事設科以待草茅士凡預屬籍挂仕版者法當遜避唱名日遜厚蕭爲榜首其謝啓云預飛龍之選淮南論次以當先無汗①馬之勞酇侯何功而居上蕭用宗室及蕭氏事人多稱之宋稗類抄

永福梁宗範字世則年十三時母攜之謁縣宰問所能範拱手對曰某初學詩宰畫竹絹扇命題宗範援筆立就云團團紈扇向誰緘露出琅玕三兩莖密葉旋從人意長纖枝全藉筆毛生翠筠不動風常在勁節無根色自榮只恐半天雷雨夜化龍應向手中成宰大奇之後登重和進士永陽清氣録

校注：①汗

永福邑東有嶽宮乃吳太傅經創建殿上梁曰邑中諸寓公咸在吳以書梁儷語首遜給事黃公龜年公即領畧立解手帖濡筆作字云風馬雲車儷百順勾陳之衛金枝玉葉拱萬齡宸極之尊詞語鏗潤筆法高古太傅初見畧不經思復疑帛書非法旣而雙美見始大喜心服曰吾邦山川之秀有如此者游宦紀聞

高南壽赴省試道出衢州境憩大木下見一男子方投繯氣猶未絕爲解救移時而甦①聞是開化弓手尉逸一妻遺跡捕盜知爲他郡牙儈轉賣欲辦取

校注：①云

贖欠錢三萬家業窮空子姪皆充役若徒步歸報必遭譴怒寧以身就死不貽家禍也高惻然傾囊貲三十千與之遂行是歲中科謁開化尉有宼盜刼巨室州督捕甚峻期以必得高大窘忽有拜於堦下自言某乃昔年蒙恩再生者今雖死念無以報德偶知寇所在故來告其人方醉卧郭門外神廟中宜即往擒之高即集部曲出門鬼導於前至一大廟羣盜祀神飲福醉寢遂悉縛之不遺一人高用賞格改京銜夷堅志

胡澹庵乞斬秦檜貶盧溪王廷圭①以詩送之寺丞陳

校注：①珪

剛中亦以啓賀云①勝請和知廟堂禦侮之無策張瞻論事喜樞廷經遠之有人身爲四海之行名若泰山之重又云知無不言願請上方之劍不遇故去聊乘下澤之車亦貶安遠盧溪晚年孝宗召赴闕除直秘閣一子扶掖上殿壽踰九十寺丞竟死安遠無子其妻削髮爲尼幸不幸之不同如此

鶴林玉露

趙忠定既以議者之言去國韓平原之權遂張公議譁然日有縣書北闕下者捕之莫知主名大學生敖器之陶孫亦有詩其詞曰左手旋乾右轉坤羣

校注：①屈

公相扇動流言狼胡無地歸姬旦魚腹終天痛屈原一死固知公所欠孤忠賴有史長存九原若遇韓忠獻休說渠家末代孫一時都下競傳既乃知其出於器之平原聞之亦不之罪也器之後登進士第今猶在選調中程史　按書影云器之成是詩舉未乾而壁已輿去器之恐易服逃去變姓名佗背詠始成進士與此所載不同並存之

鄭僑丰姿秀發邑尉見之喜約妻以女及中第日尉已捐館其妻挈累扶櫬相遇於中途僑哭之慟命逆旅主人達情請遂初約夫人辭以貧且謂黃甲少年當結鼎族僑垂涕曰吾許人以諾死而負之

吾行將何歸遂定婚於邂逅間分攜慟哭而別

氏從公歸能執婦道公登從槖夫人尚無恙君公

者可謂有德有言者也遊宦紀聞

黃公槐字仲美永福麟峰人乾道二年進士事母至

孝宦遊於外賦北堂之詩曰北堂思親也瞻彼北

堂在彼永陽白雲之下通化之鄉瞻彼北堂在彼

永水白雲之下新豐之里北堂有子其實三兮仲

焉此去其心憐兮詩刻於延平菴論者以爲南陵

白華之遺音也榕海詩話

掄魁省元同郡自昔以爲盛事紹熙庚戌省元錢易

宜狀元余復紹定己酉省元陳松龍狀元黃璞皆福州人一時士林歆羡以爲希濶之事齊東野語

潘牥廷堅以豪俠聞與莆人王邁實之不相下廷堅初名公筠後以韶歲乞靈南臺神夢有持方牛首與之遂易名爲殿試第三人跌宕不羈傲侮一世爲福建帥司機宜文字日醉騎黃犢歌離騷於市人以爲僊其論巴陵一疏至今人能誦之以此終身坎壈焉劉潛夫志其墓云公論其元氣兮入人之所脾有一時之榮辱兮有千載之是非昔在有周兮觀孟津之師於扣馬之①扶而去之彼八

校注：①諫兮曰

自國之同分不能止一士之典嗚呼此所謂世教分所謂民彝齊東野語

陳魯福州人十五喪父廬於墓側有一黑烏如鴛爲鷹所搏①投其懷魯覺以衣蔽之得免分羹糝以畜之養之一年毛羽成就乃以絲線結其羽縱之去既十年其世父爲山東尹坐謫戍因喪明魯往視之歸行至僊霞嶺雪甚迷不知道腹又虛餒自分今夕死矣須臾有一黑烏起於前鳴呼盤辟不已魯視之曰果我所養當直飛爲導烏立展翅若聽許者引之行三十餘里夜向分始逢一舖際不能

校注：①搏

言以手擊門主人掖之入圍爐久之始能言問鄉邑曰福州曰福州有陳曾孝子子識之乎曰我即是也其主捧曾首哭曰兒也何以至此吾汝父之執某也因告以來故相與洒泣明旦視樹上黑烏翅綵尚在共拜之因歎天之恤孝義殆不淺也勝覽

餘談

趙宋第十六飛龍元國降封瀛國公元君召公尚公主時有錫宴明光宮酒酣伸手扒金柱化爲龍爪驚天容元君含笑語羣臣鳳雛寧與凡禽同侍臣獻謀將見除公主泣淚沾酥胸幸脫虎口走方外

易名合尊沙漠中是時明宗在沙漠締交合尊情頗濃合尊之妻夜生子明宗隔帳聞笙鏞乞歸行宮養爲嗣皇考崩時年甫童元君降詔移南海五年乃歸居九重憶昔祖宋受周禪仁義綽有三代風至今兒孫主沙漠吁嗟趙氏何其隆此詩舊錄於鄉人趙指揮問其所從來云得之上虞布衣素鉉未知何人作也後於至元眞學正家見福建閩縣志書始知爲閩人余應則所作若其事則備載錢塘瞿宗吉歸田詩話及袁忠徹臺符外藁然忠徹以此爲虞伯生作則非也玩味詩中至兒孫主

沙漠之句候言元君避歸朔漠後事應則其國初人歟記此以俟知者稗史類編

吳海知元將亡隱居不仕與潮州路總管王翰遊相得甚驩兩人誓不事二姓海既屢召不起而翰亦屏跡永福山中明太祖聞翰賢必欲致之令有司敦逼就道海聞之即白衣冠往弔未至今得翰書與訣曰昔在潮陽我欲死宗嗣如絲我無子彼時我死作忠臣覆宗絕祀良可恥今年辟書新到門丁男屋下三人存寸刃在手顧不惜一死了却君親恩海語其使曰歸語而主吾來殯爾矣入門而

翰已自刎東越文苑

洪武三年庚戌首開鄉試閩縣陳信長樂林文詩俱元進士鄉闈再中則是元進士明初不入於進士之列也莆田林泰元閩縣知縣復中建文巳卯舉人則是元縉紳明時與諸生等仍得入試也閩書

無錫浦舍人長源聞閩人林子羽老於詩學往訪之子羽方與其鄉人鄭宣黃元輩結社長源謁之衆請所作初誦數首皆未應至雲邊路繞巴山色樹裏河流漢水聲驚歎曰吾家詩也遂邀入社因避所居舍之日與唱酬

林枝字昌達閩縣人號古平山人有效顰集自十才子外能詩而不與其列者有趙廸景哲林紹淳稀鄭文霖汝衆林敏漢孟陳本叔固及枝也昌達集不傳徐興公家有老儒手錄明初詩今歸林鹿原予借觀錄之寄彭韞玉詩云空齋牢落事寥寥荏苒年光逝水消憶得當時分袂處柳花如雪過江橋〈靜志居詩話〉

狀元馬鐸少時夢中有語之者曰兩打無聲鼓子花不省所謂後與同郡林誌同舉進士誌高才鄉會皆第一殿試時忽夢馬踏其首以是怏怏爭於上

前上曰朕有一對對佳者狀元也曰風吹不響鈴兒草馬即對以夢語而誌思竭不能於是得賜狀元（稗史類編）

永樂壬辰狀元馬鐸戊戌狀元李騏俱長樂人耳談謂馬母後適李復生騏予嘗屬長樂令呂素巖詢其邑中前輩俱云無之而兩家後人亦云世俗謬傳絕無影響且當時亦無增馬爲騏之事乃知耳談多不經如此（閩小紀）

許天錫在詞林以能詩爲李長沙所知嘗題詩車盤驛丹青閣有青山對面似無路黃犢出林還有郵

句今閩中諸集皆不載黃門此詩故知先輩名章
麗句湮沒不傳者多矣爲之一歎
黃門奉使安南却其贐比歸劉瑾疑其多金不知其
不受餽也黃門之死瑾矯詔逮問潛遣人殺之而
撰府志者或謂其自殺或謂是夜上草疏皆謬當
以世宗實錄爲正鄭少谷詩云風流不見許黃門
遺字丹青閣上藏却留詩句車盤驛黃犢青山何
處郵靜志居詩話
林氏門第之盛甲於三山會城人常言文安公建屋
梁橫於戶侍女騎之而出匠罵之女曰何異閣老

尚書不此中出耶公異其語召欲私之女正色曰何可草草公年高脱孕後誰明子者盍書數字爲據公命取側理女入公室以絳色機緞全端至公益奇之遂書舉男以機名女以緞名後舉男是爲大宗伯復舉女配侍郎鄭公絳緞至今尚存其家閩小紀

王陽明先生至錢塘劉瑾遣人隨偵先生度不免乃託言投江以脱之因附商船遊舟山偶遇颶風大作一日夜至閩福州界比登岸奔山徑數十里夜扣一寺求宿僧故不納趨野廟倚香案卧盖虎穴

也夜半虎遶廊大吼不敢入黎明僧意必斃於虎將收其囊見先生方熟睡呼始醒驚曰公非常人也不然得無恙乎邀至寺寺有異人常識於鐵柱宮約二十年相見海上至是出詩有二十年前會見公今來消息我先聞之句因爲筮得明夷卦遂決策返虎薈

武宗時僉憲林文纘赴京舟抵潞河適武宗巡幸至突入舫文纘俯伏船頭上鞭指之曰汝何從知隨入舟時一婢抱纘六歲兒立艙中上問曰此何人纘奏曰臣子上抱置膝曰相好當與朕爲子又指

婢曰仍命此女抱攜之時護蹕人至蹌踉促去兒入宮慁父母日夜啼百計誘之終弗止文纘亦入都與素識大璫謀欲出兒璫乘機奏曰此兒誠薄福啼既弗止不如舍之且收留乞養祖宗有禁上曰林某浼汝作說客耶如再啼當棄之水璫懼亟與文纘謀覓善泅者伏河側兒啼不止上果棄之河中泅者故扯兒入水中俟上回急出之兒僵矣久之始甦文纘補官嶺南亟攜兒去不久又休致歸杜門課子二十一歲舉於鄉又四年成進士名璧世宗由武宗朝宮人前婢亦在列婢無歸問閩

紳姓名人引婢至福州會館詢乃得婢至館問有林紳否時璧適在寓道其詳遂與婢抱首哭攜歸鄉交纘從其志奉佛茹素終其天年文纘至九十五歲無疾而歿璧性伉直與時不合屢官屢蹶交纘與分宜爲同年璧體父志終不附分宜官亦止僉憲居無一椽家於祠堂小童供炊爨亦世所僅見者閩小紀

鄭郎中善夫初不識王儀封廷相作漫興十首中有云海內談詩王子衡春風坐遍魯諸生後鄭卒王始知之爲位而哭千里致奠爲經紀其喪仍刻其

遺文文人之愛名也如此藝苑卮言

馬恭敏森之父年四十誕子甫四歲眉目如畫實若拱璧偶婢抱出門失手跌傷左額死公呼婢弃避自抱死兒入曰吾自誤跌死婦驚痛撞公倒者數四索婢撻之無有婢歸母家言其故感泣籲天願公早生貴子次年果生恭敏左額宛然赤痕昨非庵日纂

馬公森精算術天下糧餉解部至千萬以至毫忽但於掌上輪指算之無或遺失里中故事凡九卿官林下乘明轎出入公獨蔽幃幄以父母之邦不可

行辟人也姑某老而寡每三日一謁見及出必趨不敢於姑之門登輿秀才時猶姓裴後復原姓有祖嬸郊居當公旣貴仍呼裴五秀才元旦坐受公拜立茶而別以爲常萬歷癸酉公老矣時鄉舉門人某在棘闈閱卷欲物色公諸子公力卻自矢諸天日江西總兵朱嘉謨都司賈勇向皆漕卒也因公薦拔至尊顯至公歸二人於三山驛私致餽金且曰謝政家居不足爲淸德之累公峻拒二人泣拜而去樵上紛吾

鄭少谷居鼇峰北從之遊者九人鄉黨目爲十才子

少谷詩所云一時賢士俱傾盞滿地萍蹤笑舉杯
是也九人者高二十二宗呂居首傅二木虛次之
餘有林九王七施二其名不得而詳矣宗呂家最
貧少谷稱其事母至孝事兄至悌又稱其甘貧守
節安安然人無知者蓋高傅爲鄭門弟子之冠少
谷於傅盛誇其文於高則美其行云靜志居詩話
明林雙溪錦多權術當分憲粵西時黎酋不靖錦取
所斬賊首於獄四日命烹熟進案上快噉之賊聞
破膽其實所噉者乃麪爲之非人首也及謝政歸
夜宿一驛有强寇數百人將爲亂錦知之僕御僅

二三十人不敵乃燎燭端坐洞開重門取點軍舊籍命從人戎裝聽點迴環不絕寇偵聞喧聲竟夜不知虛實遂不敢發連江縣志

巨璫高寀至閩屢破鹽商之家後因怒一諸生之父廷朴之合學諸生大譟擊之幾不免火其所建望京亭寀伏署中不敢喘林世卿極力救之且以軟語啗諸生乃散而寀虐焰遂大減攻寀者王武部宇為首寀廉知之必欲得而甘心焉當事者莫之應王廼入北學避之遂登高第

福唐郭造卿建初所為燕史無所不囊括卷帙甚多

縮其半以爲永平志而世猶不能盡傳也又縮而爲盧龍塞畧二十卷益僅存什一於千百耳而於塞上故實山川阨塞甲兵錢穀情形諸戰守具靡不臚列一開卷而塞事瞭如指掌非但有裨掌故抑亦籌邊者所宜知也碧霞草

郭建初居盧龍三年而成燕史甚博①甚辯又甚核甚麗且以瀋墨餘汁灑爲碣石叢談十卷皆孤竹國奇佚事也韓求仲集

萬歷巳丑謝在杭與徐惟和下第過杭州六和塔愛其幽靜各賦一首欲題壁間而寺僧號呼奈何浪

校注：①博

疥吾壁吾且取水滌之在杭箋不復題越三載在杭拜吳興司理行部至杭詢之則寺僧懼罪逸去久矣在杭大箋因復題云雙旌五馬遶江城驚起山僧合掌迎三載重來渾似夢終軍原是棄繻生閩小紀

候官陳鴻字叔度家貧無人物色之能始石倉園在洪塘中有淼閣集諸同人爲詩叔度有一山在水次終日有泉聲句能始歎賞爲之延譽因即以石倉爲居停名其詩曰秋室篇取李長吉秋室之中無俗聲也丙戌之變能始殉節叔度年七十二不

能自存以貧病死無子不能塟戊子予入閩時客以其詩來予悲其暴露謂客曰予任其葬子任其詩因助以金浼諸生徐存永董其事先是莆田布衣趙十五名璧亦工詩善作畫然性孤僻不多爲人作惟山房寺壁則淋漓潑墨與叔度先後死亦不能葬存永因舉十五之棺與叔度合葬於小西湖之側予爲書碑曰明詩人陳叔度趙十五合墓客刻叔度集予爲之序因樹屋書影

閩林初文孝廉古度之父也嘗有送人詩云不待東風不待潮渡江十里九停橈不知今夜秦淮水送

到揚州第幾橋以示梅禹金禹金激賞之宣城有老儒邢華林嘗以詩質禹金但為分句讀而已見之大恚曰林詩二十八字止得二十八圈吾詩字數倍之乃不得一圈耶聞者笑之漁洋詩話
鄭邦祥著述甚富今其家所藏玉蟬庵散編不過千百中之什一也先生早歲即以詩名見推娶於謝妻兄在杭先生早貴顯反馬之日在杭預使傳言曰吾輩文人不可學世俗新親窠臼請聯名句以光嘉禮於是豆登先行觴酌旣設一人呼韻則一人操筆墨就主賓前伸紙請書循環迭進不踰晷

刻是日所成至八十韻執事者奔走頗以爲煩而主賓之意常若有餘滿堂觀者傳爲盛事於是先生遂與在杭謝公能始曹公惟和與公二徐公主持斯文爲騷壇弁冕口誅筆擊與世之號爲名目者不能無齟齬謝曹既早達二徐又早謝諸生獨先生尚淹沉黌序竟陵督學閩南昌言於衆曰吾往南中他無可喜者惟必將鄭孟麐抑置劣等且痛抶之亦足以豪矣語流聞至閩先生念弟子員自不宜與學使者抗在杭時方伯粵西遂往依之天啓癸亥除日韶陽溪上忽得句云五千歸路纔

過半四十行年尚待三語亦無大沉痛而不知其爲讖也先生早年著述爲曹能始採入十二代詩選兵燹後此書罕覯郎所諱爲盛事若八十二韻者亦久矣聲希響絶傳其軼事如左一聲一欬正可於冠裳劍佩外求之耳劍虹續稿

常熟時敏知海寧縣事夜草爰書有女子侍側磨墨問從何來曰鬼也敏旣擢給事中代之者候官林垐鬼自是不復至林令忠臣以此知邪不勝正理有然者明詩綜

歐琪字全甫候官諸生少英偉嘗自署天下奇童歐

某向學使投試學使奇之試以七藝立就補弟子員爲人慷慨激昂工詩飲酒嘗擊劍彈棋以自肆及丙戌與齊巽江不空同事乃變姓名入東粵削髮爲僧齊巽字又五候官諸生江不空候官人能醫嘗爲僧與巽同殉難又同時張留字惘臣候官儒士能詩終身不應試項元字白仙福清諸生棄衣巾隱居不出黃士舉字天玉連江舉人性孤介僧服爲方外遊自號龜峰逋民有輞園詩集林春秀字子實古田諸生能詩高隱毛元吉字仁仲閩清諸生明亡棄去自肆於詩文皆全節終隱不出

徐英字振列里人呼之曰徐五以擔穀上常豐倉餬口日晡則洗足散髮讀書賦詩自署其門曰問如何過日但卽此是天曹能始徒步訪之邀至石倉園茲擕其雜稿以行爲梓其詩於十二代詩選中明亡能始殉節英伏尸哀哭自嚙其舌噴血數升越三日亦死榕海詩話

羅源縣百丈龍潭明景泰三年七月邑人禱雨投疏文於潭頃之片紙浮出乃元至正間禱雨疏也衆取其文誦之大雨如注又　國朝康熙十四年大旱時耿逆叛寧德鄉民禱雨疏末未冩康熙年月

越三日無驗忽潭中浮出從前禱雨舊疏塡康熙年號者道士乃易疏塡康熙十四年月日投入須臾大雨如注羅源縣志

閩中鬼孝子某事母以孝稱未幾孝子歿母無所倚謀別嫁是夕孝子在空室嗚嗚然環榻而泣止其母母大驚以無食告孝子曰兒尚能力養吾母也母曰兒鬼也烏能爲養孝子曰母試於市上語擔貨者云爾欲倍平日所擔吾兒能佐之母如其言擔者難之其母強而後可擔者果增以倍孝子陰佐之擔疾走如平時因以所獲錢歸半於其母如

是者數十年毋得終老焉此候官高雲客語柴陛升者曠園雜志

宮諭幾庭鄭公開極年十九成進士與張京江玉書葉華亭映榴俱以少年選入　內宏文院後夏龍逢之難華亭殉節京江秉軸於　朝公薄遊江左值京江歸省墓一見歡甚曰　朝廷方嚮用舊臣吾旦暮還　朝公當與偕行公曰吾以素心人久契濶靳一晤耳踈野之質不足供驅策自分已審奈何不見信於故人耶笑飲盡懽而別歸杜門謝賓容嘗書座右云操存主靜言動戒躁時年已耄

耋矣林青圃集

錢塘吳中林廷華以中書舍人通守興化數年罷去僑居蕭寺穿穴賈孔著三禮疑義數十卷其集有龍山歐冶金鼇見山南臺皆在閩時作也清流舸十首云五篙何處賦招招一片雲帆近大橋生怕橫山溪水急開船趁得午時潮橫山橋溪水東下船必乘潮而西乃得濟篷如半月壓船舷只許侏儒自在眠棬脚開窗方尺五五居然小有洞中天荒村破曉一鷄鳴朝日山頭漸次明不似惜花春起早擁衾徐聽戛鍋聲天明農者戛鍋舟人乃起不爲和羹佐傅巖何曾忘味有蘇髯

上游玉粒成觔換水口關頭爭食鹽（上游鹽價甚昂舟人多私載覓利水口設關巡查許貯食鹽五十觔）如戟如刀千萬峰羊腸鳥道水溶溶鐵梢公自誇能事不怕崚嶒石有鋒花猪肥肉玉如肪還買河魚一尺強菡萏灘高明日過晚來先向九龍王（舟人專事九龍王蓋九龍灘神）鐵脚層冰未覺寒百錢水袴費艱難赤身不怕陽侯怪笑踏波濤過淺灘（水袴長不滿尺入水穿之）村醪無過壓茅柴秫米朝蒸晚飯開一飯便浮三大白餔糟不待漉巾來樵蘇水畔一舟横留得青山客不爭柯斧滿林誰是主白雲深處聽丁丁上水艱難千里多柴枝粒米易

消磨今朝到岸都歡喜小武當山一笠過山在浦城縣南

榕陰詩話

福清郭藥村人麟多論著尤精於禮嘗謂黃直卿以朱子遺言續修喪祭二禮而其門人楊氏復言喪服圖式祭禮遺稿尚有未及訂定有待於後之繼志者又朱所編家鄉邦國王朝禮曾屬勉齋更定勉齋欲任斯責而卒未果今所傳儀禮經傳通解全書匪直朱子不及見即勉齋亦未及見也中間錯訛雜亂良多因撰讀禮私編十四卷四禮圖說十二卷校定家禮圖註二卷陳汝楫撰傳

林子羽妻朱氏長於詩詞其勉外詩云玉食叨陪近上方五雲深處列鵷行經綸樹績從人仰竹帛流芳與世長待漏衣沾僊掌露趨朝身惹御爐香功成身退歸田日一榻清風綠野堂朱氏年十九卒子羽終身不娶按鴻爲員外郎年近四十此詩既爲郎時作而朱氏方十九豈其繼室耶閩小紀

林娙字美君福清人姓王氏字林初文初文讀書鼓山每有寄將必佐以詩初文舉於鄉攜上春官下第遂居金陵初文十年不歸值歲凶美君以女紅爲活教其二子君遷古度備嘗荼苦無怨尤詩作

即焚其稿存者其百一也女玉衡適倪延相亦能

詩

鄧氏女閩縣竹嶼人萬歷中嫁瓊河鄒氏夫不類女鬱鬱不自得發爲詩詞語多悽怨居二年竟以怨死臨終以遺草付其甥人爭傳錄有句云啼鳥落花春巳暮孤燈殘漏夜偏長又悲簾阻歸燕開户入飛花皆可詠也

閩進士潘仲徵室人寄夫詩暮雨沉沉不肯休知君今夜宿誰樓遥知楚水吳山外旅况閨情一樣愁足以伯仲水國蒹葭之什趙仁甫有二女皆能詩

而才情不甚合作小草齋詩話

周玉簫武人方輿妾輿建議撫紅夷忤大帥意繫獄七年遣玉簫玉簫不去輿事解憤時事詣闕上書遇國變又數年不得歸玉簫感慕病歿有詩三十篇授其女蕙蕙刻而傳之玉簫好談古今節義事常采古烈女懿可法佚可戒者皆作詩一篇比於彤管其於名姬才女瑕疵嗤①黠者往往嚴酷擊排比於狗彘詩雖不文君子旌其志焉虞姬詩有序良人有詩云彭城不似烏江敗尚有虞兮不屬人刺呂雉也萇宏之血化碧貞婦之軀化石姬之節

校注：①嗤

烈豈宜化草詩人每以虞美人草詠姬予爲正之
先刎謝重瞳差強隆準公應爲松與栢豈化草芄
芄楊太后詩有序宋寧宗后有宮詞五十首國亡
從北狩年已七十矣時有能言鳥秦吉了遇北客
買之鳥云我南鳥不願北去遂以頭觸籠墜地溺
死老媪之舌亦巧心亦慧視之有愧多矣詞采三
朝母齡踰七十周何如秦吉了生死在南州
黄氏曇雲生固安令鄭蕉溪妻蕉溪官固安招戚友滯
畿下者至署度歲拈韻賦詩曇生亦與羣從子壻
通家子唱和除日剪綃成梅花作詩諸子競次其

韻喜謂蕉溪曰邇年落拓一官獨此耳著作甚富祕不示人女孫翰蓴櫝而藏之（九畹古文）

候官林瑛珮字懸黎杭州推官林雲錦女適拔貢生鄭郯聽慧能詩有詩鈔懸黎遺稿嘗有秋夜寄夫詩云獨立秋風前細訴秋風知一片別離情盡倩秋風吹吹與三山客孤窓夢醒時又有千里夢隨閩嶠落數行淚越浙潮生之句人競誦之（香草齋詩話）

端溪璞玉夜珠色探向驪龍頷下得吳趨嬌女女媧手煉石如泥工剪刻蚌形琢出月初圓秋水澄江練一幅案傍亦有玉蟾蜍對此再迺敢吞蝕鏤肝

刻腎玉川子箋奏天公柾費墨何如研雲寫鳥絲
翠袖佳人勤拂拭壬寅九月九日雪邨居士題余
與雪邨同館閣者三年內子廖則來齋舅氏女也
詩翰繪事色色精工魏國仲姬未多讓也雍正丙
午臘月大雪予過訪雪邨圍爐擁酒掃梅花大幅
雪邨發篋表姊氏圖花筆墨清潤極閨房之韻事
詩所云濟露烏絲翠袖拂拭予皆目覩其事茲歲
薄宦京師故人長謝回首曩年文酒縱談月斜燈
灺時有如隔世已未九月二日與涪雲五弟夜坐
守餅齋談都門舊事展冊題記古梅謝道承硯史

閩清諸生孫允大女名琦幼知書婉嫕柔順嘗晨粧虎從牖突入距几下家人驚駭謂女必死矣使兩健婢覘之無恙亟翼以出詢之曰悶忽中不知其爲虎故亦無大怖也長適永福諸生黃起鳳能執婦事君姑許性嚴肅氏能婉轉承順得其歡心姑疾以身代枕時其展側嘗一夜侍姑漏盡三鼓氏顰蹙儵甚不敢呻吟姑察其異問之則將免身矣姑曰婦甚孝其子必賢亟遣婦產室生子卽惠也產方三日姑卒氏哀痛成疾瀕於危者數矣終身未嘗有疾言遽色家貧甚凝塵滿甑晏如也冬夜

瀆麻水中水冰火爇之以績或勸其少休氏曰吾夜不績則兒且何哺耶惠從余遊毎爲余言其母必流涕不止云（洪民堂集）

張季琬字宛玉新安河廳洪女適江寧參軍朱文炳能詩工繪事自題蛺蝶圖云蘧蘧飛出宋東家春去何必夢落花描得滕王新粉本小窗只當寫南華（福州府志）

莘田二女長曰淑窕次曰淑畹皆擅詩名淑畹有題杏花雙燕圖云艷陽天氣試輕衫媚紫嬌紅正鬭酣記得春明池館靜落花風裡話呢喃夕陽亭院

曲欄東燕語時飛扇底風不管春來與春去雙雙長在杏花中時人皆稱之榕陰詩話

吾閩閨秀多能詩近更有結社聯吟者若廖氏淑籌鄭氏徽柔莊氏九畹鄭氏翰蓴許氏德瑗及余女淑窕淑畹皆戚屬復衡宇相毗每讌集各拈韻刻燭或遣小婢送詩筒無不立酬者女士立壇坫亦一時韻事也廖爲余中表許考功雪邨婦字壽竹兼工繒①事鄭爲明府石幢太守荔鄉姊余之表姊字靜軒少寡今年九十九畹字蘭齋余妻族女許字廣文吳景翊子未嫁而守貞翰蓴字秋巽石幢

校注：①繪

女山陰明府林培根妻德瑗字素心州牧石泉女
適何氏亦少寡無子與莊皆以節著余女淑瓏字
姒洲適游壻諸生龔淑晥字紉佩適林壻春起覘
軒隨筆
乾隆壬午予年八十復膺重宴鹿鳴　盛典與諸戚友
及四方郵寄各贈言金薤琳瑯盈箱積帙予愧不
敢當而閨秀諸什亦有可傳者手執異人斫桂之
玉斧足蹈大海鰲柱之鼇頭路旁觀者互嘖嘖是
何慘綠年少負風流中年作宰不稱意牛刀小試
高人羞拂衣歸里目𨛓掃溪山詩酒此外復何求

以茲葆光養性享大壽鬚眉如雪明雙眸　朝廷有詔待國老大袍都紵杖則鳩與新郎君旅進退重聽鹿鳴之呦呦鄭靜軒句也中年領綬出綏江三載賢勞書上績惟翁不喜爲折腰高懷遠媲陶彭澤一官棄擲輕鴻毛翠羽明璫咸擯斥宦橐蕭蕭淡若秋歸舟維載端溪石歸來縱飲發高歌如鶴一聲松千尺盤中甲子相轉環六十金霜似駒隙回首鼇宮記曾遊秋風兩度重來客許壺郵內子廖恭人句也漢殿歲星人共識不須更訪大王

○歌罷鹿鳴更天保九如齊唱兩三章鄭石幢女

翰尊句也尊酒瓶花秋氣象雲階月地舊因緣鄭荔鄉女咏謝句也錦袍染酒臨風醉白髮簪花帶露鮮荔鄉女鏡蓉句也人間一第比登天不道先生又見是文章領袖荔鄉女雲蔭燭影搖紅詞也北海文章推巨手東山絲竹寄遐情荔鄉女金鑾句也呈書淡墨魁時彥老把金丹度後人吳景翊子婦莊九畹句也文章退之筆詩句玉溪篇蓋榜重開日驂宮再到年許石泉女德瑗句也接席簪裾多後輩稱觴兒女半華顛姓名千佛標金簡恩禮三朝錫耄年余女淑宛句也老父登科日慈

親未嫁年至今椿樹茂憶母一潸然愛籙泥金簡加餐種玉田觀香諸姊妹聯咏大羅天余次女淑畹句也喬松標格鶴精神白髮簪花作瑞人六十年來典型在新嘉賓拜舊嘉賓余外孫女游合珍句也廖恭人復爲余寫歲寒圖亦蒼勁有致香草齋詩話

福建續志卷九十終

雜記三　叢談

興化府

王延彬刺泉州徐寅每同遊賞及陳郯倪曙等賦詩酣酒爲樂凡十餘年常被痾求藥物於延彬延彬答書善自調護亦可自開豁三皇五帝不死何歸盍舉寅人生幾何賦語以戲之也寅賦膾炙人口渤海高元固來言本國得斬蛇劍賦御水溝及人生幾何語家家皆以金書列爲屏障其珍重如此十國春秋

朝奉郎李遘知興化軍時蔡君謨襄自福帥罷歸病革以後事屬李守守夜夢神人紫綬金章從數百鬼物升廳云迓代者守問何神代者復何人神曰余閻羅王蔡襄當代我明日蔡公薨李作挽詞有不向人間爲家辛①却歸地下作閻王之句蓋實錄也泊宅編

方子容知惠州適東坡謫此雅相厚善東坡築白鶴新居子容割俸以助其役後東坡再謫儋耳子容曰此固前定可無恨吾妻沈素事僧伽謹甚一夕夢和尚告別沈問所往答曰當與子瞻同行後七

校注：①宰

十二日嘗有介今適七十二日豈非前定耶縣

黄琮字泰寧內臣楊安時爲廉訪使者數十以私皆拒不答嘗切①思報會奏事京師徽宗問閩廣令賢否安出不②錯愕失對惟憶琮一人姓名極口稱贊上即日③赴都堂賜章服改員外郎莆陽比事

蔡元長既南遷中路有旨取所寵姬慕容邢武者三人以金人指名來索也元長作詩以別云爲愛桃花三樹紅年年歲歲惹東風如今去逐他人手誰復尊前念老翁初元長之竄也道中市飲食之類問知蔡氏皆不肯售至於詬罵無所不道州縣吏

校注：①齒　②意　③召

爲驅逐之稍息元長轎中獨歎曰京失人心一至於此至潭州作詞曰八十一年住世四千里外無家如今流落向天涯夢到瑶池闕下玉殿五回命相彤庭幾度宣麻只因貪戀此榮華便有如今事也後數日卒門人吕川卞老醵錢葬之爲作墓志乃曰天寶之末姚宋何罪云揮麈後錄

蔡卞妻王安石女頗知書能詩詞蔡有國事先謀之於私第然後宣之於廟堂時執政相語曰吾輩每日奉行者皆其咳唾之餘也蔡拜右相家宴張樂伶人揚言曰右丞今日大拜都是夫人裙帶譏其

官職自妻而致沖外傳以爲笑詩波雜志

蔡卞王人也然其作毛詩雜解頗有可取者如木瓜詩云齊桓信義及於諸侯華懷其德不專畏其力故聘遺得以稱其重輕以爲禮孔子所以歎曰吾於木瓜見苞苴之禮行焉晉祖筆記

蔡絛京之子撰西清詩話宣和五年或言絛論議專以蘇軾黃庭堅爲本奉旨特落職勒停后山居士集有與曾直詩云正夫有幼子明誠頗好文義每遇蘇黃牛簡數字必錄藏以此失好於父正夫挺之字也蔡趙輩勢能禁天下不敢習蘇黃詩文而

不能得之於其子異哉池北偶談

宋香陳紫所從出核有斧痕寻驗之實然樹在宋氏宗祠後至正戊戌六月宋介夫遺百顆與盧希韓並搨蔡公詩墨一紙有多情故舊偏憐我一種甘香更可人宋祖芳名傳不滅蔡公妙跡玩猶新之句亦刻於石永樂以後樹漸枯死今其世孫宋比玉烏山屋傍尚有一樹大數十圍腹已空可坐四五人相傳是其孫枝云閩遊志

洪武三年行徵辟之典時法令嚴峻士有逃官不赴者莆邑黃孟良詭不識字辭聘仇家出其九鯉湖

詩告於郡逮繫至京太祖覽其詩大加擊節即除授松陽知縣莆田縣志

岳季方正以閣臣出爲興化太守城中有水自西來堰而滙之立石爲記題小西湖三字遒勁有韻媚書石者因騰謗書彭惠安韶郡人也力明無他僅得致仕公嘗几上一紙飛下有一絕句云年來爲戀小西湖塵世飄飄一幻軀目下雲生扶杖杖天邊露滴掛冰壺宛然手筆其子亟入公舊書室見硯有墨汁筆潤如新湧幢小品

唐林蘊就試試合浦還珠賦思之未得忽假寐有人

告之曰何不云珠去勿珠還也覺而異之即用其語遂登第後見素林公俊有族父康爲廉州二守見素以詩寄之曰破荒詞賦落人間水異川精兩媿顔今日雲初居此地秖令珠去勿珠還蓋用前事云閩小紀

嘉靖初林見素再起爲刑部尚書適文徵仲應貢至京乃游揚於公卿間得授翰林待詔見素曰吾此行爲文徵仲了此一事不爲徒行矣明世說新語

方布政守致仕家居貧甚嘗以事入郡城使其季子偕一僕肩輿赴宴酒數行即歸盡夜寒甚難其子

之久伺也此與陶靖節使門人同二兒昇監興同
而方歷官方伯清苦至是尤近世士大夫所難拙庵

管見

翠渠周公瑛知廣德日有巫能使童子舞公摘樹葉
置童子懷中戒之曰汝第舞但樹葉落則笞汝於
是巫百計作法童子終不動蓋童子心以守葉爲
主也以是見人心有主則不動仰山脞錄

亡友莆田林嘉璣字衡者述其從祖文節公善書法
魏忠賢敦請不與忠賢矯詔命公題扁公大書畏
天命三字題曰禮部尚書某奉旨書時忠賢出餅

啗公云出手製公以南人不慣食麪餠忠賢方銜之公遽請歸里陛見德陵謂公曰長尚書乃欲歸耶賜之鱗玉以公儀表頎而長也又言公五言律原出右丞誦谿堂集信衡者不我誣也靜志居詩話

莆邑文物極盛自唐林披生九子爲刺史外又有黄璞與子仁藻仁渥仁滔仁渭一門五學士宋熙寧丙辰徐鐸舉狀元薛奕應武舉亦狀元故神宗詩云一方文武魁天下四海英雄入轂中紹興戊午黄公度狀元陳俊卿榜眼故當時有句云枌榆未五里魁亞占雙標明時有一科兩解元者永樂戊

予福建楊慈應天黃壽生宣德壬子福建林同①天宋雍有一科五魁者嘉靖癸卯第一黃繼周第三林仰成第四黃謙第五江從春而林豪以訓導中廣西第二適符五魁之數又景泰癸酉科中式四十四名占全閩解額之半明代九十科莆田發解者三十八占全閩三分之一亦邑中盛事也莆田縣志

陳白雲先生鼎寓金陵姚太守客之給居食久之姚死無所依賣卜秦淮或自牓片紙於扉爲人傭作詩文時林古度與其兄楙亦閩人寓居金陵一日

校注：①順

過其門見一扉之內席牀缶竈敗紙退筆錯處其中檢其詩誦之刎稱其一詩輒反面向壁流涕嗚咽至於失聲其後每過其門輒袖餅餌食之輒喜復出其詩泣如前居數年竟窮以死其子倉皇出覓棺衣舁之中野古度兄弟急走索其集無所得得手書五言今體一帙其自序畧云昴壯夫時尤嗜五言苐家貧無多古書得王右丞即誦讀右丞得杜工部即誦讀工部間取其所中規中矩者時或一周旋之又時或一折旋之含筆腐毫研精殫思今觀其五言律七百首則先生所學所得盡此

數言矣其云末一卷爲排律亦不存謝兆申云有集十六卷在江浦族人家吾友張愼言曰自今入市門見賣菜傭皆宜物色之恐有如白雲先生其人者甚矣有激乎其言之也

莆田尤宗謙有青衣范生能彈琴吹簫亦學爲詩王弇州調之詩云瑶琴罷鼓紫簫來手草新詩阿濫堆除却數行僮約外還應事事勝方回筆精

宋宮人斜在南山月峰右舊爲雨塌　國朝康熙間有樵豎入其穴竊蟾蜍釵鏡以歸宮人憑巫自述爲宋殯隨官家航海歿此樵懼反實器而掩之林

麟娼有宫人斜詩王阮亭謂其詩入唐人鼓吹集竟不可辨莆田縣志

泉州府

泉山通志引顔師古漢書註指此爲越王所保之泉山非是漢書朱買臣傳云發兵浮海直抵泉山師古註云泉山即今泉州之山自師古時言乃唐貞觀初之泉州今福州也又謂北山之巔乃東甌王避漢兵之處然東甌王即東越王餘善爲漢兵所攻自所保之泉山南徙大澤中繇王居服殺以降漢亦無由至此山也隆慶府志

唐開元中漳泉二州分疆界不均互訟於臺制使不能斷數年辭理紛亂終莫之决於是州官焚香告於天地山川以祈神應俄雷雨大至霹靂一聲崖壁中裂所競之地拓爲一逕高千尺深五里因爲古道中有古篆六行二十四字皆廣數尺雖約此爲界人終莫識貞元初流人李協辨之曰漳泉二州分地太平永安龍溪山高氣清千年不惑萬古作程所云永安龍溪者兩郡首鄉名也太平廣記

唐書歐陽詹傳曰詹舉進士與韓愈李觀李絳崔羣王涯馮宿庾承宣聯第皆天下選時稱龍虎榜故

劉昌言詩曰一舉首登龍虎榜十年身到鳳凰池世以爲榮漁隱叢話

閩川歐陽澥者四門詹之孫也澥娶婦經旬辭赴舉久不還家詩云黄菊離家十四年又云離家已是夢松年又云落日望鄉處何人知客情自憐十八年之帝鄉未遇知巳也亦爲燕詩以獻主司其詞雖爲朝貴稱美尚未第焉其詩曰翩翩雙燕畫堂開送古迎今幾萬回長向春秋社前後爲誰歸去爲誰來唐詩紀事

俗傳羅隱出語成讖著有異跡若羅裳山之畫馬石

深滬之石壁山書字及建安書筒灘所載予初尙未信其果羅隱與否及讀楊文敏傳書筒灘記已稍信之因閱黃滔贈隱詩三徵不起時賢議九轉終成道者言方知隱學道修眞人也閩書

顏仁郁泉州人仕閩爲歸德塲長時田荒民散仁郁撫之一年襁負至二年田萊闢閱三歲而民用足有詩百篇宛轉回曲歷道人情邑人途歌巷唱之號顏長官詩其勸農詩曰夜半呼兒趂曉耕羸牛無力漸艱行時人不識農家苦將謂田中穀自生十國春秋

泉州魯司寇廟庭有皂莢州人舉進士觀其莢多寡以爲應梁貞明中忽生一莢有半莫測其祥是歲陳遜進士及第半莢之枝遂成全莢稽神錄

王延彬邽之子忠懿之猶子也邽死襲其父封於泉性多藝而奢縱日服一巾櫛日易一汗衫能爲詩亦好談佛理詞人禪客謁見多爲所沮初邽領兵至泉州舍於開元寺始生延彬於寺之堂旣生而有白雀一棲於堂中迄延彬之終方失其所在凡三十年仍歲豐稔每發蠻舶無失墜者人因謂之招寶侍郎朝廷贈延彬雲中節度使及卒復葬雲

臺山迄今閩人謂之雲臺侍中有詩曰兩衙前後訟堂清軟錦披袍擁鼻行雨後綠苔侵履迹春深江杏鎖鶯聲因攜久醞松醪酒自煮新抽竹筍羹也解爲詩也爲政儂家何似謝宣城人多誦之稗史彙編

劉昌言泉州人極有才思嘗下第作詩落句云唯有夜來蝴蝶夢翩翩飛入刺桐花後爲商州記室王禹偁贈詩曰年來復有事堪嗟載筆商州鬢欲華酒好未陪紅杏宴詩狂多憶刺桐花蓋爲是也刺桐花深紅每一枝數十蓓蕾而葉頗大類桐故謂之刺桐唯閩中有之青箱雜記

黃夷簡閒雅有詩名在錢忠懿王俶幕中陪樽俎二十年開寶初太祖賜俶開吳鎮越崇文耀武功臣遣夷簡謝於朝將歸上謂夷簡曰歸語元帥朕已於薰風門外建離宮規模華壯不減江浙兼賜名禮賢宅以待李煜與元帥先朝者即賜之夷簡受天誥俛首而歸私自籌曰茲事大難王或果以去就之計見决於我胡以爲對迨歸見俶因不匿盡以天訓授之遂稱疾於安溪別業保身潛遁夷簡山居詩有宿雨一番蔬甲嫩春山幾焙茗旗香②①

清話

校注：①玉　②壶

晉江曾魯公公亮楚公會子也初草堂僧戒行高潔

楚公遇之甚厚僧曰願後身爲公子報公時楚國

夫人方娠一夕夢僧來訪問訊遽寤子公亮生則

僧已示寂矣閩書

宋王沂公曾字孝先其先晉江人武肅王審邽六世

孫少隨父克官益都父卒貧不能歸因家焉後曾

孫判賀州熾回居泉州閩書

閩人有謝伯初者字景山當天聖景祐之間以詩知

名予謫夷陵時景山方爲許州法曹以長韻見寄

頗多佳句有云長官山色江波綠學士文華蜀錦

張子答云叅軍春思亂如雪白髮題詩愁送春蓋景山詩有多情未老已白髮野思到春如亂雲之句故予以此戲之也景山詩頗多而仕宦不偶終以困窮卒其詩今已不見於世其家亦流落不知所在其寄予詩逮今三十五年矣予猶能誦之蓋其人不幸旣可哀其詩淪棄亦可惜因錄於此詩曰江流作險似瞿塘滿峽猿聲斷旅腸萬里可隨人謫宦經年應合鬢成霜長官山色江波綠學士文章蜀錦張異域化爲儒雅俗遠民爭識校讐郎才如夢得多爲累情似安仁久悼亡下國難留金

馬客新詩傳與竹枝娘典與辭懸待修青史諫草當
來集皁囊莫謂明時暫遷謫便將纓足濯滄浪六一詩話

天聖七年予始遊京師得吾友謝景山景山少以進
士中甲科以善歌詩知名其後又得今舍人宋公
所爲景山母夫人之墓銘言夫人好學通經自教
其子乃知景山出於甌閩數千里之外負其藝於
大衆之中一賈而售遂以名知於人者緊其母之
賢也今年予自夷陵歸許昌景山出其女弟希孟
所爲詩百餘篇然後又知景山之母不獨成其子

之名而又以其餘遺其女也景山學杜甫杜牧之文以雄健高逸自喜希孟之言尤隱約深厚守禮而不自放有古幽閒淑女之風非特婦人之能言者也然景山嘗從今世賢豪者遊故得聞於當時而希孟不幸爲女子莫自章顯於世昔衛莊姜許穆夫人錄於仲尼而列之國風今有傑然巨人能輕重時人而取信後世者一爲希孟重之其不泯沒矣予固力不足者復何爲哉希孟嫁進士陳安國卒時年二十四六一居士集

崔唐臣閩人也與蘇子容呂晉叔同學相好二公先

登第唐臣遂罷舉久不相問嘉祐中二公在館下一日忽見蟻舟汴岸坐於船窓者唐臣也亟就見之邀與歸不可問其別後事曰初倒篋中有錢百千以其半買此舟往來江湖間意欲所往則從之初不為定止以其半居貨間取其贏以自給粗足即已不求有餘差愈於應舉覓官時也二公相顧太息而去翌日自局中還唐臣有留刺乃攜酒具再往謁之則舟已不知所在矣歸視其刺之末有細字小詩一絕云集仙仙客問生涯買得漁舟度歲華案有黃庭尊有酒少風波處便為家訖不復

再見項見王仲弓說此避署①錄話

墨妙堂在奉先院中林少卿以東壁有蔡忠惠詩因以墨妙名忠惠東壁詩曰日照溪山生翠光春深花草雜幽香登臨誰識避留意門外塵埃去路長末云莆陽蔡襄慶歷四年二月二十日入延福寺登泰君亭觀白雲井訪北臺還書奉先東壁忠惠字刻在泉郡凡六三在寺一在州治一在郡庠一在洛陽之渼在寺者此其一也閩書

蔡確車蓋亭一案朝論忿爭凡理確者皆坐確黨至黜劉器至謂確包藏禍心睥睨兩宮按揮麈錄與

校注：①暑

處厚始詣事確後以推治訐直獄爲確所怨確既守安州處厚知漢陽兩人益交惡會漢陽吏至安州確問處厚近况吏誦其秋興詩云雲共去時天杳杳雁連來處水茫茫確笑曰猶亂道如此吏歸以告處厚怒曰我文章蔡確乃敢譏笑耶會安州有舉子販米至漢陽規免和糴乃①謂縣令陳當且言離鄉里時蔡丞相作車蓋亭詩十章舟中有本歸舟以詩送之處厚得詩於當遂箋注上之謂其子柔嘉曰二十年深讐今報之矣其子問知其詳泣曰此非人所爲大人何以自立於世處厚悔悟

校注：①謁

遣健步追之則文書已投矣然則處厚與確不過語言責望遂造大獄確之爲人固死有餘罪然告訐一倡卒兆縉紳之禍可歎也（純翁類藁）

文公爲同安主簿日民有爭力得人善地者索筆題曰此地不靈是無地理此地若靈是無天理後得地之家不昌（堯山堂外紀）

宋幼主過泉城宗室欲應之守郡者蒲壽庚閉門不納及張世傑回軍攻城宗室又欲應之壽庚置酒延宗室欲與議城守事酒中盡殺之（泉州府志）

夏秦字西仲元季進士不知何許人避亂居此郡崇

胡鼎與部使者多造其廬洪武十六年召至京師以老乞歸簞瓢屢空處之①晏如有送郡守詩離筵當芳草去路遠青山日暮雙旌遠邦人拭淚看晴稱爲二十顆真珠用賓奉祀之日爲文以祭曰幸隻字之見貽雖衆金而莫擬 閩書

閩中洛陽橋圯發石有刻文云石頭若開蔡公再來明永樂中鄞人蔡錫知泉州欲修橋橋跨海工難施錫無可爲計欲以文檄海神忽一醉卒趨蹡而前曰我能賫檄往復乞酒飲大醉自沒於海若有神擎捧之者俄而以醋字出錫意必八月二十一

校注：①晏

日酉時也遂於是日舉工潮旬餘不至工遂成語載錫本傳中此實事也人不知而以事附蔡端明且以爲傳奇中戲妄之語非也鈞廊偶筆

正德末年多虎患小坪民有捕石鱗魚者夜墮虎穴中中虎子三穴深陡無所緣自分必死矣俄而虎噬一豕入張目而視者久之乃嚙其豕爲四三與子一與捕魚者復跑而上後數歸皆然捕魚始甚苦之卒勉食如是者閱六七日一夕虎三負其子以出已復躍而下捕魚者遂跨其背以上相隨至林薄外捕魚者謂虎曰而恩我至矣他日至吾鄉

吾願以牛爲謝抵家數月鄉人檻得一虎捕魚者聞之前謂鄉人曰是無乃生我者乎視之已不復識別乃謂虎曰果生我者則三號以爲信虎帖尾俛首而號者三遂宰牛以食衆而出之同安縣志

劉淵材憾曾子固不能詩予嘗見宋人所輯唐宋八家詩則子固與焉不得謂非詩家矣評明人詩者不及王道思然道思五言古文理精密足以嗣響顏謝而論者輒言文勝於詩非知音識曲者也靜志居詩話

嘉靖辛卯陳公讓往秋試求夢九鯉湖是夕無夢廟

中道士夢神曰前度劉郎今又來令其告陳陳亦不解是科陳中解元始知前科解元劉汝楠陳郎前度之劉也陳晉江人劉同安人閩省賢書

蔡少參一槐年十四中庚子榜御史王瑛啓牘謂年太少姑留後科鹿鳴宴日特設宴期之及癸卯再雋泉年少登科又享耆壽一槐一人兼之鹿鳴兩宴亦異數也閩省賢書

張襄惠公岳以二十歲發解閩中時天下省會皆有中官鎮守舉子例合參謁則皆跽見公長揖而已中官恚曰今歲解元豈琉球生耶閩書

隆慶庚午鄉試合順天榜兩元五十八士省元爲同安林奇石北畿領解則李文節公也是科之彦其第進士者二十有四人文節公則鼎甲拜相爲一代偉人自庚午至萬歷癸卯十二科吾泉領解有十辛卯五魁皆泉人丙戌會榜泉得二十有一人鄉會試科名之盛如此 温陵舊事

隆慶二年巡按御史郜光先劾遼憲㸅大罪十三命刑部侍郎洪朝選往勘具得其淫虐僭擬諸罪狀帝以憲㸅宜誅念宗親免死廢爲庶人錮高牆初副將施篤臣憾憲㸅甚朝選至湖廣篤臣詐爲憲

㸅書餽朝選因刼持之憲㸅建白纛曰訟冤之纛篤臣驚曰王反矣使卒五百圍王宮朝選還朝實王罪不言王反大學士張居正家荊州故與憲㸅有隙嫌朝選不坐憲㸅反屬巡撫勞堪羅織朝選死獄中其後居正死憲㸅訟冤籍居正家而篤臣亦死遼國除明史

隆萬時士皆着白布袍李文節公娶親內白布袍而與友借色衣其上親去郡數十里將至五六里許偶出轎風掣其前裾裂徑尺從人走遠村丐針綫綴之公徐步而行時已暮遇迎親者數輩問曰曾

見有娶親與從否有識公者曰郎李丈也而獨行何公語之故迎親者曰日已迫暝不妨同行以候尊從之至及門而終不至也其丈人喜極自出迎之公竟以白布袍登堂有頃方易衣成禮及公解元會元鼎甲拜相與夫人至老相莊夫人尚後公歿也溫陵舊事

楊貫齋公道會爲郎值江陵相寢疾六曹堂官皆爲設齋祈福大司空出俸金首事公謂此臣子事君父禮某不敢預聞者皆爲公愳而江陵相自此不起公亦未嘗自言後以梵方伯入討李文節公時

爲言者所攻進居荒廟公每過從談至夜分公爲誦白沙詩茫茫宇宙人無數幾箇男兒是丈夫以壯其志云續小學

黃東崖相國和予寄周芮公先生詩中一聯曰徵書鄭重眠餐損法曲淒涼涕淚橫知己之言讀之感歎

明季鄭芝龍海大寇也歸誠後貴顯嘗朝京師過龍虎山有異人爲決未來事語甚隱然意欲跨土稱孤爭衡南面者末云金雞唱龍種消後靖海侯施琅以辛酉生其專征又以辛酉年龍種者芝龍子

孫也余十五六時便聞斯語後二十餘年而驗李文貞榕村集

閩詩派自林子羽高廷禮後三百年間惟鄭繼之曹能始能自見本色耳丁雁水煒亦林派之錚錚者其五言佳句頗多如青山秋後夢黃葉雨中詩鶯啼殘夢後花發獨吟時花柳看憔悴江山待祓除皆可吟諷丁晉江人歷官湖廣按察使漁洋詩話

丁煒雁水有女名報珠能詩越中寄父云遙望白雲飛欲廻親幃長隔薊門隈憑闌鄉國知何處寂寞庭前花又開未嫁而卒雁水哭以詩云女美生前

白傅誇清心麗質比幽花鳳凰未駕釵先折寥落簫聲隔綵霞桑井叔謂其情至之語不堪多讀問山詩集

同安順治年間杏根塘有騎兵挾女數十一女散髮出馬自沉於水索之不得四五日後有屍自漳來匝塘一匝屍自浮出殷血汪然府志

福建續志卷九十二終

福建續志卷九十二

雜記四 叢談

漳州府

名第山本名天城山唐周匡物讀書此山登第後勅賜名第以漳人及第自匡物始也匡物登第一時同擢者三十三人有贈之詩云元和天子丙申年三十三人共得仙今漳南五里有名第院祀匡物而山又有得仙亭葢取贈詩語劉禹錫詩有危亭誰結據山椒名第山人不可招之句匡物自題云窓外捲簾侵碧落檻前敲竹響青冥閩書

白居易長慶集有送呂漳州詩而守名無考歐陽詹有送楊據見漳州李使君序而亦遺其名漳州府志

南山寺有扁書悠然二字相傳爲唐太傅陳邕女名金者翦髮出家以髮濡墨書之字體遒雅或云原有悠然寺三字乃越王女元繡所書後改寺名故僅存悠然二字與碑記所載不同漳州府志

董思安南唐時漳州刺史也莆志載其忠於王氏建州入南唐思安奔泉州南唐以爲漳州刺史相傳謂思安父名漳故改漳州爲南州然實南唐定王氏亂後乃改州名見南唐書時思安適爲刺史耳

又閩王曦有諫議大夫王峻者見曦多誅宗室昇

襯極諫貶漳州司户參軍五代史亦稱其忠附載

於此龍溪縣志

李防禦公以破賊功知名南服還漳過羅浮爲先君

留十日飲過方侍行具見其事不踰年公還朝宰

相薦换右列付方面蓋欲以功名委焉而公逡巡

退避終老於鄉里此非進退出處在我安能以清

節照世乎蘇過跋李亨伯遺集後

陳氏曰奉議郎吳與家藏文集閩中不經兵火故多

完具鄭樵曰古之書籍有上代所無而出於今民

閩者古文尚書音①唐宋並無今得於漳州之吳氏其書目曰算術一家有數種又師春二卷甘氏星經二卷漢官典義十卷京房易鈔一卷今世所傳俱出吳氏三館四庫所無也淳祐府志云圖經序承議郎吳與其作見清漳集圖經久已無傳所存者序耳漳州府志

漳州地連潮陽素多象象往往十數為羣然不為害惟獨象遇之逐人蹂踐至骨肉糜碎乃去淳熙初趙公綢為守聽民捕象齒牙刑輸官民率用命其種遂絕墨客揮犀

校注：①者

劉宗道講學遠師北溪其闢釋老甚嚴目佛爲泥廝集中有同安歎云噫嘻吁紫陽之化衰家家阿彌儒也墨衣墨也墨衣滿城遊遨誰我知不如歸也不如歸又遊天蓋寺詩云若無僧寺塔直是一唐虞斯亦能言距楊墨者已靜志居詩話

周公宣賢以延平守擢巡海觀察使行至溫陵會倭寇大舉漳泉道梗公乘舟由海趨漳中途颶風大作舟幾危公神色不動須臾風止兼晝夜以濟至月港人尚未知觀察公來公爲憇一宿開城撫諭時人心惶惶至是始帖然漳州府志

張童子名于壘字凱甫友人樊紹和之子也年七歲賦詩有明月小池平之句年十四紹和攜之至三山與徐興公諸賢即席分韻童子倚待立成四座閣筆已復侍紹和徧遊吳越三楚所至皆有詩年二十二卒

天啓甲子鄉試漳州諸生顏茂猷首場作四書五經題共二十三篇用雙行繕於卷時謄錄所官以違式爲請監臨喬公憐其積學特命錄其本經以進中式十八名弟茂行亦同舉閩省賢書

黃石齋講學江東每臨講時堂設先聖位具琴瑟鐘

鼓立監史讀誓戒獻酬歌詩主賓百拜四方學者環江門而來聽者千艘時比之河汾亦一時盛事云龍溪縣志

黃石齋先生蔡夫人名潤石字玉卿工書法與先生逼似康熙庚辰春得其楷書律詩一卷楷法稍雜分隸題云偶寄夏太守時山中聞警崇正丙子秋八月蔡氏玉卿書於石養山中詩多崇正中魔道語蓋先生作也居易錄

龍溪閨秀周仲姬著二如居集有植竹示兒子云虛心能破石轉眼已凌雲讀先忠愍公傳云後死七

人無復恨先生千載有餘悲可詠也龍溪縣志

延平府

唐天復元年杜德祥榜放曹松王希羽劉象柯崇鄭希顏等及第時上新平內難聞放新進士喜甚詔選中有孤貧之人宜令以名聞特勅授官故德祥以松等寒詔各授校正松舒州人希羽歙州人甲子皆七十餘象京兆人崇希顏閩人亦俱年逾耳順時號五老榜全閩詩話

韓偓在昭宗時爲翰林學士承旨頗與國論爲崔允朱全忠所不容謫濮州司馬其後復官不敢入朝

挈其族依閩中王審知曾道沙陽寓居天王院者歲餘與老僧蘊明善以詩贈之至後唐時邑令張僚為之記李忠定文集

廖正一字明畧將樂人元豐間與晁補之同榜晁贈廖詩云十年山林廖居士今隨詔書稱舉子文章宏麗學西京新有詩聲似侯喜山谷詩云廖侯言如不出口銓量今古大如手度越崔張與二班古風蕭蕭筆追還有詩號白雲集元祐中召試館職除正字東坡大奇之歎賞其策每以密雲龍茶飲之時黃秦晁張號蘇門四學士故名亦得亞於四

學士後入元祐黨尚友錄

周謂尤溪人字希聖宋熙豐間人知廣之新會縣不肯奉行王安石新法有寄子弟詩頗不入宋格一時門人稱周夫子其風致可想也又著孟子解義禮記說亦一博學之士谿山餘話

宣和五年順昌廖懋致政家居役夫解柿木為薪木中有文曰聖元天何四字字體端楷黑色瑩然延平府志

陳瑩中了翁嘗言蔡京若秉鈞軸必亂天下後為都司力排蔡氏之黨一日朝會與蔡觀同語云公大

阮眞福人也問何以知之了翁曰適見於殿庭日視太陽久之而不瞬觀以語京京謂觀曰汝爲我語瑩中既能知我何不容之甚也觀致京語於了翁徐應之曰射人先射馬擒賊先擒王觀默然後竟有郴州之命春渚記聞

鄧志宏號栟櫚與朱韋齋交好一日韋齋觴客栟櫚以冠帶寓之醉起韋齋留以質紙筆明日如約韋齋受筆還冠而紙少留帶曰倘無千幅竟不還栟櫚爲寄一詩曰歸帽納毫眞得策要牋留帶計還疎公如買菜苦求益我已忘腰何用渠閉户羽衣

聊自適推𢝎柿葉對人書帝都聲價君知否寄與新傳折檻朱前輩風流調笑藹藹如此（谿山餘話）

南平吳恭永樂乙酉吳寧永樂丁酉吳珙成化乙酉俱中鄉試二十六名俱系吳姓俱酉科亦一異事也（延平府志）

建寧府

宋江淹有遊黄檗山一首蓋江曾爲浦城令遊福清之黄檗山也湖州杼山西南五里亦有黄檗山顏魯公作妙喜寺碑銘以爲江淹賦詩之所似未詳審詩中語江詩云長望竟何極閩雲連城邊已顯

言閩矣又云南州競奇怪赤縣多靈仙金峰①各
日銅石共臨天是山有十二峰最高也又云陽岫
照鸞釆陰厓噴龍泉是山有龍潭九處也又云蘙
機千代木翠嶠萬古烟禽鳴丹壁上猿嘯青崕間
是山至今古木陰翳若梁代又不知何如其蘙虧
也又云況我葵藿志松木横眼前此正淹爲令尹
時望闕而作也若湖州之黄蘖不過山清水秀而
巳與此詩全不合矣浦城縣三國呉曰呉興至唐
始改爲浦城按淹本傳宋建平王景素好士淹隨
景日久後黜淹爲建安呉興令即今之建寧浦城

校注：①各虧

令也魯公謨以吳興爲湖州此又是一證因樹屋書影

李義山龍邱途中詩云漢苑殘花別吳江盛夏來惟看萬樹谷不見一枝開水色饒湘浦灘聲怯建溪淚流迴月上可得更猿啼按龍邱秦太末縣歷代沿改不一唐貞觀中復置龍邱縣屬衢州唐書地里志衢州爲江南道蓋古揚州南境本吳地故前首曰吳江盛夏來也龍邱南接建州故次首曰灘聲怯建溪也中卷有武彝山詩武彝山在建州愚以爲義山蹤跡未至觀此二詩豈義山嘗徒衢州而至建州耶本傳未載不可考也李詩箋注

梨嶺路通衢州江山厥土宜梨宋楊億談苑云天下水皆東獨梨嶺水北流入廣信唐歐陽詹詩南北風烟即異方連峰危棧倚蒼蒼哀猿咽水傍高處誰不沾衣望故鄉閩書

宋楊侍讀徽之以能詩聞太宗知其名索其所著以百篇獻上卒章曰少年牢落今何幸叨遇君王問姓名太宗和賜且語近臣曰徽之文雅可尚操履端正拜禮部侍郎選十聯寫於御屏粱周翰詩曰誰似金華楊學士十聯詩在御屏風宋稗①彙抄

楊文公初爲光祿丞太宗頗愛其才一日後苑賞花

校注：①稗

宴詞臣不得預以詩貽諸館閣曰聞帶宫花滿鬢紅上林絃管侍重瞳蓬萊咫尺無因到始信仙凡逈不同諸公不敢匿以詩呈上詰有司所以不召左右以未貼職例不得預即命直言院免謝令預晚宴時以爲榮 澠水燕談錄

前輩嘗說北朝致祭皇后文楊大年捧讀空紙無一字隨自譔曰惟靈巫山一朶雲閬苑一團雪桃源一枝花秋空一輪月豈期雲散雪消花殘月缺伏惟尚饗仁宗大喜其才敏給有壯國體 宋稗類抄

楊億家集載眞神哲三宗皆自十三仙中出世眞人

與懷玉亦嘗醉中指武夷君像曰應世人主實在戊子未幾哲宗登極果符其年又指魏眞君像曰三十有八載當撫平四海後果然是以陳覺民過武夷詩云昇眞洞口接天門靈艸丹花日日春聽說列仙來瑞世三朝德澤在斯民閩書

柳永字耆卿爲舉子時多遊狹斜善爲歌詞教坊樂工每得新腔必求永爲詞始行於世於是聲傳一時初舉進士登第爲睦州掾舊初任官薦舉法不限成考永到官郡將知其名與監司連薦之物議喧然及代還至銓有詔以言者遂不得調自是詔

初任官須滿考乃得薦舉自永始永初爲上元詞有樂府兩籍神仙梨園四部絃管之句傳禁中多稱之後因秋晚張樂有使作醉蓬萊詞以獻語不稱旨仁宗亦疑有欲爲之地者因置不問永亦善爲他文詞而偶先以詞得名始悔爲累後改名三變而終不能救擇術不可不愼予仕丹徒嘗見一西夏歸朝官云凡有井水飲處卽能歌柳詞言其傳之廣也避暑錄話

徐大正字得之甌寧人少舉進士便馬善射慷慨有氣畧其赴省試過釣魚臺題詩蘇東坡見之遂與

定交及入仕齒髮不衰輒欲處閒就幽嘗築室北山下爲閒軒居之秦少遊爲之記而東坡爲賦詩人以北山學士呼之閩書

李彌遜宿觀妙堂遇雨旣霽復回一日竟遊九曲而行賦詩二首朱子跋云觀妙堂東楹李侍郎遺墨語意清婉字畫端勁至其下輒諷玩不能去然歲久剝裂又設當供帳處後十數年當不復可讀矣別爲模刻授道士使寘壁間庶幾來者得以想見前輩風度李公諱某時以力抵和議出守臨漳云慶元乙卯正月新安朱某謹奉書宋詩紀事

世以考亭稱文公寻癸巳陪巡過建陽宿麻沙見晦翁後人所藏家譜知考亭是黄氏之亭後從徐存永得見黄詩按五季亂黄瑞公子稜隨父禮部尚書入閩見建陽山水秀麗遂家焉子稜詩云青山木笏尚初官未老金魚是等閒世上幾多名將相門前無此好溪山市樓晩日紅高下客艇春波緑徃還人過小橋頻指點全家都在畫圖間殁而葬於三桂里子稜乃築亭於半山以望其考因名曰望考文公居近其地世因以考亭稱之以地稱人可也以他人之考稱文公於理甚悖然公在日實

無以此稱之者後人誤謬恐當改正閩小紀

毛詩補音十卷陳氏曰吳棫撰其說以爲詩韻無不叶者如來之爲釐慶之爲羌馬之爲姥之類詩音舊有九家唐陸德明始定爲釋文燕燕以南韻心沈重讀南作尼心切德明則謂古文韻緩不煩改字揚之水以沃韻樂徐邈讀沃鬱縛切德明亦所不載顏氏糾繆正俗以傅毅郊祀賦穰有而成功張衡東京賦激有吉躍切今之所作大畧做此其援據精博信而有證朱晦翁註楚詞亦用棫例當叶其韻棫又有韻補一書不專爲詩作也要之古

人韻緩之說最為確論不必一一改字詳見韻補 文獻通考

建安郭周孚未第時夢人以詩一聯示之云雞人唱曉沉潛際漢殿傳聲彷彿間郭於夢中口占續之云自慶寒儒千載遇夢魂先得覲天顏繼以余中榜發甲科初與同袍伏闕以待唱第忽聞岩嶤間有連聲長歌了不成詞調不覺問其旁坐有應之者曰此所謂雞人唱曉也郭欣然悟前語之先定後悟於仕進官至員外郎所至以清慎稱 春渚紀聞

宋儀英字習老建安人建炎初應詔上書云懷玉以

方五千里楚地帶甲百萬不能報父兄之辱臣常憤此願爲朝廷銜命責之以義而大兵繼進臣雖不免鄺生之烹亦足仰成陛下孝弟之志雖死猶生也時方議和不果用呂顒浩贈詩有滔滔天下皆如此無人解作朱若語之句建寧府志

張南軒見胡仁仲仁仲辭以疾他日見孫正孺而告之孫道五峰之言曰渠家好佛見他說甚南軒方悟前此不見之因於是再謁之語甚相契遂授業焉南軒曰栻若非正儒幾乎迷路建寧府志

洪武乙丑會試取中四百七十二名黃子澄第一練

子寧第二花綸第三殿試有司奏綸第一子寧次之子澄又次之先一夕上夢殿前一鐵巨釘綴白絲數縷悠然日下覺以語左右莫知爲何祥及拆狀元卷乃花綸也上嫌其不叶夢取第二人爲首已而得丁顯卷姓名與夢相符擢爲狀元顯時年二十八子寧次之綸又次之三人皆拜修譔子澄抑置三甲爲翰林庶吉士久之亦授修譔云或傳童謠曰黃練花花練黃上惡其語以綸及子澄年少高科故抑之也顯字彥偉建陽人

二藍集閩人無知者何氏閩書藍仁有藍山集藍智

有藍澗集竹垞曾輯入詩綜中以爲十子之先閩中詩派實其昆友倡之集本合刻吳明經焯嘗於吳門買得藍山集是洪武時刊有蔣易張渠二序與竹垞言脗合而藍澗究不可購徐惟和輯風雅時二藍闕焉則此集之亡久矣榕陰詩話　按前志文苑傳云智字明之山字靜之以仁爲山大誤

閩有貧生客京師饑寒瀕死然頗善丹青不能售一錢因以兩幅獻於楊文敏公榮公題其上而還之詩云誰家老屋沆溪濆十里青山半是雲此處更無塵跡到祇應啼鳥隔花聞其二云小橋流水漾

晴沙策杖歸來日未斜昨夜東風花落盡一林高樹鎖烟霞明日張此畫於市價遂湧人爭延致囷而饒裕閩小紀

政和徐貞一號元處子能詩嘗過仙霞關關吏訶其異服執之貞一瞪目不答吏繫之郵亭迨夜給守者出①袖中出大筆書二絕於壁云一劍凌空海色秋玉皇賜宴紫虛樓醉來跨鶴須彌頂指點培塿見十洲碧蝦歌傳阿濫堆玉笙吹徹海桃開仰天一嘯江風發笑接白雲歸去來乘夜遁去晨起盛傳仙人至關走看墨跡不絕於道③②

校注：①由　②筆　③精

邵武府

江南李氏樂人王感化建州人隷樂籍建州平入金陵教坊嘗爲詞時本鄉節帥更代餞别感化前獻詩曰旌旆赴天台溪山曉色開萬家悲更喜迎佛送如來談苑

李巽字仲權邵武人以屢樓土鼓周處斬蛟三賦馳名累擧不第爲鄉人所侮曰李秀才應擧空去空回知席帽甚時得離身巽亦不較至是乃遺鄉人詩曰當年蹤跡困泥塵不意乘時亦化鱗爲報鄉①閭親戚道如今席帽已離身蓋國初猶襲唐風士

校注：①閭

子皆曳袍垂戴出則以席帽自隨巽後仕至度支郎中兩浙轉運使卒與王禹偁相友善今小畜集有送李中權赴官序即巽也青箱雜記

謝成甫皇祐中五試皆第一後宰清江歲大饑出郊發粟以賑值除夕家人以書促歸成甫批紙尾云歲節不歸第不飲數十杯酒耳人失食奈何竟宿於外邵武府志

蔡京父子在京城之西南坊對賜甲第四區極天下土木之工一曰太師第乃京之自居也二曰樞密第乃攸之居也三曰駙馬第乃鞗之居也攸妻劉

乃明達明節之族有寵而二劉不能容乃出嫁攸權①寵之盛亞之京攸四第對開金碧相照嘗見上官仲恭詩一編其間有城西曲言蔡氏侈奢敗亡之事最爲豪健末句云君不見喬木參天獨樂園至今猶是温公宅仲恭乃彥衡之子也惜其詩不行於世朱子語類

李伯紀丞相過海絶句云假使黑風漂蕩去不妨乘興訪蓬萊與坡公九死南荒吾不恨茲遊奇絶冠平生之句殆相伯仲異乎李文饒盧多遜窮愁無憀之作矣後邨詩話

校注：①權

紹定庚寅春汀寇入樵趙守寘厫司裨將胡斌領弱卒二百巷戰矢盡弓折易雙鐵鞭所殺尤衆死焉坐執雙鞭屢日不僵民賴其力多獲寘免守臣王埜聞於朝賜武節大夫賜廟額忠勇劉後村詩云士各全軀命惟侯視死輕張巡鬚盡怒先軫面如生短刃猶梟寇空拳尚背城新祠簫鼓盛人敬此神明隨隱漫錄

建寧童子徐志夏年十三隨父立恭入山父爲虎所攫①志夏號泣追之虎擲父於地距其旁睨志夏志夏抱父大哭虎注視良久舍去父子俱得無害閒居偶錄

校注：①攫

余報喜余延僕也延家貧將鬻報喜報喜泣曰願終身事主於是織屨販蔬竭力以供朝夕後稍豐舍業酤釀治酒肴以進如是者二十年延死喪事皆取辦焉不數日報喜亦死明居偶錄

汀州府

亭亭畫舸繫春潭只待行人酒半酣不管烟波與風雨載將離恨過江南嘗有人客舍壁間見此詩莫知誰作或云鄭兵部仲賢也然集中無有好事者或塡入樂府仲賢當前輩未貴杜詩時獨知愛尚往往造語警拔歐陽文忠公稱其張僕射園中一

聯以為集中少此恐公未嘗見其全編蔡寬夫詩話

劉氏女寧化人生不茹葷艷慧喜文九齡與羽人談道自誓不嫁及笄父母以許石城何氏子卜吉強行淡飾就車劉氏聚族送之甫越境忽有白鵝從天下乘之飛去莫窮所往衆異之刱祠乘鵝之地郡守陳軒過其下題詩云白鵝乘去人何在青鳥飛來信已遥若使何郎有仙骨也須同引鳳凰簫閩書

九龍灘上下二十餘里每過一灘兩岸石夾如關水中石高可數丈如龍橫截其間屈曲如之乘舟直

下一似墜天稍失手即百能不救凡舟至此湏沽酒市牲拜禱龍王舟人更取竹編篛葉裹船頭以拒浪倩本土最能者爲之攔護然後敢下耆舊傳閩宋元時舟楫不通元陳有定始鑿以運汀糧然張籍寄元汀州詩有爲郡暫辭雙鳳闕全家遠過九龍灘之句則唐時已行舟矣閩書

順治丁酉清流賴氏釀酒彌月啓篛視之爛然成花似茉莉而瓣差小具五色外丹而內瑩然如玉邑人李于堅作酒花詩周櫟園方伯亟稱之汀州府志

上杭令陳正中上海人爲人刻意廉苦勤于民事時

咯血垂殆猶治簿書有市民曉起出户見公儀仗入城隍廟不解何故至縣探之則公已平明屬纊矣仁恕堂筆記

長樂吳樸齋名朝建嘗拾琉球人遺布鞅負還之好讀書有武力嗣補寧化千夫長因入籍焉隨制府滿公保於厦門多建白又隨提督施公世綸平臺灣功最多超擢連江游擊愛人禮士毋留心國計民生歸老家連江結九老會雅歌投壺有儒將風長樂志武功類

福寧府

霍童山之香爐峰乃司馬承禎修煉處李太白時訪之承禎謂其有仙風道骨可與神遊八極之表白詩云家本紫雲山道風未淪落沉懷丹壑志冲賞歸寂寞蹁來遊閩荒捫步涉禹鑿貢緣泛湖海偃蹇陟廬霍閩書

鄭夢錫昌齡弱冠舉進士有才名秦檜欲羅致門下介客啖以美官夢錫作詩云先生傲睨醉官旁不免蹉跎入醉鄉來書恐是夢中語使我大笑譏荒唐檜雖恚而不能害也長溪瑣語

康與之在高宗朝以詩章應制與左璫狎適睿思殿

有徽祖御畫上時持玩以起羹牆之悲瑺下直竊攜至家而與之適來留之飲因出示之唐紿瑺入取殽核輒書一絕於上曰玉輦宸遊事已空尚餘奎藻貯春風年年花鳥無窮恨盡在蒼梧夕照中瑺見之大駭然無可奈何明日伺間叩頭請死上大怒亟取視之天威頓霽但一慟而已娛書堂詩話

元至正末陳有定據閩入寧德過棲雲忠烈祠入謁叩己當為天子否神懸箕書詩云將軍何事訪仙家火冷爐灰漫煮茶若問聖明吾豈敢只能療病與驅邪有定不懌而去長溪瑣語

壽寧縣東街民婦繆氏紡至二更出門見布政司街裂爲河數丈有男女往來身服紅緑綺衣内列器用燈燭熒熒頃之如舊建寧府志

蔡景榕寧德諸生能詩嘉靖辛酉五月倭破縣城擄之歸至海西道薩摩州麑島郡髡其首奴使之困苦備極後依松源山南林寺老僧俊可異而詢之景榕書大明秀才示之僧因試以芙蓉詩景榕援筆立就僧乃留之寺中命録書經典及太平記倭國玉篇等書逾年景榕求歸甚切僧與衆議欲妻之且給以田景榕題雁詩於便面曰金風蕭瑟碧

天秋淺水平沙亦暫遊萬里青霄終一去野鳧無計漫相留僧知其意不復強乃潛命畜髮有漳州通番船至懇於僧得附歸閩於官仍復諸生後以歲薦官至隨州廣文（長溪瑣語）

陳啓東震諭學寧德嘗作詩述閩人鄉談云蠻音鴂舌語胡塗雨落翻將禍斷呼誰信饒佻原是耍怎知詐講郝云誣（吳人稱誑謊也）長公仔販南瓜賣李倒（屋也猶言李家）門前老酒沽昨聽鄰家罵新婦聲聲明白喚貍奴聲（其罵聲云貌貌即貓叫如吳人云杜貨也）閩人聞之亦爲絕倒（石田雜記）

臺灣府

泉郡志云東出海門舟行二日程曰彭湖嶼在巨浸中環島三十六如排衙然昔人多僑寓其上苫茅爲廬推年大者爲長不畜妻女耕漁爲業牧牛羊散食山谷間各剺耳爲記訟者取決於晉江縣城外貿易歲數十艘爲泉之外府後屢以倭患墟其地或云抗於縣官故墟之今鄉落屋址尚存唐施肩吾島夷行云腥臊海邊多鬼市島夷居處無鄉里黑皮年少學採珠手把生犀照鹹水即其處也今澎湖已設遊兵汛守焉泉南雜志

朱文公登福州鼓山古①地脉曰龍渡滄海五百年後海外當有百萬人民之郡今歸入版圖適符年數赤嵌筆談

水至澎湖漸低近琉球謂之落溜溜者水趨下而不回也凡西岸漁舟到澎湖以下遇颶風發漂流落溜回者百無一二續文獻通考

明崇正庚辰閩僧一貫居鷺門見籬外蔽阤有光連三夕異之因掘地得古甎上有古隸四行其文曰草雞夜鳴長耳大尾干頭銜鼠拍水而起殺人如麻血成海水起年滅年六甲更始庚小熙皞太和

校注：①占

千紀凡四十字閩縣陳衍磬生著槎上老舌一書備紀其事至　國朝康熙癸亥四十四年矣識者曰雞酉字也加草頭大尾長耳鄭字也干頭甲字鼠子字也謂鄭芝龍以天啓甲子起海中爲羣盜也明年甲子距前甲子六十年矣庚小熙皡寓年號也前年克復金門厦門今年克澎湖鄭克塽降六十年海氣一朝盪滌此固　國家靈長之福而天數已豫定矣異哉池北偶談

海上黑夜不見一物則擊水以視一擊而水光飛濺如明珠十斛傾散水面晶光瑩瑩良久始滅臺海見聞

球

陸提萬正色有海船之日本行至雞籠山後爲東流所牽抵一山下舟中四人登岸探路見異類蛇首猙獰馳攫一人共啖之三人逃歸於莽中遇一泉人攜之登舟道妖啖人狀泉人曰往余舟至同侶遭啖惟余獨存以項有雄黃一物不敢近耳適舟中有雄黃因各把一握頃之蛇首人數百奔來將近不敢仰視逡巡而退臺灣縣志

臺灣草木經歲不萎花開無節黃巡方叔璥云余仲冬按部至斗六門見桃花方盛至笨港見人擎荷

花數枝回署見榴花照眼脹巡方猶有𦍒箇四時皆似夏荷花度臘菊迎年之句臺海見聞錄

永春州

莊少師夏旣卒寧宗贊其像云天生美質學業逍遥堅冰志操歷覩三朝忠言逆耳書史所標宗祀繁衍百世不祧其被遇如此永春舊志

田公一儁歷官二十餘載人莫知其貧迨疾革門士吏直侍臥榻見所食用率粗糲疏布然後知其蕭然同寒士也延平府志

龍湖寺舊有鐘聲聞數里明末邑令某命移於醒龍

樓未至僧追及之以指彈者三搥擊之無聲矣又湧溪沙際有鐘鎛裂旁落一片如掌取而合之淇水蕩決終不去德化縣志

德化磁簫笛色瑩白式亦精好但累百枝無一二合調者合則聲悽朗遠出竹上雲夢柯亭之外又有此異種入李謩手即至入破當不患驟然中裂耳閩小紀

福州有庠士某者當歲丁卯夢鼓樂導解元扁入其家竊自負德化蕭宏梁應試求質某以其小邑人意輕之質以偏室及榜發解元乃蕭也德化縣志

龍巖州

新羅城一云在龍巖漳州志云在汀州境一統志云唐開元末於新羅故城東置長汀寰宇記開元末新羅令孫奉先晝假寐夢一人曰吾新羅山之神從府主求一牛食按此則新羅乃山名當在長汀之西非今之龍巖城卽古之新羅城也汀州府志

龍巖州北四十里有山曰孝山縣官始至則祭之或暮夜乃入明知縣黃廷圭改曰壽山自是不祭皆無恙衆惑始袪龍巖州志

編後記

福建編修地方志歷史較早。據統計，自晉至中華人民共和國成立前，福建省共編修省、府（州）、縣（廳）志六百三十七種。最早見諸記載的有《甌閩傳》一卷，作者及年代無考。東晉太元十九年（三九四年），晉安郡守陶夔修纂的《閩中記》，則爲福建已知最早有確切年代與作者的方志。其後，見於著録的還有南朝蕭子開之《建安記》、顧野王之《建安地記》，唐林諝之《閩中記》、黄璞之《閩川名士傳》，惜皆已散佚。

宋代時福建各地普修方志。南宋淳熙九年（一一八二年）梁克家纂修《三山志》爲福建現存最早的志書，因志出名家手筆，且存全帙，被世人視同拱璧，而現存之《仙溪志》《臨汀志》兩志亦受世人珍視。元代時福建方志編修進入低谷，未有存世者，據考佚志十部，其中府志七部、縣志三部。僅可見從《永樂大典》《八閩通志》等類書、通志中輯出的部分佚文。

明清至民國是福建地方志編修的繁榮時期，全省有大批方志問世，其中不乏精品佳作。明黄仲昭所纂之《八閩通志》，在編修體例及著録內容上，對之後福建的通志及府、縣三級志書的編修都産生了重大的影響。明王應山等纂《閩大記》、何喬遠纂《閩書》、周瑛及黄仲昭纂《興化府志》、馮夢龍纂《壽寧待志》，清陳壽祺纂《重纂福建通志》、徐銑纂《龍巖州志》、李世熊纂《寧化縣志》、周學曾等纂《晉江縣志》，民國陳衍纂《福建通志》、李駒主纂《長樂縣志》、吴栻主修《南平縣志》、丘復纂《武平縣志》等堪稱名志。

臺灣長期隸屬福建，直至清光緒十一年（一八八五年）纔由清政府同意設立行省。歷史上，許多有關臺灣的資料、歷史都被搜集、記載于福建方志中，許多臺灣方志亦爲閩籍人或福建官吏所撰。清初臺灣建置後，修志活動尤爲頻繁。自蔣毓英於康熙二十三年至二十七年（一六八四年至一六八八年）受命任臺灣知府期間親自主持纂修《臺灣府志》起，至乾隆時期的八十多年間，又編修了五部《臺灣府志》，這在修志史上堪稱奇迹，類似的情況還體現在澎湖志書的編纂上。臺灣歷代地方志的編修，亦正好可以證明中央王朝對該地區實施永久而持續的行政管轄權力的過程。

歷代閩臺兩地志書的編修，保留了諸多珍貴的歷史資料，特別是記述了海峽兩岸先民闖蕩海上『絲綢之路』的艱苦歷程，血濃於水的骨肉親情，歷久彌堅的經貿交往等，以史爲據，以志爲證，向世人展示了閩臺歷史文化的深厚底藴，深深地印證了海峽兩岸同屬一個中國的歷史命題，從而受到專家學者的高度評價與社會各界的廣泛關注。

爲搶救、保護閩臺歷史文化遺産，服務福建文化强省建設，深化海峽兩岸歷史及命運共同體的共識，促進兩岸和平統一，二〇一四年末，福建省地方志編纂委員會提出了整理出版大型文獻叢書《閩臺歷代方志集成》（簡稱《集成》）的工作設想，規劃收録福建現存的歷代舊志三百零七種（其中省級通志八種、圖志三種，府州志四十七種、附録兩種，縣廳志二百四十七種），臺灣自清初至清光緒二十一年（一八九五年）編修的志書三十九種、圖志一種，分地域編排，系統整理出版。項目得到了中共福建省委、福建省人民政府及中國地方志指導小組的高度重視和支持。福建省人民政府在《關於進一步加强地方志工作的若干意見》中明確提出『實施《集成》整理出版項目』的要求；中國地方志指導小組組長王偉光、常務副組長李培林，政協福建省委員會副主席李紅，我國著名文史專家陳祖武、張海鵬先生，應邀出任《集成》學術委員會顧問。中國地方志指導小組秘書長，中國地方志指導小組辦公室黨組書記、主任冀祥德出任學術委員會主任。學術委員會的諸位專家對本叢刊的整理及出版出謀獻策、提供指導，修版整理核補，然限於水平，遺漏不當之處或仍難免，敬請專家讀者不吝指正。

福建省地方志編纂委員會

二〇一七年十二月

省財政廳在《集成》的經費上給予充分保障，中國國家圖書館、福建省圖書館、福建師範大學圖書館、厦門大學圖書館、福建社會科學院臺灣文獻中心等省内外諸多圖書館提供大量的舊志底本；福建省地方志編纂委員會馮志農、陳秋平、俞傑、林浩等領導精心組織、具體指導，陳叔侗、管句輝先生與社會科學文獻出版社、《集成》編輯部的全體同志爲《集成》的整理出版付出了艱辛的努力，終爲我省舊方志整理再添碩果。藉此，謹向各位領導、專家學者與工作人員表示衷心感謝！

因《集成》篇幅頗鉅，雖經多方互校